Khawar Zaman Ahmed
Cary E. Umrysh

Desenvolvendo aplicações comerciais em Java com J2EE™ e UML

Tradução
Eveline Vieira Machado

Revisão técnica
Deborah Rüdiger

Do original
Developing Enterprise Java Applications with J2EE™ and UML

Authorized translation from English language edition, entitled Developing Enterprise Java Applications with J2EE™ and UML, 1st Edition by Ahmed, Khawar Zaman; Umrysh, Cary E., published by Pearson Education, Inc., publishing as Addison Wesley, Copyright© 2002 by Prentice Hall.

All rights reserved. No part of this book may be reproduced or transmitted in any form or by any means, electronic or mechanical, including photocopying, recording or by any information storage retrieval system, without permission from Pearson Education, Inc.

Portuguese language edition published by Editora Ciência Moderna Ltda., Copyright© 2002.

Copyright© Editora Ciência Moderna Ltda. 2002

Todos os direitos para a língua portuguesa reservados pela EDITORA CIÊNCIA MODERNA LTDA.

Nenhuma parte deste livro poderá ser reproduzida, transmitida e gravada, por qualquer meio eletrônico, mecânico, por fotocópia e outros, sem a prévia autorização, por escrito, da Editora.

Editor: Paulo André P. Marques
Supervisão Editorial: Carlos Augusto L. Almeida
Produção Editorial: Tereza Cristina N. Q. Bonadiman
Capa: Érika Loroza
Diagramação: Hélio Vasconcelos Ayres
Tradução: Eveline Vieira Machado
Revisão: Luiz Carlos de Paiva Josephson
Revisão Técnica: Deborah Rüdiger
Assistente Editorial: Daniele M. Oliveira

Várias Marcas Registradas aparecem no decorrer deste livro. Mais do que simplesmente listar esses nomes e informar quem possui seus direitos de exploração, ou ainda imprimir os logotipos das mesmas, o editor declara estar utilizando tais nomes apenas para fins editoriais, em benefício exclusivo do dono da Marca Registrada, sem intenção de infringir as regras de sua utilização.

FICHA CATALOGRÁFICA

Ahmed, Khawar Zaman e Umrysh, Cary E.
Desenvolvendo aplicações comerciais em Java com J2EE e UML
Rio de Janeiro: Editora Ciência Moderna Ltda., 2002.

Linguagem de programação
I — Título

ISBN: 85-7393-240-6   CDD 001642

Editora Ciência Moderna Ltda.
Rua Alice Figueiredo, 46
CEP: 20950-150, Riachuelo – Rio de Janeiro – Brasil
Tel: (21) 2201-6662/2201-6492/2201-6511/2201-6998
Fax: (21) 2201-6896/2281-5778
E-mail: lcm@lcm.com.br

*Ao meu falecido pai e à minha mãe;
e a Heike e Yasmeen.*

– Khawar

*À minha esposa Socorro por seu apoio durante
este longo projeto, e aos meus filhos Jordan e Joshua.*

– Cary

Sumário

Introdução XIII

Prefácio XV

Agradecimentos XXI

Capítulo 1 - Introdução ao software comercial 1
  O que é software comercial? 2
    Os desafios ao desenvolver o software comercial 4
  A evolução do software comercial 5
  Software comercial e software baseado em componentes 6
  Resumo 7

Capítulo 2 - Introdução ao J2EE 9
  O que é o Java 2 Platform, Enterprise Edition? 10
  Uma breve história do J2EE 11
  Por que J2EE? 12
  Uma breve visão geral do J2EE 14
    Tecnologias 14
    APIs 18
    Outras tecnologias J2EE e APIs 20
    Resumo 21

Capítulo 3 - Introdução à UML 23
  Visão geral da UML 24
  Por que usar o J2EE e a UML juntos? 26
  Os desafios de modelar o J2EE na UML 28
  Mecanismos de extensão na UML 29
    Estereótipo 29
    Valor marcado 30
    Limite 30

A abordagem da modelagem J2EE UML 31
Resumo 32

Capítulo 4 - UML e Java 33
Representação da estrutura 34
Classe 34
Variável 35
Método 36
Objeto 36
Interface 37
Pacote 38
Representação das relações 38
Herança 38
Realização 39
Dependência 40
Associação 40
Agregação 44
Composição 46
Relações reflexivas 48
Resumo 48

Capítulo 5 - Visão geral das atividades 49
O que é um processo de desenvolvimento do software? 50
Uma visão geral das abordagens populares para o desenvolvimento do software 50
Abordagem do tipo simplesmente desenvolva 50
Processo em cascata 51
Processo iterativo 51
Rational Unified Process 52
Processo ICONIX 56
Processo OPEN 56
Extreme Programming/Feature-Driven Development 56
A abordagem usada neste livro 57
Uma visão geral das atividades maiores 58
Capítulo 6: Arquitetura 58
Capítulo 7: Análise das necessidades do cliente 58
Capítulo 8: Como criar a construção 59
Capítulo 10-15: Construção detalhada 59
Capítulo 16: Estudo do caso 59
Resumo 59

Capítulo 6 - Arquitetura 61
O que é arquitetura do software? 62
Por que arquitetura? 63
Os conceitos-chave na arquitetura da aplicação comercial 64
Decomposição 64
Componentes 65
Estruturas 67
Padrões 68
Camada 72
Níveis 73
As abordagens para a arquitetura do software 75
A visão J2EE da arquitetura 75
4+1 View Model of Architecture 75
Hofmeister e outros: as quatro exibições da arquitetura 76
Como reunir tudo 77
Resumo 77

Sumário | VII

Capítulo 7 - Análise das necessidades do cliente 79
    Por que análise do software e construção? 80
    Análise dos problemas 80
    Modelagem do caso de uso 81
    Identificação dos atores 82
    Como encontrar os casos de uso 83
    Diagramas do caso de uso 85
    Relações do caso de uso 85
        Inclusão 86
        Extensão 86
    Diagramas de seqüência 88
    Diagramas de atividade 89
    Resumo 91

Capítulo 8 - Como criar a construção 93
    Análise do caso de uso 94
    Realizações do caso de uso 94
    Descrição aprimorada do caso de uso 95
    Diagramas de seqüência 98
        Objetos de limite 98
        Objetos de entidade 98
        Objetos de controle 99
    Diagramas de colaboração 102
    Diagramas de classe 103
    Como unir as classes da análise 106
    Pacote 106
    Resumo 109

Capítulo 9 - Visão geral das tecnologias J2EE 111
    A grande imagem 112
    Servlets 112
    JavaServer Pages (JSP) 113
    Enterprise JavaBeans (EJB) 113
    Beans da sessão 114
    Beans da entidade 114
    Beans baseados em mensagens 114
    Montagem e distribuição 114
    Estudo do caso 115
    Resumo 115

Capítulo 10 - Servlets 117
    Introdução aos servlets 118
        Uso comum 119
        Melhor quando pequeno 119
        Versões do J2EE 120
    O ciclo de vida do servlet 120
        Métodos do ciclo de vida 121
        Método de conveniência 121
        Métodos requeridos e valores marcados 121
    Tratamento de solicitações 122
    Geração de respostas 123
        Alternativas para a geração da resposta 124
    Sub-rotinas da solicitação HTTP 125
        Métodos avançados da sub-rotina 125
        Guia rápido para as solicitações HTTP 125
    Interface RequestDispatcher 126

VIII | *Desenvolvendo aplicações comerciais em Java com J2EE e UML*

Como modelar os servlets na UML 127
Como modelar os outros aspectos do servlet 128
   Forward do servlet 128
   Include do servlet 130
   ServletContext 130
   Gerenciamento da sessão do servlet 131
Distribuição do servlet e armazenamentos Web 132
Como identificar os servlets nas aplicações comerciais 133
Resumo 136

Capítulo 11 - JavaServer Pages 137
Introdução ao JSP 138
   Os usos típicos do JSP 139
   Arquiteturas Modelo 1 e Modelo 2 139
   JSP versus servlet 140
A anatomia de um JSP 141
   Dados do gabarito 141
   Elementos JSP 141
   Os objetos acessíveis para um JSP implicitamente 144
Bibliotecas de tags 145
   Descritor da biblioteca de tags 146
JSP e UML 147
JSP nas aplicações comerciais 151
Resumo 155

Capítulo 12 - Beans da sessão 157
Apresentação dos Enterprise JavaBeans 158
Exibições EJB e UML 159
   Como representar um Enterprise JavaBean na UML 160
   Exibição do cliente 161
   Exibição interna 163
Beans da sessão 163
   Beans populares 164
   Versões do J2EE 164
Tipos de beans da sessão e estado de conversão 164
   Como modelar o estado de conversão do bean da sessão 165
Passividade da instância 167
   Limpeza e remoção 168
Transações 169
   Demarcação da transação 170
   Transações gerenciadas pelo bean 170
   Transações gerenciadas pelo contêiner 171
   Interface SessionSynchronization 171
   Limites para os applets da sessão sem estado 172
   Atributos da transação 173
   Como modelar as transações 173
Tecnologia do bean da sessão 174
   Interface Home 174
   Interface Remote 175
   Classe de implementação 175
Como modelar o comportamento da interface 177
Ciclo de vida do bean da sessão 178
Situações comuns do bean da sessão 180
Como modelar as relações dos beans da sessão 180
   Beans da sessão e classes Java simples 180
   Beans da sessão e JavaBeans 183
   Beans da sessão e servlets 184

Sumário IX

Bean da sessão e JavaServer Pages (JSP) 184
Relações entre as sessões.. 185
Herança do bean da sessão.. 186
Como gerenciar o desempenho 186
Como minimizar as chamadas remotas 186
Cliente local 187
Como identificar os beans da sessão nas aplicações comerciais 188
Resumo.. 190

Capítulo 13 - Beans da entidade 191
Apresentação dos beans da entidade 192
Objetos comerciais comuns 192
Como aumentar a popularidade 193
Versões do J2EE 194
Exibições do bean da entidade e a UML... 194
Exibição do cliente 194
Exibição interna 196
Permanência.. 197
Transações e simultaneidade 198
Permanência abstrata.. 199
Abstract Persistence Schema.. 199
EJB Query Language (EJB QL)... 201
Persistence Manager... 202
Relações gerenciadas pelo contêiner 202
Multiplicidade 203
Direcionamento 203
Como duplicar as relações gerenciadas pelo contêiner no J2EE 1.2................... 204
Relações locais.. 204
Tecnologia do bean da entidade.. 204
Interface Home 204
Interface Remote 206
Classe da chave primária 207
Classe de implementação 208
Campos permanentes 210
Ciclo de vida do bean da entidade 212
Situações comuns do bean da entidade 213
Como modelar as relações do bean da entidade... 214
Bean da entidade e outras classes Java... 214
Bean da entidade e JavaBeans... 214
Abordagem do objeto de valor 215
Bean da entidade, servlets e JSPs.. 218
Relações entre os beans da entidade 220
Como identificar os beans da entidade nas aplicações comerciais....................... 220
Camada... 222
Resumo.. 224

Capítulo 14 - Componentes baseados em mensagens 225
Apresentação dos componentes baseados em mensagens 226
Java Message Service.. 226
O papel do JMS e os componentes baseados em mensagens no EJB 227
Por que usar a mensagem e componentes baseados em mensagens?................ 227
Quando usar os componentes baseados em mensagens 228
Versão do J2EE 228
Exibições do componente baseado em mensagens e a UML................................ 229
Exibição do cliente 229
As vantagens da UML para os componentes baseados em mensagens 229
Como modelar as mensagens.. 230
Como modelar os destinos 231

X Desenvolvendo aplicações comerciais em Java com J2EE e UML

A tecnologia do componente baseado em mensagens 232
Transações 232
Classe de implementação 233
O ciclo de vida do componente baseado em mensagens 233
Uma situação comum do componente baseado em mensagens 235
Como modelar as relações do componente baseado em mensagens 236
Como modelar as relações dos componentes baseados em mensagens com outras classes . 236
Componente baseado em mensagens e outras tecnologias J2EE 236
Como identificar os componentes baseados em mensagens nas aplicações comerciais 236
Resumo 238

Capítulo 15 - Montagem e distribuição 239
Modelagem dos componentes 240
Modelagem dos componentes das tecnologias J2EE 240
Como representar os componentes Web 242
Como representar os EJBs 242
Modelagem dos componentes das aplicações comerciais 242
Modelagem da distribuição 243
Rastreamento revisado 246
Montagem e distribuição das aplicações Java comerciais 247
Descritores da distribuição 248
Resumo 250

Capítulo 16 - Estudo do caso 251
Base do estudo do caso 252
Declaração do problema 252
Princípios e suposições 253
Exigências HomeDirect 254
Serviços de consulta 254
Serviços de pagamento das contas 255
Serviços da transação 255
Serviços administrativos 256
Fase inicial 257
Iteração inicial 257
Plano da iteração 257
Atores HomeDirect 259
Casos de uso HomeDirect 259
Diagramas do caso de uso 262
Diagramas da interação 262
Fase da elaboração 265
Iteração da elaboração#1 265
Diagramas da classe 266
Diagrama do pacote 266
Diagrama de dependência do componente 267
Iteração da elaboração#2 267
Iteração da elaboração#3 270
Os casos de uso a serem implementados nesta iteração 273
Fases restantes 276
Resumo 277

Glossário 279

Referências 287

Índice 291

Introdução

A história da engenharia de software é, na verdade, a história da abstração. Quando a complexidade aumenta, respondemos aumentando o nível de abstração em nossas linguagens de programação e em nossos métodos. Assim, vimos o movimento do C para o Java, dos métodos estruturados para a construção baseada em objetos e das classes para os padrões de construção e as estruturas arquiteturais.

O J2EE, Java 2 Platform Enterprise Edition, é tal estrutura. O J2EE é uma plataforma completa para distribuir sistemas complexos. Ela aumenta o nível de abstração para a equipe de desenvolvimento oferecendo um conjunto de mecanismos (JSP, Enterprise JavaBeans, servlets) e serviços (JDBC, JNDI, JMS e RMI, para citar alguns), permitindo que a equipe se concentre em seu valor comercial central em vez de construir a infra-estrutura.

Porém, por melhor que seja o J2EE, há um grande lapso semântico entre o que o J2EE fornece e o que tem de ser feito para o negócio. A ponte para esse lapso pode ser conseguida apenas com uma forte compreensão de base do J2EE junto com uma boa arquitetura para o sistema específico do domínio. A Unified Modeling Language (UML) entra em cena aqui, com a UML sendo basicamente a linguagem dos planejamentos para o software. A visualização, a especificação, a construção e a documentação dos elementos principais de um sistema são essenciais quando a complexidade aumenta e esta é a principal razão para a existência da UML.

Khawar e Cary reúnem esses elementos neste livro para ajudar a superar esse lapso semântico. Não só abrangem todas as partes fundamentais do J2EE, assim ajudando-o a criar um entendimento básico, como também explicam como usar melhor os mecanismos e os serviços do J2EE. Este livro também irá guiá-lo na aplicação da UML para modelar seus sistemas baseados no J2EE, permitindo que você raciocine melhor e comunique a análise e as decisões de construção que sua equipe tem de fazer ao construir um software de qualidade.

Os autores têm uma compreensão profunda do J2EE e da UML, e um forte idéia das melhores práticas que podem levá-lo a um uso eficiente de ambos. Sua experiência ao construir sistemas de produção vem de sua escrita e especialmente de seu estudo de caso completo.

Há uma complexidade essencial ao construir sistemas comerciais; este livro irá ajudá-lo a dominar grande parte dessa complexidade.

– Grady Booch
Cientista-chefe
Rational Software Corporation

Prefácio

Desenvolver um software complexo requer mais do que apenas mexer nas linhas de código. Como um arquiteto de software ou desenvolvedor envolvido em um projeto industrial, você tem de compreender e ser capaz de aproveitar as subdisciplinas críticas do software, como a arquitetura, a análise e técnicas de construção, os processos do desenvolvimento, a modelagem visual e a tecnologia subjacente para ter sucesso.

Este livro reúne todos esses diversos elementos da perspectiva do desenvolvimento do Java 2 Platform, Enterprise Edition (J2EE) para fornecer uma abordagem inteira ao leitor. Especificamente, este livro tenta responder às seguintes perguntas-chave:

- O que é a Unified Modeling Language (UML) e como é relevante para o desenvolvimento J2EE?
- Como o Java e a UML se relacionam?
- Quais são os principais conceitos na arquitetura do software?
- Como um processo de desenvolvimento de software se enquadra na equação de desenvolvimento do software J2EE?
- Como a análise e a construção podem ajudar você a chegar a uma melhor construção da aplicação J2EE?
- Quais são as tecnologias J2EE principais e como elas se encaixam?
- Como você pode aproveitar a UML para o desenvolvimento J2EE?

Em vez de reinventar a roda, a abordagem neste livro é reunir os trabalhos conhecidos, como o Web Modeling Profile de Jim Conallen e o Sun Java Specification Request-26 para a UML/ EJB Mapping Specification.

Para fornecer uma ilustração prática dos tópicos analisados, este livro irá conduzi-lo em um projeto de desenvolvimento da aplicação J2EE de amostra usando o Rational Unified Process (RUP) e a UML. Uma implementação funcional é fornecida. As sugestões para obter mais melhorias são também listadas para ajudá-lo a continuar a exploração das tecnologias UML e J2EE.

Público-alvo

Este livro é adequado para qualquer pessoa interessada em aprender a UML e como ela pode ser aplicada no desenvolvimento J2EE. Os desenvolvedores da aplicação J2EE atuais aprenderão a aplicar a UML no desenvolvimento da aplicação J2EE. Os profissionais da UML aproveitarão aprendendo o J2EE no contexto da UML. E os profissionais do software interessados em aprender a UML e o J2EE estarão aptos a chegar a um estado produtivo mais rápido facilitado pela análise contextual entrelaçada.

Depois de ler o livro, você:

- Será capaz de utilizar com eficiência a UML para desenvolver aplicações J2EE.
- Aprenderá as tecnologias J2EE principais (EJB, JSP e servlets) em um nível técnico.
- Saberá quando usar a arquitetura Model 1 versus Model 2 e identificará as situações em que padrões, como o objeto do valor e a cadeia de componentes da sessão, podem ser adequados.
- Entenderá os conceitos da arquitetura do software, como a decomposição, a camada, os componentes, as estruturas, os padrões e os níveis.
- Será capaz de aplicar técnicas como a análise do caso de uso, a descoberta do objeto de análise e a análise para designar a transformação para seu projeto J2EE.
- Entenderá a noção dos processos de desenvolvimento do software e os fundamentos de alguns dos processos populares atualmente.
- Aprenderá a usar o RUP para seu projeto J2EE.

Este livro abrange apenas a linguagem Java no intuito de fornecer um mapeamento dos conceitos Java principais para a UML. Conseqüentemente, supõe-se alguma familiaridade com o Java (conhecer o C++ ou uma linguagem parecida deverá ser suficiente para obter o básico dos exemplos). Um conhecimento anterior ou experiência com UML, J2EE ou desenvolvimento de aplicações comerciais não é um pré-requisito, mas certamente será útil.

Como usar este livro

Se você for iniciante em UML e J2EE, irá obter o máximo deste livro lendo-o completamente de maneira seqüencial.

Aqueles que se sentem confortáveis com a UML e estão basicamente interessados em aprender sobre o J2EE (ou como aplicar a UML no J2EE) poderão ir diretamente para os capítulos 9 a 16.

Por outro lado, se você conhecer o J2EE e quiser em grande parte aprender a UML, deverá se concentrar nos capítulos 1 a 8 e, então, examinar as partes restantes do livro.

Você terá melhores resultados se tiver em mãos uma boa ferramenta de modelagem e tentar aplicar a modelagem visual no problema em questão!

Resumos dos capítulos

Capítulo 1: Introdução ao software comercial

Fornece uma visão geral de alto nível do desenvolvimento do software comercial e das tecnologias afins.

Capítulo 2: Introdução ao J2EE

Cobre o básico do Java 2 Platform, Enterprise Edition. Fornece uma visão geral das tecnologias básicas e das APIs que formam o J2EE.

Capítulo 3: Introdução à UML

Fornece uma visão geral e uma introdução rápida ao básico da UML.

Capítulo 4: UML e Java

Fornece uma visão geral do mapeamento da linguagem Java para a UML e cobre algumas construções UML básicas.

Capítulo 5: Visão geral das atividades

Apresenta a notação dos processos de desenvolvimento do software e descreve a abordagem adotada no livro.

Capítulo 6: Arquitetura

Um aspecto importante de um bom software, apresenta a noção e fornece uma visão geral de alguns conceitos na arquitetura do software.

Capítulo 7: Análise das necessidades do cliente

Mostra como aplicar os casos de uso da UML para compreender melhor as exigências do cliente. Não importa o quanto seja interessante o software: se não satisfizer as exigências do cliente, será um fracasso!

Capítulo 8: Como criar a construção

Concentra-se mais na análise das exigências e na criação da construção inicial para o estudo do caso. Este capítulo analisa como traduzir as exigências reunidas no software.

Capítulo 9: Visão geral das tecnologias J2EE

Traça a base para as tecnologias J2EE que iremos analisar nos capítulos restantes.

Capítulo 10: Servlets

Fornece uma visão geral da tecnologia do servlet Java, analisa como é modelado na UML e, então, mostra uma aplicação representativa da UML e dos servlets para o estudo do caso. Os servlets Java são ideais para o paradigma Web baseado na solicitação-resposta.

Capítulo 11: JavaServer Pages

Ensina sobre JSPs, quando e como usar no projeto de amostra. As JavaServer Pages (JSP) combinam a capacidade dos servlets com a flexibilidade das páginas HTML.

Capítulo 12: Componentes da sessão

Analisa como componentes da sessão são usados no nível do meio e como modelá-los e utilizá-los melhor. Os componentes da sessão são um dos três tipos de componentes comerciais fornecidos no J2EE. O capítulo se conclui com o uso dos componentes da sessão no contexto do estudo do caso.

Prefácio | XVII

Capítulo 13: Componentes da entidade

Concentra-se no conceito do componente da entidade, suas vantagens e questões, e como modelá-lo com eficiência na UML. Os componentes da entidade fornecem uma maneira conveniente de objetivar os dados armazenados.

Capítulo 14: Componentes baseados em mensagens

Apresenta a tecnologia e como modelá-los na UML. Os componentes baseados em mensagens são um novo acréscimo à especificação J2EE Enterprise JavaBean.

Capítulo 15: Montagem e distribuição

Analisa como a UML pode ajudar na montagem e na distribuição de uma aplicação.

Capítulo 16: Estudo do caso

Analisa os detalhes do exemplo usado neste livro, inclusive as exigências gerais, restrições e outros.

A seção Referências apresenta mais leitura; inclui livros, artigos e fontes on-line.

Um Glossário contendo termos especializados e seus significados é fornecido para uma consulta rápida. Um Índice é fornecido para pesquisa e consulta rápidas.

Convenções

Usamos várias convenções de notação neste livro. Uma pequena lista é fornecida para sua consulta:

- As palavras em itálico são usadas para destacar os principais conceitos ou terminologia.
- As referências para termos como javax.servlet.http.HttpServletResponse são usadas para identificar as classes J2SE ou J2EE exatas para obter mais detalhes. Por exemplo, no termo anterior o usuário está sendo conduzido à classe HttpServletResponse, encontrada no pacote http localizado no pacote servlet do pacote javax.

  O texto em negrito é usado para identificar as palavras-chave e as palavras reservadas
- no contexto do Java/J2EE, por exemplo, ejbCreate.

  As amostras de código são apresentadas em um formato ligeiramente diferente para
- distingui-las do texto comum, por exemplo, `public void acceptOrder( ) {`

Agradecimentos

Gostaríamos de agradecer às contribuições de todos aqueles que ajudaram a tornar este livro possível.

Nossos sinceros agradecimentos a Kirk Knoernschid, Todd Dunnavant, Dave Tropeano, Atma Sutjianto, Kevin Kelly, Terry Quatrani, Carolyn Hakansson-Johnston, Ingrid Subbotin, Jim Conallen, Loïc Julien, Dave Hauck, James Abbott, Simon Johnston, Tommy Fannon, Hassan Issa e a todas as outras pessoas que forneceram informação direta ou indireta, esclarecimentos, idéias, retornos, orientação e revisões em vários estágios, desde o começo até o término. Sua ajuda foi útil ao definir e redefinir o trabalho, ao eliminar as imprecisões, ao criar material extra e, no final, o resultado foi um produto melhor no todo.

Um agradecimento especial a Todd Dunnavant. Ele não só revisou diversos rascunhos do início ao fim, como também forneceu generosamente explicações, sugestões e comentários escritos com profundidade sobre vários tópicos, que ficávamos muito felizes em incorporar ao livro.

A revisão sucinta de Kirk Knoernschid foi muito útil ao nos dar o foco e ao remediar algumas das principais deficiências em uma versão de rascunho anterior. Obrigado por isso.

Khawar gostaria de agradecer a Kevin Kelly por sua orientação e conselhos. As dicas e idéias de Kevin foram muito úteis neste projeto.

A revisão de um rascunho inicial de Dave Tropeano conduziu diretamente a um redirecionamento de nossa abordagem geral e ao acréscimo de pelo menos dois capítulos completos. A versão final é melhor por causa disso e temos que agradecer a ele.
Nossos agradecimentos à Rational Software e à sua gerência por promover um ambiente

de trabalho no qual tais esforços puderam ser empreendidos. Gostaríamos de agradecer especialmente a Steve Rabuchin por sua disposição em viajar uma milha a mais para ajudar às outras pessoas a buscar suas idéias e conseguir seus objetivos. Gostaríamos também de agradecer a Jim McGee, Roger Oberg, Magnus Christerson, John Scumniotales, Matt Halls e Eric Naiburg. Se não fosse pelo encorajamento e apoio dessas pessoas, este livro não teria sido concebido nem escrito.

Estamos muito gratos à equipe da Addison-Wesley por seu apoio neste projeto. Agradecemos especialmente a Paul W. Becker e a sua assistente Jessica Cirone que nos ajudou, lembrou, orientou e estimulou no processo de edição. Muitos agradecimentos a Anne Marie Walker que, através de sua edição séria, transformou nossas passagens semi-incoerentes em parágrafos legíveis. Obrigado também a Kathy Glidden da Stratford Publishing Services, Inc. por seu gerenciamento habilidoso do projeto no estágio crítico da produção.

Beneficiamo-nos imensamente das pessoas que trabalharam ou escreveram sobre a UML, o J2EE e os tópicos afins. Para esta finalidade, gostaríamos de agradecer aos vários autores cujos livros, artigos e sites da Web são listados na seção Referências. Seus trabalhos ajudaram a expandir nossa compreensão sobre o assunto.

Por último, mas não menos importante, gostaríamos de agradecer às nossas famílias por sua paciência e apoio nestes últimos meses. Khawar, gostaria de agradecer à sua esposa Heike e à sua filha Yasmeen pela sua atitude animadora e compreensiva e por seu apoio durante este longo compromisso. A revisão e correções diligentes de Heike no rascunho, nos vários estágios, foram valiosas e resultaram na eliminação de diversos erros de digitação finais e sentenças incoerentes. Cary, gostaria de agradecer à sua esposa Socorro por todo seu apoio e ajuda durante este longo projeto.

– K.Z.A.
– C.E.U.

Capítulo 1

Introdução ao software comercial

■
O que é software comercial?

■
A evolução do software comercial

■
Software comercial e software baseado em componentes

■
Resumo

Se você ouviu falar de termos como Business-to-Business (B2B) e Business-to-Consumer (B2C), já está familiarizado com o software comercial em algum nível. O B2B e o B2C são apenas algumas dessas manifestações mais populares do software comercial.

Este capítulo introdutório oferece uma exploração mais profunda do software comercial, os desafios e as oportunidades que o acompanham.

O que é software comercial?

O termo comercial refere-se a uma organização de indivíduos ou entidades, presumivelmente trabalhando juntos para conseguir alguns objetivos comuns. As organizações têm todas as formas e tamanhos, grandes e pequenas, com e sem fins lucrativos, governamentais e não governamentais.

Porém, há chances de que, quando alguém use o termo comercial, quer dizer uma grande organização com fins lucrativos, como a Intel, General Motors, Wal-Mart, Bank of America ou eBay.

As empresas geralmente têm algumas necessidades comuns, como compartilhar e processar informações, o gerenciamento do componente ativo e controle, o planejamento de recursos, o gerenciamento do cliente, a proteção do conhecimento comercial etc. O termo software comercial é usado para se referir coletivamente a todo o software envolvido em suportar esses elementos comuns de uma empresa.

A Figura 1-1 representa graficamente a empresa e o software comercial.

A figura mostra uma configuração do software comercial que é basicamente uma coleção de diversos sistemas. O software é organizado em várias funções na organização, por exemplo, vendas, recursos humanos etc. Uma proteção é fornecida para garantir os dados da empresa contra o acesso não autorizado. Alguns sistemas de software como os para vendas e gerenciamento do inventário interagem; contudo, a maioria são ilhas de software bem isoladas.

O software comercial pode consistir em diversas partes distintas atualmente; mas as empresas perceberam gradualmente que há uma forte necessidade de que seus diversos sistemas se integrem bem e se aproveitem onde for apropriado para o máximo benefício da empresa. O B2B e o B2C são bons exemplos de tal integração e aproveitamento.

Capítulo 1 - *Introdução ao software comercial* | 3

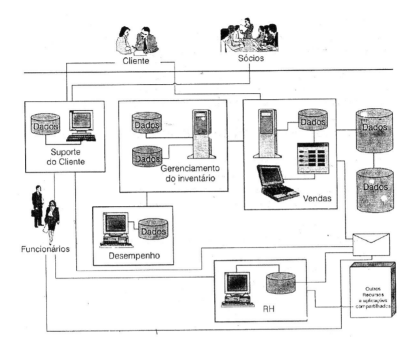

Figura 1-1 A empresa e o software comercial.

Algumas das maneiras em potencial de uma empresa esperar aproveitar o software comercial integrado são dadas a seguir:

- Integrando seu suporte do cliente e o conhecimento do produto doméstico, uma empresa poderia fornecer serviços novos e melhores serviços para seus clientes através da Web.

- Ligando sua máquina de marketing ao mundo on-line, uma empresa poderia atingir um público muito maior on-line.

- Ligando seu gerenciamento de vendas e inventário, uma empresa poderia ser capaz de planejar canais de vendas Web específicos e com custo menor para atingir um segmento do mercado não controlado.

- Fornecendo um front-end para um dos serviços usados por seus funcionários, como o sistema de pedido de suprimento do escritório interno e ligando-o ao sistema da contabilidade, a empresa poderia diminuir o custo geral e melhorar a eficiência do funcionário.

- A disponibilidade do sistema do RH da empresa on-line poderia ser usada como uma maneira de dar aos funcionários mais controle sobre sua saúde, 401(k) opções e reduzir os custos administrativos em geral para a empresa.

- Automatizando uma de suas operações com muitos recursos humanos e tornando-as disponíveis a qualquer momento e em qualquer lugar, uma empresa poderia fornecer um serviço melhor para seus clientes enquanto reduz os custos operacionais gerais

Os desafios ao desenvolver o software comercial

As empresas bem-sucedidas tendem a crescer no tamanho, contratar mais pessoas, ter mais clientes e mais acessos do site Web, ter vendas e rendimentos maiores, adicionar mais locais etc. Para suportar esse crescimento, o software comercial tem de ser dimensionável em termos de aceitar uma empresa maior e suas operações.

As empresas encontram limites quando crescem. Um limite comum é a incapacidade do hardware do computador em aumentar para colocar mais pessoas no mesmo local físico ou mesmo geográfico. Assim, o desafio da distribuição entra em cena. Diversas máquinas físicas resolvem as necessidades de processamento, mas introduzem o desafio do software distribuído. Novos locais em prédios ou geográficos endereçam a necessidade imediata, mas introduzem o desafio de trazer o mesmo nível de serviços a uma empresa localizada em outro lugar.

Conectar os sistemas separados anteriormente para ganhar as eficiências de aumento da empresa pode ser um desafio maior. Os sistemas de herança eram geralmente designados com finalidades específicas em mente e não eram concebidos especifica-mente com a integração com outros sistemas em mente. Por exemplo, o gerenciamento dos recursos humanos talvez tenha sido tratado como uma necessidade distinta sem muita interação com o gerenciamento financeiro, e o gerenciamento de vendas tinha pouca, se alguma, relação com o suporte do cliente. Essa abordagem desunida para o desenvolvimento do software geralmente resultava em excelentes produtos pontuais sendo comprados para endereçar necessidades específicas, mas comumente resul-tavam em arquiteturas do software difíceis de integrar.

Um desafio afim é a necessidade de lidar com um ambiente com diversos revendedores. Em parte sem evolução e em parte sem necessidade, o software comercial em geral acabou com produtos similares de diversos revendedores usados para a mesma finalidade. Por exemplo, embora a aplicação RH pudesse ser construída em um banco de dados Oracle 8i, a aplicação de suporte do cliente podia contar com o Microsoft SQL Server.

O software comercial também requer em geral algumas capacidades comuns, como serviços de segurança para proteger o conhecimento da empresa, serviços de transação para assegurar a integridade dos dados etc. Cada um requer habilidades específicas e conhecimento. Por exemplo, o devido tratamento da transação requer estratégias para se recuperar das falhas, lidar com as situações com diversos usuários, assegurar a consistência nas transações etc. Do mesmo modo, implementar a segurança pode demandar uma compreensão dos vários protocolos de segurança e abordagens do gerenciamento da segurança.

Capítulo 1 - *Introdução ao software comercial* 5

Esses são apenas alguns dos desafios comuns que têm de ser endereçados ao lidar com o desenvolvimento do software comercial.

A evolução do software comercial

Há pouco tempo, os mainframes governavam o mundo e todo software era ligado a essa entidade central. As vantagens de tal abordagem centralizada incluíam a simplicidade de lidar com um único sistema para todas as necessidades de processamento, a colocação de todos os recursos e outras. Como desvantagem, significava ter de lidar com os limites físicos do dimensionamento, pontos únicos de falha, acessibilidade limitada a partir de locais remotos etc.

Tais aplicações centralizadas são comumente referidas como aplicações com um nível. O dicionário Random House define um nível como "um de uma série de linhas, surgindo uma atrás da outra ou acima da outra". No software, um nível é basicamente uma abstração e sua principal finalidade é nos ajudar a compreender a arquitetura associada a uma aplicação específica dividindo o software em níveis distintos e lógicos. Veja o Capítulo 6 para obter uma análise mais detalha sobre os níveis.

Da perspectiva de uma aplicação, o único aspecto mais problemático de uma aplicação com um nível era a intermistura da apresentação, da lógica comercial e dos dados em si. Por exemplo, suponha que uma alteração fosse requerida em algum aspecto do sistema. Em uma aplicação com um nível, todos os aspectos seriam muito fundidos; ou seja, o lado da apresentação do software era ligado à lógica comercial e a parte da lógica comercial tinha um conhecimento íntimo das estruturas dos dados. Portanto qualquer alteração em um tinha potencialmente um efeito em cascata e significava uma revalidação de todos os aspectos. Outra desvantagem de tal intermistura eram os limites impostos na reutilização das capacidades da lógica comercial ou do acesso de dados.

A abordagem do cliente-servidor suavizou algumas dessas questões maiores movendo os aspectos da apresentação e alguma lógica comercial para um nível separado. Porém, da perspectiva de uma aplicação, a lógica comercial e a apresentação permaneceram muito intermisturadas. Também, igualmente, essa abordagem com dois níveis introduziu algumas questões novas próprias, por exemplo, o desafio de atualizar o software da aplicação em um grande número de clientes com um custo mínimo e ruptura.

A abordagem com n níveis tenta conseguir um melhor equilíbrio geral separando a lógica da apresentação da lógica comercial e a lógica comercial dos dados subjacentes. O termo n níveis (em oposição a três níveis) é representante do fato de que o software não está limitado a três níveis apenas e pode ser, e na verdade é, organizado em camadas mais profundas para satisfazer necessidades específicas.

Deve ser notado que cada nível em um n nível não implica em uma parte separada do hardware, embora seja certamente possível. Um nível é, acima de tudo, uma separação de preocupações no software em si. Os diferentes níveis são distintos logicamente no software mas podem existir fisicamente na mesma máquina ou ser distribuídos em diversas máquinas.

Alguns exemplos dos tipos de vantagens e benefícios oferecidos pela computação com n níveis são

- Desenvolvimento mais rápido e potencialmente com custo menor: as novas aplicações podem ser desenvolvidas mais rapidamente reutilizando componentes comerciais e de acesso de dados existentes e testados previamente.

- O impacto das alterações é isolado: contanto que as interfaces permaneçam inalteradas, as alterações em um nível não afetarão os componentes em outro nível.

- As alterações são mais gerenciáveis: por exemplo, é mais fácil substituir uma versão de um componente comercial por uma nova se ele estiver residindo em um nível comercial (em um ou alguns servidores dedicados) ao invés de ter que substituir centenas ou milhares de aplicações-cliente na cidade ou no globo.

A Figura 1-2 mostra o software comercial organizado em um, dois e n níveis.

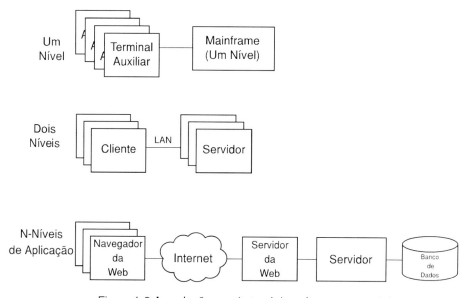

Figura 1-2 A evolução arquitetural do software comercial.

Software comercial e software baseado em componentes

Quando a abordagem do software baseado em objeto apareceu na cena do desenvolvimento de softwares, era muito esperado que a adoção das técnicas de desenvolvimento do software baseado em objeto levaria à reutilização, mas essa esperança foi apenas parcialmente realizada. Uma das razões para esse sucesso parcial era a delicada granularidade dos objetos e a dificuldade subjacente de conseguir uma reutilização de grande escala nesse nível devido à natureza mais fortemente ligada dos objetos refinados.

Os componentes do software são designados para endereçar esta questão precisa. Diferente de um objeto, um componente do software é designado em um nível muito mais alto de abstração e fornece uma função completa ou serviço. Os componentes do software são ligados de modo mais solto. Usando as interfaces que os componentes exibiram deliberadamente, eles podem ser combinados rapidamente para construir aplicações maiores de maneira rápida e com um custo mais eficiente.

Naturalmente, o software baseado em componente requer que os componentes de fontes diferentes sejam compatíveis. Ou seja, uma compreensão comum subjacente, um contrato se você quiser, é requerida na qual os componentes serão desenvolvidos.

Vários modelos de componente foram desenvolvidos com os anos para fornecer a compreensão comum. O ActiveX da Microsoft, posteriormente COM, os applets e JavaBeans da Sun Microsystems são exemplos de tais modelos de componente.

Modelos de componente distribuídos também foram desenvolvidos para endereçar o software baseado em componente no contexto do software comercial distribuído e dos desafios associados analisados anteriormente. Tais modelos de componente fornecem basicamente um "sistema operacional" para o desenvolvimento de softwares distribuídos e baseados em componente. Os exemplos incluem DCOM, Microsoft DNA (agora Microsoft.NET) e o Enterprise JavaBeans (EJB) da Microsystem, que faz parte do Java 2 Platform, Enterprise Edition (J2EE).

Resumo

O software comercial passou por uma evolução gradual na tentativa de fornecer um valor cada vez maior para a empresa. O software comercial encara alguns desafios distintos. Eles incluem, entre outros, o dimensionamento, a distribuição, a segurança e a necessidade de trabalhar com um conjunto diverso de tecnologias do revendedor. Várias abordagens arquiteturais evolucionárias foram tentadas com os anos para satisfazer tais desafios. Uma solução cada vez mais popular ocorre usando um modelo de componente distribuídos para desenvolver um software comercial superior. Tais modelos de componente distribuídos mantêm a promessa, mas ainda estão no início.

Capítulo 2

Introdução ao J2EE

O que é Java 2 Platform, Enterprise Edition?

Uma breve história do J2EE

Porque J2EE?

Uma breve visâo geral do J2EE

Resumo

A Sun Microsystems organizou o Java 2 Platform em três áreas específicas ou edições: Micro Edition (J2ME), Standard Edition (J2SE) e Enterprise Edition (J2EE).

Desses produtos, o J2EE é o mais relevante para desenvolver aplicações Java comerciais

O que é o Java 2 Platform, Enterprise Edition?

O J2EE define uma arquitetura para desenvolver aplicações Java comerciais complexas e distribuídas.

O J2EE foi originalmente anunciado pela Sun Microsystems em meados de 1999 e foi lançado oficialmente no final de 1999. O J2EE, sendo relativamente novo, ainda está desenvolvendo alterações significantes de versão para versão, especialmente na área do Enterprise JavaBeans (EJB).

O J2EE consiste no seguinte:

- Regras de construção para desenvolver aplicações comerciais usando o J2EE.
- Uma implementação de referência para fornecer uma visão operacional do J2EE.
- Um conjunto de teste de compatibilidade para ser usado por terceiros para verificar a compatibilidade de seus produtos com o J2EE.
- Várias Application Programming Interfaces (APIs) para permitir o acesso genérico para recursos comerciais e infra-estrutura.
- Tecnologias para simplificar o desenvolvimento Java comercial.

A Figura 2-1 mostra graficamente a relação entre os elementos da plataforma J2EE.

A plataforma baseia-se no mantra Java: "Escreva uma vez, execute em qualquer lugar" através de um grupo de tecnologias e um conjunto de APIs. Elas são suportadas e vinculadas, por sua vez, por três elementos-chave, a saber a implementação de referência, as regras da construção e o conjunto de compatibilidade.

Figura 1-2 Os elementos da plataforma J2EE.

Uma breve história do J2EE

Como o J2EE surgiu é bem interessante. O Java, denominado originalmente como Oak, foi concebido como uma linguagem de software para desenvolver aplicações para aplicações domésticas e outros dispositivos afins. Com a revolução da Internet, o Java evoluiu gradualmente em uma linguagem para o desenvolvimento no lado do cliente com capacidades como applets e JavaBeans. No percurso, várias APIs Java, como o Java Database Connectivity (JDBC), foram desenvolvidas para endereçar as necessidades do mercado para o acesso genérico e o uso dos recursos geralmente requeridos pelas aplicações de software comerciais.

Ficou logo claro depois da introdução do Java que seu uso no lado do cliente em um ambiente de sistemas baseados em navegador encarava alguns desafios sérios, como a latência envolvida no carregamento das bibliotecas Java na Internet antes que uma aplicação Java no lado do cliente pudesse ser iniciada. Porém, a relativa simplicidade do Java, a arquitetura independente da plataforma e o conjunto rico de APIs assim como sua natureza com Web ativada eram fortes pontos positivos para seu uso no desenvolvimento de softwares comerciais.

Essa facilidade de uso e a natureza com Web ativada do Java levaram a uma adoção relativamente ampla do Java para o desenvolvimento centrado na Web. Os desenvolvedores usaram as tecnologias Java, como os applets, para a saída visual e dinâmica que podia ser facilmente adicionada às páginas HTML padrões nos sites Web.

Embora as aplicações Java pudessem ser executadas nos servidores, o Java não oferecia inicialmente nenhuma capacidade específica para o uso no lado do servidor. A Sun percebeu o potencial do uso do Java como uma linguagem para as aplicações baseadas na Web e buscou adaptá-lo para o lado do servidor através da especificação Java Servlet. Assim que a adaptação ocorreu, o cliente Web pôde chamar um programa Java sendo executado em um servidor remoto e o programa servidor pôde processar a solicitação e transmitir de volta resultados significativos. O conceito do servlet nasceu e foi muito utilizado para o desenvolvimento de aplicações comerciais. Contudo, os servlets nunca foram realmente designados para lidar com as questões complexas relativas às transações do cliente, simultaneidade das sessões, sincronização dos dados etc.

O EJB, originalmente lançado como uma especificação independente pela Sun Microsystems, era pretendido para simplificar o desenvolvimento no lado do servidor fornecendo um conjunto muito grande de serviços prontos para lidar com as principais questões de desenvolvimento de aplicações comerciais.

O conceito da arquitetura com n níveis já existia há algum tempo e foi usado com sucesso para construir aplicações comerciais dimensionáveis. A adoção da Sun do modelo de desenvolvimento com n níveis para o Java e a introdução de uma funcionalidade específica para permitir um desenvolvimento mais fácil no lado do servidor de aplicações comerciais e dimensionáveis baseadas na Web deram ao Java o ingrediente crítico que faltava nesta arena.

O J2EE é o resultado do esforço da Sun em alinhar as tecnologias Java distintas e as APIs em plataformas de desenvolvimento Java coesivas para desenvolver tipos específicos de aplicações. Existem três plataformas Java atualmente. Cada uma listada sucessivamente pode conceitualmente (mas não necessariamente de modo tecnológico) ser considerada um superconjunto da anterior:

- Java 2 Platform, Micro Edition (J2ME): A plataforma para o desenvolvimento do software para dispositivos incorporados como telefones, palm tops etc.

- Java 2 Platform, Standard Edition (J2SE): A mais familiar das plataformas Java 2. Também conhecida como Java Development Kit (JDK) e inclui capacidades como applets, JavaBeans etc.

- Java 2 Platform, Enterprise Edition (J2EE): A plataforma para desenvolver aplicações comerciais dimensionáveis. É designada para ser usada em conjunto com o J2SE.

A Figura 2-2 fornece uma visão geral das três plataformas Java 2 existentes.

Por que J2EE?

Provavelmente você está perguntando: Então por que usar o J2EE? Não é novo demais e desaprovado? O que de fato oferece? É simplesmente outra novidade?

Começaremos com o aspecto novo. Embora o pacote J2EE seja novo, as partes específicas que o compõem já existem há algum tempo. Por exemplo, a API JDBC é bem estabelecida. A tecnologia do servlet também tem sido usada tem algum tempo como uma alternativa leve e que pode ser mantida para os scripts Common Gateway Interface (CGI)[1].

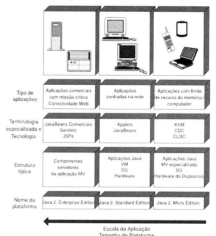

Figura 2-2 Uma visão geral das plataformas Java2.

---

1. Uma abordagem mais antiga costumava processar a entrada do usuário fornecida através da Web e fornecer um conteúdo dinâmico com base na entrada.

O J2EE também oferece algumas vantagens promissoras. Como descrito nos parágrafos anteriores, elas incluem recursos que permitem aos desenvolvedores se concentrarem no desenvolvimento da lógica comercial, na implementação do sistema sem um conhecimento detalhado anterior do ambiente de execução e na criação de sistemas que podem ser portados mais facilmente entre as plataformas de hardware e sistemas operacionais (SOs).

O desenvolvimento do software comercial é uma tarefa complexa e pode requerer um grande conhecimento de muitas áreas diferentes. Por exemplo, um esforço de desenvolvimento típico de aplicações comerciais poderia requerer que você fosse familiarizado com as questões de comunicação entre os processos, as questões de segurança, as consultas de acesso específicas do banco de dados etc. O J2EE inclui um suporte predefinido e largamente transparente para esses e outros serviços similares. Como resultado, os desenvolvedores são capazes de se concentrar na implementação do código da lógica comercial ao invés do código que suporta a infra-estrutura da aplicação básica.

O modelo de desenvolvimento comercial J2EE também encoraja uma partição mais clara entre o desenvolvimento do sistema, a distribuição e a execução. Como causa disso, os desenvolvedores podem oferecer os detalhes da distribuição, como o nome real do banco de dados e o local, as propriedades de configuração específicas do host etc., para o distribuidor.

O J2EE suporta o hardware e a independência do SO permitindo que os serviços do sistema sejam acessados através do Java e do J2EE em vez das APIs do sistema subjacente. Por isso, os sistemas comerciais que seguem a especificação arquitetural J2EE podem ser portados bem facilmente entre os diferentes sistemas de hardware e diferentes SOs.

Talvez uma das maiores vantagens do J2EE seja seu suporte para os componentes. O software baseado em componentes tem numerosas vantagens sobre o desenvolvimento do software personalizado e tradicional:

- Produtividade mais alta: Menos desenvolvedores podem conseguir mais reunindo uma aplicação a partir de componentes predefinidos e testados previamente em vez de implementar uma solução personalizada a partir do zero.

- Desenvolvimento rápido: Os componentes existentes podem ser reunidos rapidamente para criar novas aplicações.

- Qualidade mais alta: Em vez de testar as aplicações inteiras, os desenvolvedores da aplicação baseada em componentes podem se concentrar em testar a integração e a funcionalidade geral da aplicação conseguida através dos componentes predefinidos.

- Manutenção mais fácil: Como os componentes são independentes para começar, a manutenção como, por exemplo, as atualizações de componentes individuais, é muito mais fácil e com um custo melhor.

Embora algum nível de componente do software exista, é muito distante do tipo de componente que prevalece nas outras indústrias, como a eletrônica ou de automóveis. Imagine a indústria eletrônica diminuída se cada e todo chip requerido precisasse ser feito à mão para montar um novo dispositivo eletrônico.

O J2EE facilita a criação de componentes de muitas maneiras. Alguns exemplos vêm a seguir:

- A natureza "Escreva uma vez, execute em qualquer lugar" do Java torna-o atraente para desenvolver componentes para um conjunto diverso de sistemas de hardware e sistemas operacionais.

- O J2EE oferece uma abordagem bem desenvolvida para separar os aspectos do desenvolvimento de um componente de suas particularidades da montagem e seus aspectos da montagem de seus detalhes da distribuição. Assim, os componentes desenvolvidos de modo independente podem ser prontamente integrados em novos ambientes e aplicações.

- O J2EE oferece uma grande faixa de APIs que podem ser usadas para acessar e integrar os produtos fornecidos por revendedores de terceiros de uma maneira uniforme, por exemplo, bancos de dados, sistemas de correio, plataformas de mensagens etc.

- O J2EE oferece componentes especializados que são otimizados para tipos específicos de papéis em uma aplicação comercial. Por exemplo, os componentes comerciais podem ser desenvolvidos em "tipos" diferentes dependendo do que devem fazer.

Os mercados de componentes já começaram a surgir. Um estudo da Gartner Group previu que, em 2003, 70% de todas as aplicações novas seriam construídas a partir de componentes. O J2EE, com seu suporte para o desenvolvimento baseado em componentes (CBD), com a adoção rápida e o suporte amplo da indústria, deverá desempenhar um papel de destaque nesta troca para o CBD.

Uma breve visão geral do J2EE

As tecnologias J2EE e as APIs cobrem um amplo espectro do desenvolvimento Java comercial. É improvável que você use cada e todo aspecto do J2EE em seu esforço de desenvolvimento Java comercial. Mas é sempre útil ter uma grande idéia em mente, portanto a intenção nesta seção é fazer com que conheça o que existe no J2EE.

No resto do livro, iremos cobrir as tecnologias no contexto de modelá-las com a Unified Modeling Language (UML). Também apresentaremos algumas APIs, mas não todas. Se você estiver interessado em uma API específica, veja a seção Referências no final deste livro para obter uma lista de recursos para mais leitura.

Tecnologias

Para compreender as tecnologias J2EE, você terá primeiro que compreender o papel do contêiner na arquitetura J2EE. Todas as tecnologias atuais no J2EE contam com este conceito simples porém eficiente.

A Figura 2-3 mostra o papel do contêiner no J2EE.

Um contêiner é uma entidade do software executada no servidor e é responsável por gerenciar os tipos específicos de componentes. Fornece o ambiente de execução para os componentes J2EE desenvolvidos. É através de tais contêiners que a arquitetura J2EE é capaz de fornecer a independência entre o desenvolvimento e a distribuição e de fornecer a portabilidade entre os diversos servidores no nível do meio.

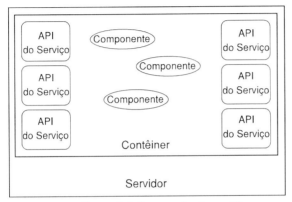

Figura 2-3 O conceito do contêiner

Um contêiner também é responsável por gerenciar o ciclo de vida dos componentes distribuídos nele e por coisas como o pool de recursos e aplicar a segurança. Por exemplo, você pode limitar a capacidade em acessar um método específico a um pequeno grupo de chamadas. O contêiner então aplicaria essa restrição interceptando as solicitações para esse método e assegurando que a entidade que solicita o acesso esteja na lista privilegiada.

Dependendo do tipo de contêiner, poderá também fornecer acesso a algumas ou a todas as APIs J2EE.

Todos os componentes J2EE são distribuídos e executados em algum tipo de contêiner. Por exemplo, os EJBs são executados no contêiner EJB e os servlets são executados no contêiner Web. Resumindo, o J2EE tem quatro tipos diferentes de contêineres.

- Contêiner da aplicação: mantém aplicações Java independentes.

- Contêiner do applet: fornece um ambiente de execução para os acessórios.

- Contêiner da Web: mantém os componentes Web, como servlets e JavaServer Pages (JSP).

- Contêiner comercial: mantém os componentes EJB.

Servlets

Os servlets são componentes Web capazes de gerenciar o conteúdo dinâmico. São dos componentes J2EE mais usados, encontrados na World Wide Web, atualmente. Eles fornecem um mecanismo eficiente para a interação entre a lógica comercial base ada no servidor e o cliente baseado na Web e fornecem uma alternativa leve e mais gerenciável para a abordagem de script CGI popular.

Como os servlets são mais simples e requerem menos recursos em geral, alguns desenvolvedores preferem usar esses componentes junto com os JSPs quase que exclusivamente em suas implementações em vez de usar os componentes EJB mais complexos. Essa prática poderia fazer sentido para toda aplicação comercial simples, mas torna-se rapidamente uma escolha menos otimizada sempre que o suporte da transação for necessário na aplicação.

Os servlets são melhores para lidar com tarefas mais simples, como reunir e verificar as entradas válidas a partir dos campos de entrada de uma página Web. Quando as verificações preliminares são feitas, os dados devem ser transmitidos para um componente mais adequado para executarem a tarefa real em mãos.

Os servlets são executados dentro do contêiner do servlet (também referidos como motor do servlet) em um servidor Web. O contêiner do servlet gerencia o ciclo de vida de um servlet e converte as solicitações do cliente Web, feitas através de protocolos como o Hypertext Transfer Protocol (HTTP), nas solicitações baseadas em objeto. Do mesmo modo, o contêiner converte a resposta de um servlet e mapeia o objeto de resposta para o devido protocolo Web.

JSP

Os JSPs são outro tipo de componente Web J2EE e evoluíram a partir da tecnologia do servlet. Na verdade, as partes do JSPs são compiladas nos servlets que então são executados dentro do ambiente de contêiner do servlet.

Os JSPs acabaram facilitando para os membros de uma equipe Web manter partes do sistema que suportam a apresentação da página Web sem requerer que sejam programadores tradicionais. Os não programadores geralmente mantêm o código da apresentação na HyperText Markup Language (HTML). Isso é mais difícil de fazer quando essa HTML é gerada pelas instruções Java contidas nos servlets.

Os JSPs permitem que o código Java seja incorporado em um documento estruturado como a HTML ou a eXtensible Markup Language (XML). Isso permite que o código da apresentação seja mantido facilmente como um código HTML normal e protege os colaboradores não técnicos dos editores de código etc.

Como os JSPs permitem que todo código Java muito complexo seja incorporado nesses documentos HTML ou XML, alguns desenvolvedores escolheram usar esse método durante os primeiros dias da tecnologia JSP. Porém, é geralmente uma boa prática manter o código Java em um JSP relativamente simples.

Algumas outras tecnologias Java já existentes há algum tempo, como o JavaBeans, também usam os JSPs. Ajudam a tornar menos complicado exibir quantidades maiores de dados para coisas como tabelas nas páginas Web.

EJB

A especificação EJB está bem no centro da plataforma J2EE. Ele define um modelo de componente completo para construir componentes da aplicação Java comercial baseados no servidor distribuídos e dimensionáveis.

Há três tipos de EJBs:

- Componentes da sessão são melhor usados nas atividades transientes. São transitórios e geralmente encapsulam a maioria da lógica comercial em uma aplicação Java comercial. Os componentes da sessão podem ter estado, significando que mantêm as conexões entre as sucessivas interações com um cliente. O outro tipo de componente da sessão é sem estado. No caso de um componente da sessão sem estado, cada chamada sucessiva do componente da sessão pelo mesmo cliente é tratada como uma atividade nova não relacionada.

- Componentes da entidade encapsulam os dados permanentes em um armazenamento de dados, que geralmente é uma linha completa ou parcial de informações encontradas em uma tabela do banco de dados. Fornecem serviços automatizados para assegurar que a exibição baseada em objeto desses dados permanentes fique sincronizada sempre com os dados reais que residem no banco de dados subjacente. Os componentes da entidade também são geralmente usados para formatar esses dados, dar assistência na lógica comercial da tarefa em mãos ou preparar os dados para a exibição em uma página Web. Como exemplo, em uma tabela do banco de dados de funcionários, cada registro poderia mapear uma instância de um componente da entidade.

- Componentes baseados em mensagens são designados a serem consumidores convenientes e assíncronos das mensagens Messaging Service (JMS). Diferentes dos componentes da sessão e da entidade, os componentes baseados em mensagens operam de modo anônimo internamente. Os componentes baseados em mensagens são sem estado e são um novo tipo de componente EJB introduzido no J2EE 1.3.

A arquitetura Model-View-Controller (MVC), originalmente usada na linguagem de programação Smalltalk, é útil para compreender como essas diferentes tecnologias J2EE se encaixam e funcionam juntas. Para as pessoas não familiarizadas com a arquitetura MVC, a idéia básica é minimizar a ligação entre os objetos em um sistema alinhando-os com um conjunto específico de responsabilidades na área dos dados permanentes e regras associadas (Model), apresentação (View) e lógica da aplicação (Controller). Isso é mostrado na Figura 2-4.

O Model é responsável por manter o estado e os dados da aplicação. Pode receber e responder as consultas a partir de View e pode fornecer notificações para View quando as coisas mudam.

O Controller atualiza o Model com base na execução da lógica da aplicação em resposta aos gestos do usuário (por exemplo, botões da caixa de diálogo, solicitações de envio do formulário etc.).

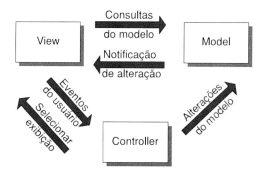

Figura 2-4 A arquitetura Model-View-Controller

Também é responsável por informar a View o que exibir em resposta aos gestos do usuário.

View é responsável pela apresentação real dos dados fornecidos por Controller.

Para mostrar, considere uma aplicação de relógio simples desenvolvida usando a abordagem MVC. Model neste caso é basicamente responsável pelo controle da hora. A hora é atualizada automaticamente em intervalos predefinidos (um microssegundo, milissegundo ou alguma outra unidade) através de alguns mecanismos predefinidos em Model. Também fornece operações para que outras entidades possam consultar o Model e obter a hora atual, mas não se importa ou sabe como a hora será exibida.

A responsabilidade de exibir a hora fica em View; porém, View pode adotar formas diferentes. Por exemplo, pode adotar a forma de um mostrador analógico assim dois (ou três) ponteiros serão usados para exibir a hora. Pode ser facilmente um mostrador digital consistindo em vários dígitos também. Quando a hora muda, Model notifica View e View se atualiza para refletir a nova hora.

Lembre-se que os relógios requerem algum mecanismo para atualizar a hora, por exemplo, quando o horário de verão entra em vigor. Em um relógio apresentado em um navegador da Web, o usuário poderá ter a capacidade de indicar uma alteração na hora usando alguns controles Graphical User Interface (GUI) ou digitando uma nova hora. Controller receberá os gestos do usuário para tais alterações e atualizará Model chamando as devidas operações definidas em Model para refletir a nova hora.

Model pode ter várias Views simultâneas. Por exemplo, uma aplicação de relógio sendo executada na Web pode ter vários usuários utilizando-a ao mesmo tempo, usando apresentações diferentes, como analógica, digital etc

APIs

Há várias APIs no J2EE. Algumas das mais populares serão analisadas nas seções seguintes.

JDBC

A interação com os bancos de dados é uma parte integral da aplicação Java comercial. A API JDBC está concentrada diretamente em tornar esse aspecto mais fácil para o desenvolvedor Java comercial.

A API JDBC, que é parecida com a API Open Database Connectivity (ODBC) da Microsoft, simplifica o acesso para os bancos de dados relacionais. Consiste em uma interface genérica e independente do revendedor para os bancos de dados. Usar a JDBC torna suas aplicações portáveis e suas capacidades do banco de dados aplicáveis em uma faixa maior de plataformas do revendedor.

A maioria da API JDBC já existe como parte do J2SE. Não está limitada ao uso apenas com o J2EE. Contudo, há algumas extensões que a versão J2EE adiciona, em grande parte para suportar algumas funções avançadas para os contêiners J2EE usarem, como o pool de conexões assim como algum suporte adicional para o JavaBeans.

A API JDBC fornece uma interface comum para proteger o máximo possível o usuário das diferenças específicas do revendedor. As implementações JDBC são fornecidas pelo revendedor do banco de dados, portanto diferentes bancos de dados podem agir de modo diferente internamente.

Nas aplicações comerciais, você não precisa usar necessariamente a JDBC de modo direto. Por exemplo, poderá usar os componentes da entidade para fazer as chamadas necessárias do banco de dados. A prática de usar a JDBC diretamente deve se tornar menos comum quando os servidores das aplicações fornecerem um suporte mais sofisticado e bem ajustado para os componentes da entidade.

Java Naming and Directory Interface (JNDI)

No contexto do JNDI, "naming" (nomenclatura) refere-se de fato a um serviço de nomenclatura. Os serviços de nomenclatura permitem pesquisar ou consultar um objeto. Um sistema de arquivo é um exemplo de serviço de nomenclatura.

Um serviço de diretório é parecido com um serviço de nomenclatura e fornece capacidades de pesquisa avançadas. Na verdade, um serviço de diretório sempre tem um serviço de nomenclatura (mas não vice-versa).

Há vários serviços de nomenclatura e de diretório disponíveis, portanto os desafios nesta área são bem parecidos com os da área dos bancos de dados. O JNDI é designado para endereçar esses desafios fornecendo uma maneira genérica e uniforme de acessar os serviços.

A API JNDI completa já existe como parte do J2SE, embora seja listada como um recurso comercial. A maioria das aplicações comerciais distribuídas usa esse serviço em algum ponto. Por exemplo, qualquer uso dos EJBs em uma aplicação comercial necessita de que o JNDI seja usado para encontrar as interfaces EJB Home associadas.

JMS

Um serviço de mensagens permite a comunicação entre as aplicações distribuídas usando entidades independentes chamadas mensagens. Tal comunicação geralmente é assíncrona.

Vários revendedores fornecem um middleware baseado em mensagens. O JMS fornece uma interface uniforme e genérica para tal middleware.

O JMS pode ser usado diretamente em uma aplicação comercial ou através de um tipo de EJB conhecido como componente baseado em mensagens. Os componentes baseados em mensagens são novos no J2EE 1.3.

Remote Method Invocation (RMI)

O RMI permite o acesso para os componentes em um ambiente distribuído permitindo que os objetos Java chamem os métodos em objetos Java remotos. O método é de fato chamado em um objeto proxy, que então transmite o método e os parâmetros para o objeto remoto e fornece a resposta do objeto remoto de volta para o objeto que iniciou a chamada do método remota.

O RMI não é exclusivo do J2EE. Contudo, ele está no centro de algumas tecnologias J2EE, como o EJB.

Outras tecnologias J2EE e APIs

Nesta seção, listamos algumas outras tecnologias J2EE e APIs que existem agora ou espera-se que façam parte do J2EE no futuro.

J2EE Connectors

Os J2EE Connectors fornecem uma arquitetura comum para usar ao lidar com os Enterprise Information Systems (EIS) como o armazenamento de dados. Esses sistemas grandes tendem a prevalecer em empresas enormes e podem ser muito complexos para lidar.

Java Transaction API (JTA)

Uma transação refere-se a um grupo de diversas operações em uma única operação "atômica". Assim, se parte de uma transação falhar, as outras operações executadas anteriormente serão "retornadas", ou seja, desfeitas, para assegurar a integridade do sistema.

O JTA fornece uma API genérica de alto nível para o gerenciamento das transações. É usado basicamente para um processamento de transações grande, distribuído e geralmente complexo, em geral envolvendo vários sistemas grandes conectados remotamente.

Java IDL

A Java Interface Definition Language (IDL) fornece um suporte de interoperabilidade para o Common Object Request Broker Architecture (CORBA) e o Internet Inter-Orb Protocol (IIOP) padrão da indústria. Inclui um compilador da IDL para o Java e um Object Request Broker (ORB) leve.

RMI-IIOP

O RMI-IIOP refere-se ao RMI que usa o IIOP como o protocolo de comunicação internamente. O IIOP é um padrão Object Management Group (OMG). Como o CORBA usa o IIOP como o protocolo subjacente, o uso do RMI-IIOP torna mais simples a interoperabilidade entre os objetos RMI e CORBA. O RMI-IIOP é geralmente mais eficiente que o RMI no Java Remote Method Protocol (JRMP).

Java Transaction Service (JTS)

O JTS é um serviço do gerenciador de transações que suporta o JTA e usa o IIOP para se comunicar entre as instâncias remotas do serviço. Como o JTA, é usado em situações com grandes sistemas distribuídos.

JavaMail

O JavaMail fornece uma API para facilitar a interação com os sistemas de mensagens de e-mail de uma maneira independente do revendedor. Essa API consiste basicamente em um conjunto de classes abstratas que modelam um sistema de e-mail baseado no Java. É pretendido para construir aplicações sofisticadas baseadas em e-mail. Porém, note que é possível fornecer o suporte de e-mail em uma aplicação sem usar a API JavaMail.

Resumo

O J2EE oferece uma arquitetura bem desenvolvida para desenvolver aplicações Java comerciais complexas.

A combinação de tecnologias do J2EE – a saber, EJB, servlets e JSPs – e sua API genérica (JDBC, JavaMail, JMS etc.) fornecem a seus usuários diversas vantagens. Assim, desenvolver uma aplicação J2EE simplifica a tarefa geral de desenvolver aplicações distribuídas em grande escala.

Alguns dos principais desafios, que são simplificados pelo J2EE, incluem a distribuição das aplicações em diversos processos e processadores, a segurança, as transações, o gerenciamento permanente e a distribuição.

Capítulo 3

Introdução à UML

- Visão geral da UML

- Por que usar o J2EE e a UML juntos?

- Os desafios de modelar o J2EE na UML

- Mecanismos de extensão na UML

- A abordagem da modelagem J2EE UML

- Resumo

Desenvolvendo aplicações comerciais em Java com J2EE e UML

A Unified Modeling Language (UML) é uma linguagem gráfica para a modelagem e o desenvolvimento de sistemas de software. Fornece um suporte de modelagem e visualização para todas as fases de desenvolvimento do software, desde a análise das exigências até a especificação, construção e distribuição.

A UML tem suas raízes em várias notações baseadas em objetos anteriores[1]. As mais destacadas entre elas sendo as notações popularizadas por Booch, Rumbaugh e outros, Jacobson e outros. Portanto, mesmo que a UML tenha sido formalizada há apenas alguns anos, suas antecessoras foram usadas para construir e especificar os sistemas com muito software desde o início dos anos 90.

A unificação das notações concorrentes veio no meio e final dos anos 90. No início de 1997, vários consórcios enviaram respostas para um Request for Proposal do Object Management Group (OMG) para um metamodelo comum para descrever os sistemas com muito software. Um consórcio encabeçado pela Rational Software enviou a especificação UML 1.0. Ela incorporava os recursos principais de várias notações de modelagem inclusive as de Booch, Rumbaugh e Jacobson. Na solicitação do OMG, a maioria dos consórcios concorrentes cooperava com o grupo conduzido pela Rational para aprimorar a UML 1.0 na UML 1.1, que foi aceita pelo OMG no final de 1997.

A UML continua a se desenvolver sob direção do OMG. Por exemplo, as extensões propostas recentemente fornecem notações comuns para a modelagem dos dados, a modelagem da aplicação Web e as construções J2EE de mapeamento para a UML.

A UML tem um amplo suporte da indústria. Por ser a especificação suportada pelo OMG com mais de 850 membros, é o padrão da indústria do software de fato para a modelagem visual e o desenvolvimento. O fato de que todas as principais ferramentas para modelar os sistemas com muito software agora suportam a UML torna-a um padrão de fato também.

Visão geral da UML

A idéia central ao usar a UML é capturar os detalhes significantes sobre um sistema de modo que o problema seja claramente compreendido, a arquitetura da solução seja desenvolvida e a implementação escolhida seja claramente identificada e construída.

Uma notação rica para modelar visualmente os sistemas de software facilita este exercício. A UML não só fornece a notação para os blocos de construção básicos, como também fornece maneiras para expressar as relações complexas entre os blocos de construção básicos.

As relações podem ser estáticas ou dinâmicas por natureza. As relações estáticas giram basicamente em torno dos aspectos estruturais de um sistema. A relação de herança entre um par de classes, as interfaces implementadas por uma classe e a dependência em outra classe são exemplos de relações estáticas.

As relações dinâmicas, por outro lado, estão preocupadas com o comportamento de um sis-

---

1. A distinção entre notação e metodologia é uma fonte comum de confusão. A UML é uma notação que pode ser aplicada usando muitas abordagens diferentes. Essas abordagens são as metodologias.

Capítulo 3 - *Introdução à UML* | 25

tema e assim existem durante a execução. As mensagens trocadas em um grupo de classes para cumprir alguma responsabilidade e o fluxo do controle em um sistema, por exemplo, são capturados no contexto das relações dinâmicas que existem em um sistema.

Os aspectos estáticos e dinâmicos de um sistema são capturados na forma de diagramas UML. Há vários tipos de diagramas UML. Eles são organizados em áreas focais específicas da modelagem visual chamadas de exibições.

Os seguintes tipos de diagramas são fornecidos pela UML:

- Diagrama do caso de uso: um diagrama do caso de uso mostra os casos de uso, os atores e suas relações. Os diagramas do caso de uso capturam as exigências precisas para o sistema da perspectiva de um usuário. Veja o Capítulo 7 para obter uma análise detalhada dos casos de uso no contexto do desenvolvimento da aplicação Java comercial.

- Diagrama da classe: um diagrama da classe mostra as relações estáticas que existem entre um grupo de classes e interfaces no sistema. Alguns tipos de relação comuns são de herança, de agregação e de dependência. Veja o Capítulo 8 para obter mais detalhes sobre as classes, interfaces e diagramas da classe.

- Diagrama do objeto: um diagrama do objeto fornece uma visão instantânea das relações que existem entre as instâncias da classe em um dado ponto no tempo. Um diagrama do objeto é útil para capturar e mostrar, de uma maneira estática, as relações complexas e dinâmicas no sistema. Veja os capítulos 12 e 13 para obter uma cobertura adicional de como os diagramas do objeto são usados no contexto da construção e do desenvolvimento da aplicação comercial.

- Diagrama do gráfico do estado: as máquinas do estado são excelentes para capturar o comportamento dinâmico do sistema. São particularmente aplicáveis nos sistemas reativos baseados em eventos ou objetos nos quais a ordem dos eventos é importante. Os gráficos do estado também são úteis para modelar o comportamento das interfaces. Para obter mais informações sobre como usar os gráficos do estado no contexto do J2EE, veja o Capítulo 12.

- Diagrama da atividade: um diagrama da atividade é uma extensão de um diagrama do gráfico do estado e é parecido em conceito com um fluxograma. Um diagrama da atividade permite modelar o comportamento do sistema em termos de interação ou fluxo do controle entre as atividades distintas ou objetos. Os diagramas da atividade são melhor usados para modelar os fluxos do trabalho e o fluxo nas operações. Veja o Capítulo 7 para obter uma análise maior dos diagramas da atividade.

- Diagrama da interação: os diagramas da interação são usados para modelar o comportamento dinâmico de um sistema. Há dois tipos de diagramas da interação na UML:

- Diagrama da seqüência: usado para modelar a troca de mensagens entre os objetos em um sistema. Os diagramas da seqüência também capturam a ordem das mensagens trocadas com tempo relativo.

- Diagrama da colaboração: a troca das mensagens é capturada no contexto das relações estruturais gerais entre os objetos.

Os dois diagramas são equivalentes e é possível converter um no outro facilmente. Os diagramas da interação são comumente usados para modelar o fluxo de controle em um caso de uso e para descrever como os objetos interagem durante a execução de uma operação, como, por exemplo, a realização de uma operação da interface. Os diagramas da interação são analisados no Capítulo 8.

- Diagrama do componente: um componente representa a manifestação física de uma parte do sistema, como um arquivo, um executável etc. Um diagrama do componente mostra as dependências e as relações entre os componentes que compõem um sistema. Um componente geralmente mapeia uma ou mais classes, subsistemas etc. Os componentes e os diagramas do componente são analisados no Capítulo 15.

- Diagrama da distribuição: um diagrama da distribuição mostra a arquitetura de um sistema da perspectiva dos nós, processadores e relações entre eles. Um ou mais componentes geralmente mapeiam um nó de distribuição. No contexto do J2EE, os diagramas da distribuição são úteis para modelar e desenvolver a arquitetura do sistema distribuído. Os diagramas da distribuição são analisados no Capítulo 15.

A UML é um assunto completo que merece um livro próprio (e, de fato, vários bons livros já foram escritos!). Apenas os aspectos mais relevantes são tratados neste aqui. Consulte a seção Referências no final deste livro para obter uma lista de algumas excelentes obras sobre a UML que fornecem uma análise mais profunda de suas áreas específicas.

Por que usar o J2EE e a UML juntos?

Qualquer programador razoavelmente competente pode desenvolver uma parte do software que fará o serviço – por enquanto. Mas construir um sistema comercial que seja mantido, dimensionável e pode se desenvolver é uma questão diferente. E atualmente, quando um sistema tem que se desenvolver em um ritmo vertiginoso ou fica obsoleto, é mais importante adotar a visão de longo prazo porque você precisará manter, dimensionar e desenvolver o sistema que está construindo!

É possível sobreviver e prosperar por um tempo codificando, compilando, corrigindo e distribuindo sua aplicação. Mais cedo do que tarde, muito provavelmente você achará que seu sistema não é capaz de se dimensionar segundo as novas demandas de crescimento. É porque seu sistema provavelmente não teve uma arquitetura e não foi designado de modo que pudesse se desenvolver facilmente na necessidade das novas exigências.

A UML fornece as ferramentas necessárias para fazer a arquitetura e construir sistemas complexos, como os requeridos para uma empresa. Ela suporta, entre outras disciplinas, a engenharia das exigências, a construção no nível da arquitetura e a construção detalhada. E mais, as ferramentas de modelagem UML estão se desenvolvendo em uma direção na qual poderão ser usadas para impor padrões de construção consistentes em um modelo do sistema baseado no J2EE e para gerar uma parte significativa do código-fonte executável do sistema.

Capítulo 3 - *Introdução à UML* | 27

O suporte da UML para a engenharia de exigências é manifesto principalmente em seu suporte para os casos de uso, que são utilizados para compreender e comunicar as exigências funcionais. Usar a UML para a modelagem das exigências, em conjunto com um processo de desenvolvimento baseado no caso de uso, facilita rastrear as exigências para construir. O rastreamento, neste contexto, implica a capacidade de determinar os elementos em uma construção que existem como resultado de uma exigência específica. Em um processo de desenvolvimento baseado no caso de uso, os elementos específicos da construção são criados com a finalidade de satisfazer o caso de uso. Assim, o rastreamento é, em geral, conseguido implicitamente.

Tal rastreamento tem diversas vantagens. Por exemplo, a capacidade de identificar o impacto das alterações nas exigências na construção pode não apenas simplificar a tarefa de modificar um sistema para satisfazer as novas exigências, como também ajuda a se concentrar no teste do sistema depois que as alterações estejam completas. Do mesmo modo, a capacidade de determinar as exigências que levaram à existência dos elementos específicos da construção pode ajudar a eliminar os elementos desnecessários da construção.

Veremos uma única situação para mostrar isso. Imagine que seu projeto tenha uma exigência R1. No modelo do caso de uso, você criará um caso de uso denominado deliver em resposta a R1. No modelo de análise, duas classes computer e route serão criadas para cumprir o caso de uso. O caso de uso será feito por uma realização do caso de uso deliver e as classes compute.java e route.java serão criadas para cumprir a realização do caso de uso deliver. Se houver uma alteração em R1, você poderá determinar facilmente quais classes provavelmente precisarão ser testadas? De modo inverso, poderá justificar a exigência de compute.java no modelo da implementação?

Quando as exigências funcionais mudarem ou novas forem adicionadas, o modelo do sistema poderá ser examinado para determinar quais partes da arquitetura do sistema e da construção detalhada são impactadas pelas alterações.

A UML inclui construções da modelagem que podem ajudar os desenvolvedores a compreenderem como as partes de grande escala do sistema interagem durante a execução e dependem umas das outras durante a compilação. E mais, as ferramentas de modelagem UML podem incluir verificações para assegurar que os detalhes da construção não irão violar os limites no nível da arquitetura. Assim, tais ferramentas poderão ajudar a garantir que a qualidade da arquitetura do sistema será mantida nas diversas versões.

Os diagramas UML, como, por exemplo, os diagramas da interação, os da atividade e os da classe podem ser usados para compreender e documentar as interações complexas no sistema. Eles ajudam na análise do problema e também fornecem um registro detalhado do comportamento como designado e da estrutura do sistema. Portanto, quando chegar o momento de incorporar uma nova funcionalidade no sistema, você saberá qual era a intenção da construção e quais são os limites inerentes ao sistema.

Além de suportar a capacidade de criar modelos UML genéricos, as ferramentas de modelagem UML estão se desenvolvendo rapidamente para um ponto onde ajudarão a impor padrões aceitos e consistentes da interação do objeto em uma construção do sistema. Por exemplo, considere o desafio de determinar quando usar os componentes da sessão versus os componentes da entidade, quando usar os componentes da sessão com estado versus sem estado e quando usar as JavaServer Pages (JSP) versus os servlets. No futuro, esses tipos de decisões da construção poderão ser codificados em uma ferramenta e aplicados segundo a demanda.

Finalmente, o uso da UML permite que os desenvolvedores se movam para um paradigma de desenvolvimento verdadeiramente visual. Além de permitir que os desenvolvedores imponham padrões de modelagem consistentes em suas construções, as ferramentas de modelagem UML modernas geram uma quantidade crescente de código-fonte J2EE altamente funcional. Como resultado, os desenvolvedores podem se concentrar nas atividades de construção com valor mais alto e deixar grande parte da codificação trabalhosa para as ferramentas de modelagem. Uma representação visual também é excelente para comunicar a construção na equipe. Além disso, pode ser usada com eficiência para ligar rapidamente os novos membros da equipe.

Os desafios de modelar o J2EE na UML

Um dos autores lembra-se de tentar substituir uma vedação diferencial traseira com vazamento em seu carro. O manual de reparos pedia uma ferramenta especializada para remover a vedação, mas ele pegou uma, olhou-a e decidiu que o serviço podia ser feito com seu conjunto de chaves e alicates. Finalmente conseguiu substituir a vedação, mas levou semanas e de algum modo o óleo nunca parou de vazar!

O desafio em usar a UML não adulterada para a modelagem J2EE é mais ou menos parecido. Você pode ter o serviço pronto, mas sua eficiência e probabilidade de sucesso ficarão diminuídas.

Mais detalhadamente, as especificações que compõem o J2EE oferecem alguns desafios de modelagem distintos, por exemplo:

- Uma classe Enterprise JavaBean (EJB) implementa métodos comerciais na interface Remote, mas não a interface em si. Isso é contrário ao conceito UML padrão de realização da interface.

- Um EJB, por definição, está relacionado com uma interface Home e Remote. É necessário que um modelador UML respeite de modo consistente esse padrão de arquitetura.

- Os servlets e os EJBs têm descritores da distribuição associados.

- Diferente da maioria das outras classes Java, os EJBs, servlets e JSPs são enviados em um tipo específico de arquivo de armazenamento junto com seus descritores da distribuição.

- Os atributos do componente da entidade mapeiam os elementos em um banco de dados.

  Os EJBs têm a noção de transações e segurança.

- Os EJBs da sessão podem ter potencialmente um comportamento dinâmico significativo.

- Esquemas permanentes diferentes podem ser distribuídos pelos componentes da

- entidade.
- Os JSPs são logicamente um híbrido no sentido de que têm aspectos do cliente e do servidor.

Dada a direção para enviar melhor o software com menos tempo, o outro objetivo na modelagem J2EE é ser preciso o bastante para permitir que as ferramentas de modelagem baseadas na UML sejam capazes de processar seu modelo e fornecer capacidades com valor adicionado relativas ao J2EE.

Mecanismos de extensão na UML

Estamos bem certos que os criadores da UML não tinham o J2EE em suas mentes quando criaram a UML. Felizmente para nós, eles tinham bastante visão para reconhecer que, para a UML durar algum tempo, teria de ser capaz de evoluir e de se adaptar às novas linguagens e construções.

A UML fornece três mecanismos para estender a UML: estereótipo, valor marcado e limite.

Estereótipo

Um estereótipo permite criar um novo elemento do modelo cada vez mais diferente mudando a semântica de um elemento do modelo UML existente. Basicamente, isso leva ao acréscimo de um novo vocabulário à UML.

Figura 3-1 Um classe com o estereótipo

Na UML, um elemento do modelo com estereótipo é representado pelo elemento do modelo de base identificado por uma string entre sinais duplos de maior e menor («»). Parênteses na forma de ângulo (<< ou >>) também podem representar o duplo.

A utilização de estereótipos é bem comum no uso diário da UML e será bem aceitável para criar estereótipos a fim de modelar os conceitos/construções se o estereótipo adicionar clareza. Como exemplo: a própria UML descreve as relações estender e incluir através dos estereótipos <<extend>> e <<include>>.

Um estereótipo pode ser definido para ser usado com qualquer elemento do modelo. Por exemplo, os estereótipos podem ser usados com associações, classes, operações etc. Um exemplo de estereótipo é mostrado na Figura 3-1. Um estereótipo pode ser opcionalmente mostrado por meio de um ícone. Um exemplo é apresentado na Figura

3-2. Note que a Figura 3-1 e a 3-2 são equivalentes. Usamos muito a representação de ícone neste livro.

Valor marcado

Os elementos do modelo UML geralmente têm propriedades associadas. Por exemplo, uma classe tem um nome. Um valor marcado pode ser usado para definir e associar uma nova propriedade para um elemento do modelo para associar informações adicionais ao elemento do modelo.

Um valor marcado é definido como um par tag, valor no seguinte formato: (tag=valor). Por exemplo, a classe de construção UML tem um nome, mas normalmente não há nenhuma maneira de identificar seu autor. Um valor marcado {author=Khawar} poderia ser usado para associar o nome do autor ao elemento do modelo da classe.

Um exemplo de valor marcado é mostrado na Figura 3-3.

Control

Figura 3-2 A representação de uma interface usando um ícone.

Figura 3-3 Um exemplo de valor marcado.

Limite

Como seu nome indica, um limite na UML permite que você especifique restrições e relações que não podem ser expressas de outro modo. Os limites são ótimos para especificar regras sobre como o modelo pode ou não ser construído.

Um limite é expresso como uma string colocada entre chaves como {limite}.

Por exemplo, se a ordem das associações em um grupo de classes interconectadas for importante, você poderia usar um limite em cada associação para identificar claramente sua ordem na relação. Um exemplo de limite é apresentado na Figura 3-4.

Uma coisa é ter os recursos para fazer algo e outra bem diferente é de fato fazê-lo. O importante ao ter a UML é fornecer um vocabulário comum, portanto estender a linguagem ao gosto de qualquer pessoa é se opor à finalidade assim como ao espírito da UML.

Em geral, quando surge a necessidade de adaptar a UML para uma finalidade específica, o processo sugerido é criar um novo perfil UML e, em um ponto apropriado, enviá-lo para a OMG, que é o corpo responsável pela UML e pela padronização. Isso permite que as outras partes interessadas contribuam com o perfil e assegura sua adequação para as necessidades especializadas de todos os pontos de vista.

Um perfil UML não estende de fato a UML. Ao contrário, usa os mecanismos de extensão da UML para estabelecer uma maneira uniforme de usar as construções UML existentes no contexto de um novo domínio. Assim, um perfil UML é basicamente uma coleção de estereótipos, limites, valores marcados e ícones junto com convenções para usá-los no novo domínio.

Figura 3-4 Um exemplo de limite.

Alguns exemplos de perfil UML que já existem, ou estão nos trabalhos, incluem:

- Perfil UML para Software Development Processes
- Perfil UML para Business Modeling
- Data Modeling
- Real-Time Software Modeling
- XML DTD Modeling
- XML Schema Modeling
- UML EJB Modeling
- Web Modeling

Os dois primeiros perfis na lista são registrados no documento da especificação UML do OMG. Os perfis restantes são publicados ou enviados, estão sendo usados na indústria ou estão sob consideração para o desenvolvimento.

A abordagem da modelagem J2EE UML

A abordagem que adotamos neste livro é reutilizar as abordagens existentes e aprovadas para os conceitos específicos da modelagem na UML e reduzir as extensões a uma necessidade mínima absoluta.

O trabalho importante já foi feito na forma de um perfil UML proposto para os EJBs, desenvolvido através do Java Community Process (JSR 26). A notação UML para o J2EE reutiliza esse trabalho em um alto grau. Um esforço tem sido também proposto no perfil Web Modeling.[2]

Portanto, em vez de nos concentrarmos na mecânica e nas particularidades do mapeamento J2EE UML, tentaremos destacar como os recursos específicos na UML podem ser usados efetivamente para modelar as aplicações J2EE e derivar a maioria dos benefícios no processo.

Conseqüentemente, nossa modelagem concentra-se em atividades como:

- Compreensão e identificação do papel geral que uma tecnologia J2EE específica pode desempenhar em uma aplicação comercial.

- Identificação das estratégias para lidar com as relações entre as tecnologias.

- Compreensão do comportamento dinâmico dos componentes.

- Desenvolvimento de uma arquitetura adequada para a aplicação comercial.

- Identificação e manutenção das dependências.

Resumo

A UML fornece um conjunto rico de construções para modelar sistemas complexos e é bem adequada para modelar as aplicações Java comerciais.

A modelagem UML é mais do que uma apresentação visual de uma tecnologia J2EE específica. O verdadeiro valor da UML fica aparente quando ela é aplicada na solução de desafios que são difíceis de resolver sem a ajuda da modelagem. Tais desafios incluem, entre outros, a modelagem do comportamento, a identificação das dependências, as relações significantes e o desenvolvimento de uma arquitetura com rápida recuperação para a aplicação comercial.

---

2. Como documentado no Building Web Applications with UML de Jim Conallen, Addison-Wesley, 1999.

Capítulo 4

UML e Java

Representação da estrutura

Representação das relações

Resumo

A UML e o Java podem ser linguagens para o desenvolvimento de softwares, mas existem em planos diferentes de realidade. A UML ocupa o mundo visual, ao passo que o Java é textual por natureza.

Por exemplo, uma declaração variável Java pode ser expressada de diversas maneiras na UML.

Este capítulo fornece uma visão geral de alguns conceitos-chave da UML relacionados às classes e a como eles se relacionam com o mundo da implementação. A finalidade primária é revisar o mapeamento básico para o benefício daqueles que podem ser novos no mundo da UML. Uma finalidade secundária é identificar as maneiras nas quais o uso da notação UML pode melhorar efetivamente a importância de uma parte específica do código Java sem de fato alterar o código Java equivalente.

Representação da estrutura

Os conceitos estruturais, como a classe e a interface, são fundamentais para o Java e a UML. Esta seção identifica como esses conceitos mapeiam-se no Java e na UML.

Classe

Na UML, uma classe Java é representada através de um retângulo com compartimentos. Três compartimentos horizontais são usados:

- Compartimento do nome: mostra o nome da classe Java

- Compartimento do atributo: lista as variáveis definidas na classe, se houver

- Compartimento das operações: mostra os métodos definidos na classe, se houver

A Figura 4-1 mostra uma classe Java simples sem qualquer variável e método.

Java	UML
| ```
public class Account{

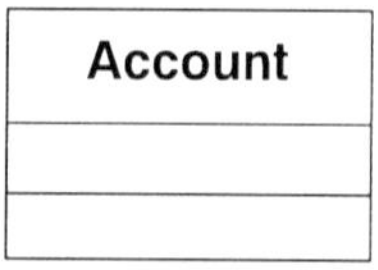

. . .

}
``` | **Account** |

Figura 4-1 Uma classe no Java e na UML.
```

Uma classe abstrata é identifica colocando em itálico o nome da classe.

Um estereótipo pode ser usado ao lado de um nome da classe para identificá-la sem ambigüidades como um tipo específico de classe Java, como, por exemplo, um applet (analisamos o conceito dos estereótipos no Capítulo 2). Você também pode usar os estereótipos para identificar os tipos específicos de classes (como <<Business Entity>>) em seu determinado vocabulário do domínio para tornar as classes mais significativas onde quer que apareçam.

Um aviso: se você estiver usando uma ferramenta UML para a geração do código Java, note que ela poderá usar o mecanismo de estereótipo para afetar a geração do código.

A Figura 4-2 mostra uma classe com estereótipo.

Variável

As variáveis Java podem se manifestar de várias maneiras na UML. É um exemplo de modelagem que adiciona uma dimensão não aparente no código-fonte.

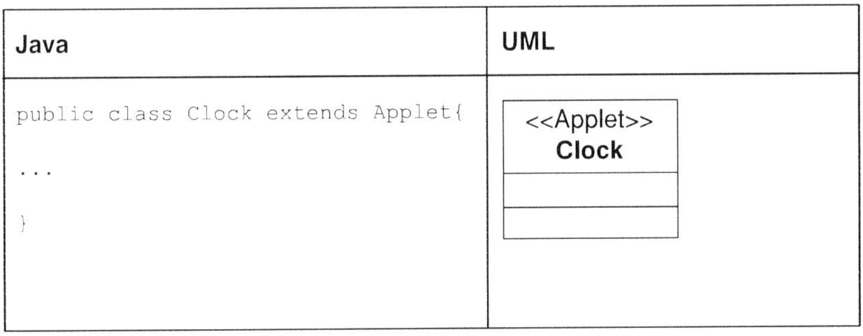

Java	UML

`public class Clock extends Applet{`
 	
`. . .`
 	
`}`
	<<Applet>>
	Clock

Figura 4-2 Uma classe com estereótipo.

Java	UML

`public class Employee`
`{`
`    private float yearsOfService;`
`    public String lastName;`
`    public String firstName;`
`    public String socSecNum;`
`    public String employeeID;`
`    . . .`
`}`
	Employee
	-yearsOfService : float
	-lastName : String
	-firstName : String
	-socSecNum : String
	-employeeID : String

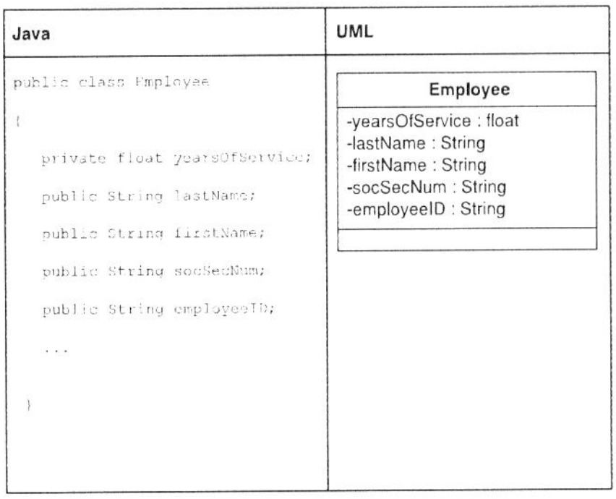

Figura 4-3 Uma classe com atributos.

A forma mais simples de declaração da variável é listá-la no compartimento de atributo de uma classe. Sublinhar o atributo indica a natureza estática da variável. A visibilidade de um atributo é indicada antecedendo-o com + para público, # para protegido e – para privado. A Figura 4-3 mostra uma classe com atributos.

Essa forma de declaração pode ocorrer para os dados básicos que são necessários para a classe. Tais variáveis não têm geralmente nenhuma importância específica da perspectiva de modelagem mais ampla. Os exemplos incluem as variáveis que você requer para armazenar as partes básicas de informações tornando um objeto o que ele é, as variáveis requeridas para a lógica interna etc. Tais variáveis são baseadas em objetos que geralmente não podem ser mais decompostos.

As variáveis também podem se manifestar devido às relações de um objeto com outros objetos (por exemplo, uma coleção de algum tipo). Iremos analisar tais relações e seu uso na seção "Representação das relações" posteriormente neste capítulo.

Método

Os métodos são o equivalente das operações em uma classe na UML. Eles são mostrados no terceiro compartimento para uma classe. O escopo da visibilidade das operações UML é definido usando a mesma convenção utilizada para os atributos da classe, como descrito na seção "Variáveis".

Sublinhar o nome da operação é usado para diferenciar um método estático. Listar a operação em itálico no compartimento da operação mostra que o método é abstrato. Naturalmente, você poderá ocultar ou exibir os detalhes dependendo da importância do detalhe. Por exemplo, na Figura 4-4, as assinaturas completas da operação não são mostradas por opção.

Objeto

Embora o Java e a UML tenham o conceito de um objeto, não há nenhum mapeamento direto entre um objeto UML e o código Java. É porque os objetos são entidades dinâmicas, baseadas nas definições da classe. As aplicações Java são escritas em termos de classes Java que resultam na criação de objetos Java quando a aplicação é de fato executada.

Figura 4-4 Uma classe com atributos e operações.

Java	UML
No Java code equivalent	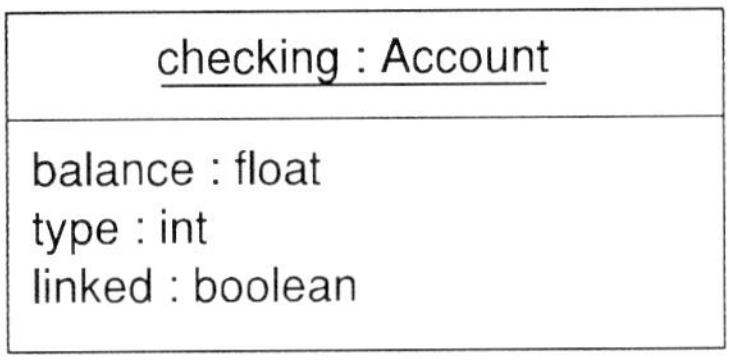 **checking : Account** balance : float type : int linked : boolean

Figura 4-5 Um objeto.

Na UML, os objetos são usados para modelar os aspectos dinâmicos do sistema através de diagramas de interação. Um retângulo com um nome do objeto e/ou um nome da classe é usado como a notação para um objeto. Algumas vezes é desejável mostrar os valores do atributo para o objeto em uma dada situação. Isso pode ser feito usando um retângulo com duas partições mostrando os atributos da classe. Veja a Figura 4-5.

Interface

Na UML, uma interface Java é representada como uma classe com estereótipo com <<interface>>. As classes com estereótipo podem ter opcionalmente ícones associados. No caso de uma interface, a representação de ícones da UML é um pequeno círculo. Essa representação é comumente usada para representar as interfaces Java ao modelar na UML.

A Figura 4-6 mostra a representação da interface padrão.

Java	UML

public interface Control{
 	
 ...
 	
 }
	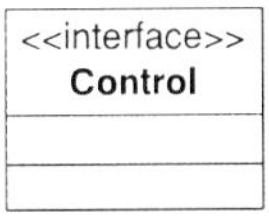 <<interface>>
	 Control

Figura 4-6 Uma interface.

Java	UML

public interface Control{
 	
 ...
 	
 }
	 **Control** ○———

Figura 4-7 Uma representação alternativa de uma interface na UML.

A Figura 4-7 mostra uma forma alternativa e mais compacta de representação.

Qualquer abordagem é aceitável da perspectiva da modelagem e realmente fica sujeita à sua preferência individual. Este livro usa muito a representação de ícone para os diagramas apresentados.

Pacote

Um pacote Java mapeia um pacote UML. Os pacotes podem ser lógicos, significando que você pode usá-los apenas como um mecanismo de agrupamento. Os pacotes também podem ser físicos, significando que resultam em um diretório físico no sistema de arquivos.

O pacote UML é representado como uma pasta, como mostrado na Figura 4-8. Os pacotes podem ter estereótipos para distinguir seu tipo, por exemplo, usando <<subsystem>> para identificar o pacote como um subsistema. (Um subsistema refere-se a um grupo de elementos UML e representa uma unidade de comportamento em um modelo. Pode ter interfaces assim como operações. Os subsistemas são geralmente significantes da perspectiva da análise e da construção. Não há nenhum mapeamento direto entre um subsistema e uma construção da linguagem Java.)

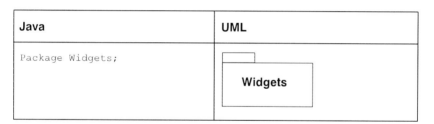

Figura 4-8 Um pacote.

Representação das relações

As relações desempenham o papel-chave na captura e na modelagem dos aspectos estruturais importantes de uma aplicação Java.

Algumas dessas relações, como a herança, podem ser identificadas explicitamente na linguagem Java através de palavras-chave predefinidas. As outras não são tão facilmente identificadas no código Java, mas entretanto podem ser representadas.

Herança

O conceito UML de generalização é análogo à herança no Java. A generalização mapeia diretamente a palavra-chave extends e é mostrada através de uma linha com um triângulo na extremidade mais próxima à superclasse. Veja a Figura 4-9.

Realização

No Java, uma classe pode implementar uma ou mais interfaces. A palavra-chave Java implements mapeia o conceito de realização na UML.

Na UML, a realização pode ser mostrada de duas maneiras diferentes. Se a abordagem de classe com estereótipo for usada para representar uma interface, a realização será mostrada através de uma linha tracejada com um triângulo na extremidade que toca a interface. Se a notação de círculo for usada para uma interface, uma linha plana e sólida conectando a interface e a classe de implementação será usada.

Essas abordagens são mostradas na Figura 4-10 e na Figura 4-11. Observe que a abordagem mostrada na Figura 4-11 é um atalho para a abordagem mostrada na Figura 4-10. É inadequado misturar as duas. Por exemplo, exibir uma interface através de um círculo e usar a linha tracejada com um triângulo seria inadequado.

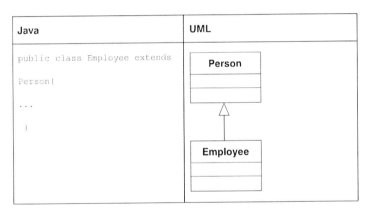

Figura 4-9 A representação da relação de herança.

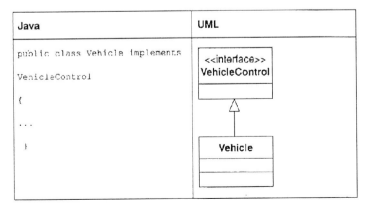

Figura 4-10 A realização UML.

Dependência

Sempre que uma classe usa outra classe de alguma maneira, uma dependência existe entre as duas. A relação é do usuário dependendo da classe que está usando. Na UML, uma dependência é mostrada através de uma linha pontilhada com uma seta tocando a classe que está causando a dependência.

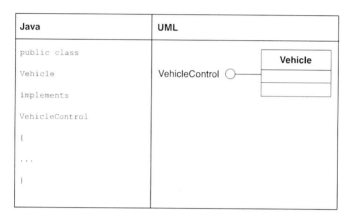

Figura 4-11 Uma representação alternativa de realização da interface.

Uma dependência existirá se uma classe:

- Tiver uma variável local baseada em outra classe.
- Tiver uma referência para um objeto diretamente.
- Tiver uma referência para um objeto indiretamente, por exemplo, através de alguns parâmetros de operação.
- Usar uma operação estática de uma classe.

As relações de dependência também existem entre os pacotes que contêm classes que são relacionadas. As dependências entre os pacotes são mostradas através de uma linha pontilhada com uma seta. Veja a Figura 4-12 e a Figura 4-13.

Associação

Conceitualmente, uma associação entre duas classes significa que algum tipo de relação estrutural existe entre as classes.

Na UML, uma associação é mostrada desenhando uma linha entre as classes que participam na relação. As associações podem ser unidirecionais ou bidirecionais. A associação bidirecional é mostrada com uma linha simples. A associação unidirecional é mostrada com uma seta em uma extremidade.

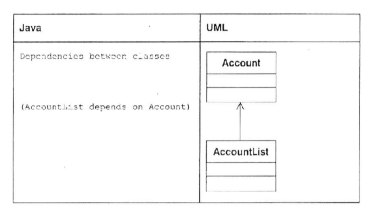

Figura 4-12 A dependência entre as classes.

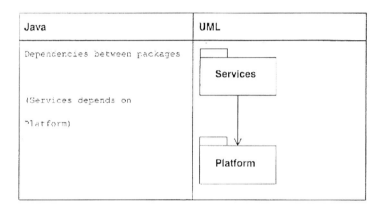

Figura 4-12 A dependência entre os pacotes.

Uma associação unidirecional implica um objeto da classe a partir do qual está originando (por exemplo, a classe que tem o lado sem seta da associação) pode chamar os métodos na classe na direção a qual a seta está apontando. No Java, isso se manifesta como uma variável de instância na classe que pode chamar os métodos.

A Figura 4-14 mostra um exemplo de associação unidirecional.

A maioria das associações é do tipo unidirecional, mas é possível que algumas associações sejam bidirecionais. Uma associação bidirecional simplesmente significa que qualquer um dos objetos na associação pode chamar os métodos na outra. No Java, isso resulta em uma variável de instância em cada classe com base no tipo da outra classe.

Um exemplo de associação bidirecional é mostrado na Figura 4-15.

E que tal mostrar associações com tipos primitivos, como int ou boolean? Claramente, poderia ser feito assim se você tivesse tal inclinação. Na verdade, você pode começar mostrando associações com um grande número de entidades na fase de análise, mas quando prosseguir na construção e na implementação e identificar a importância de cada associação, o número poderá ser reduzido significativamente. Na prática, se não adicionar realmente muito valor na compreensão da construção, com exceção de acrescentar alguma dica visual ao modelo, não haverá de fato nenhuma vantagem em mostrar a relação visualmente. É preferível usar associações para mostrar apenas as relações que são significativas e incomuns.

Cada extremidade da associação é um papel na terminologia UML e pode ser nomeada. Por exemplo, considere que uma pessoa pode querer ter uma associação bidirecional com uma empresa que a está empregando. Neste caso, os papéis poderão ser nomeados como empregador e funcionário, respectivamente. Da perspectiva da implementação no Java, os papéis podem ser apropriados como os nomes das variáveis de instância nas respectivas classes. Geralmente será útil nomear um papel se ele adicionar valor à compreensão do modelo. Se não, será perfeitamente razoável deixá-lo sem nome. Em tal caso, o nome do papel pode simplesmente ser baseado no nome da classe.

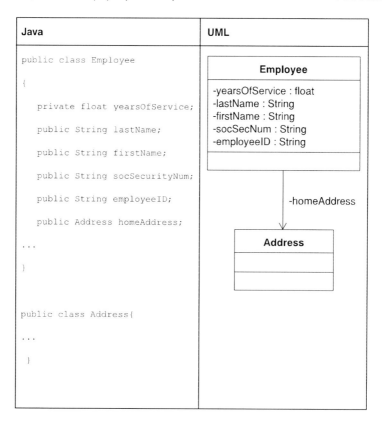

Figura 4-14 Um exemplo de associação unidirecional.

Capítulo 4 - *UML e Java* | 43

Um exemplo de papéis em uma associação bidirecional é mostrado na Figura 4-16.

Naturalmente, os objetos em uma classe podem ter diversas associações com objetos em outra classe. Por exemplo, uma empresa geralmente tem muitos funcionários e uma pessoa pode trabalhar para mais de uma empresa. Isso é modelado atribuindo uma multiplicidade de papel(éis). A multiplicidade pode ser representada como um valor específico (por exemplo 0, 1, 7) ou como uma faixa (por exemplo, 0..1, 1..5, 1..*). Um asterisco é usado para indicar uma faixa ilimitada. Por exemplo, "*" significa zero, mais ou simplesmente muitos e "500..*" indica 500 ou mais, até um número ilimitado.

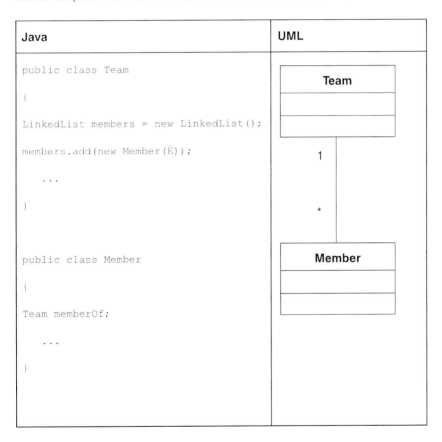

Figura 4-15 Um exemplo de associação bidirecional.

Em termos de implementação Java, a multiplicidade se manifesta como uma variável de instância com diversos valores. Por exemplo, suponha que uma empresa empregue várias pessoas e uma pessoa possa trabalhar para um máximo de três empresas. Para a multiplicidade de variáveis sem um limite superior fixo, isso pode se traduzir em uma coleção representando as pessoas que trabalham para uma única empresa. Para a pessoa que trabalha para três empresas diferentes, isso resultaria em um array de três elementos.

Um exemplo de multiplicidade é apresentado na Figura 4-17.

As informações relevantes para os papéis da associação nem sempre podem residir com as classes envolvidas na associação. Por exemplo, seria inadequado armazenar a sessão entre um comprador e o carrinho de compras virtual em qualquer uma das classes. Em tal caso, uma classe de associação poderia ser usada para modelar essa situação. Veja a Figura 4-18.

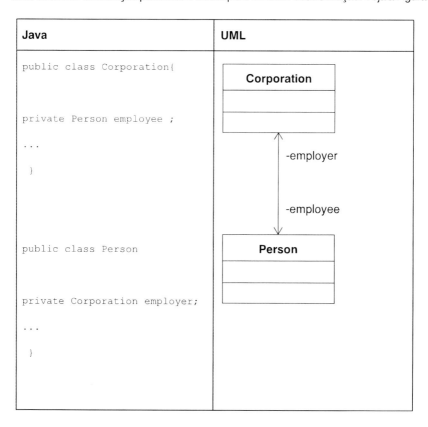

Figura 4-16 Um exemplo de papéis na associação bidirecional.

Agregação

A agregação é a forma mais forte de uma associação. É usada para mostrar uma relação de inclusão lógica, ou seja, um inteiro formado por partes. Embora as partes possam existir independentemente do todo, sua exigência é basicamente para formar o todo. Por exemplo, um computador pode ser modelado como uma agregação de uma placa-mãe, uma CPU, um controlador de E/S etc. Note que o controlador de E/S pode existir de modo independente (por exemplo, em uma loja de informática); porém, sua existência no contexto do todo é mais apropriada.

Capítulo 4 - UML e Java

A agregação é modelada como uma associação com um losango vazado na classe que forma o todo. Como é uma associação, uma agregação suporta o conceito de papéis e a multiplicidade. Em termos de implementação no Java, uma agregação mapeia as variáveis de instância em uma classe.

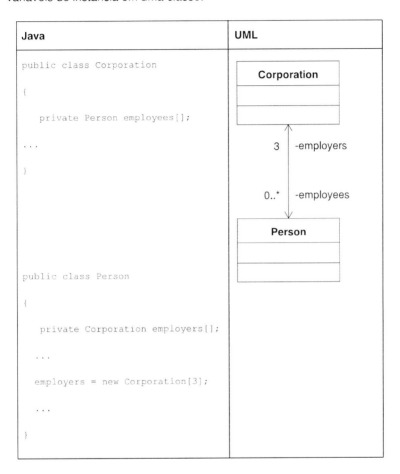

Figura 4-17 Um exemplo de multiplicidade.

Um exemplo de agregação é mostrado na Figura 4-19.

A semântica e os limites da agregação não são muito diferentes daqueles para a associação básica. Apesar disso, todos consideram a agregação necessária.

Diferentemente das instâncias da associação, as instâncias de uma agregação não podem ter ligações cíclicas. Ou seja, um objeto não pode fazer parte direta ou indiretamente de si mesmo. Por exemplo, se uma instância de A agregar uma instância de B, então a instância de B não poderá se agregar à mesma instância de A.

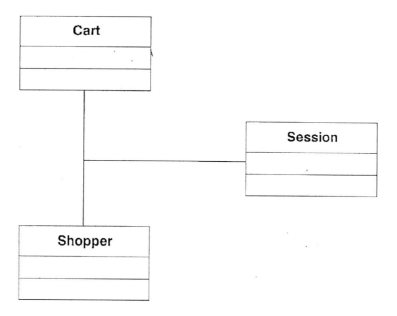

Figura 4-18 Uma classe de associação.

Em geral, a menos que você acredite que usar a agregação acrescenta valor ou esclarece algo, deverá usar a associação. (A composição, analisada a seguir, é outra alternativa.)

Composição

A composição é outra forma de associação e é parecida com a agregação até certo grau. Porém, é menos ambígua.

A composição é adequada para modelar as situações que requerem a inclusão física. Implica em um acoplamento muito mais forte do todo com a parte entre os participantes de modo que as partes não possam existir sem o todo. Ou seja, as partes compartilham o ciclo de vida do todo. São criadas quando o todo é criado e destruídas quando o todo pára de existir.

Ao trabalhar com uma linguagem de implementação, como o C++, o uso da agregação versus da composição mapeia um código diferente. Por exemplo, a agregação implica em transmitir pela referência, ao passo que a composição implica em transmitir pelo valor. Contudo, essa distinção não é aplicável ao Java. Assim, o mapeamento de código da agregação versus da composição é igual mesmo que você ainda possa querer modelá-las de modo diferente para comunicar a intenção da construção e destacar os elementos em uma implementação de modo independente.

A composição é mostrada da mesma maneira como a agregação, exceto que o losango é preenchido.

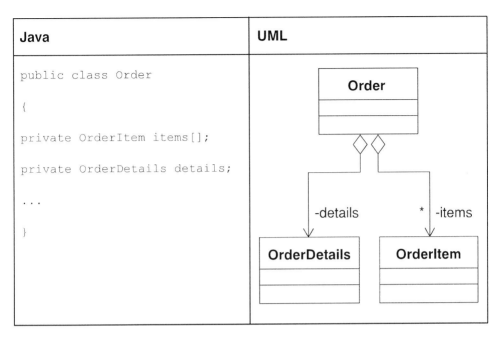

Figura 4-19 Um exemplo de agregação.

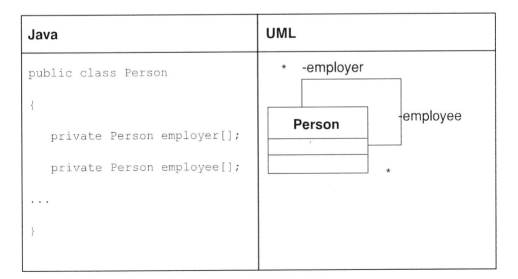

Figura 4-20 Um exemplo de associação reflexiva.

Relações reflexivas

Uma classe pode ter uma associação consigo mesma. Por exemplo, se uma pessoa empregar outra, a classe Person poderá ter uma associação consigo mesma com os nomes de papel do empregador e do funcionário. Tal relação é chamada de relação reflexiva.

Essa notação pode ser considerada um atalho da modelagem. Apenas um ícone da classe ao invés de dois é usado para mostrar a relação. Na Figura 4-20, seria perfeitamente aceitável mostrar dois ícones da classe Person separados com a relação desenhada entre eles. Contudo, fazer isso consome espaço em um diagrama.

Resumo

O uso das devidas construções UML pode adicionar um valor significativo à construção em geral. Pode agir como um auxílio não apenas ao documentar a construção mas também ao torná-la mais compreensível.

Neste capítulo, concentramo-nos nos principais conceitos relacionados ao diagrama da classe. Os conceitos-chave analisados foram:

- Classes, atributos, operações e sua relação com a implementação Java

- O pacote como um meio de agrupar as coisas e sua relação com o Java

- Os diferentes tipos de relações entre as classes e quando usar qual:
  - Associação
  - Agregação
  - Composição

- Representação da herança na UML

- O papel da realização na UML e como ela se relaciona com extends na linguagem da implementação Java

A boa modelagem não é uma tarefa comum. Como qualquer outra tarefa baseada em habilidades, requer um esforço e prática significativos para se tornar eficiente na UML e na modelagem. Nos próximos capítulos, iremos explorar a aplicação desses conceitos no contexto do desenvolvimento J2EE.

Capítulo 5

Visão geral das atividades

■
O que é um processo de desenvolvimento do software?

■
Uma visão geral das abordagens populares para o desenvolvimento do software

■
A abordagem usada neste livro

■
Uma visão geral das atividades maiores

■
Resumo

O desenvolvimento do software é uma arte ou uma ciência? A resposta de fato depende da pessoa com quem você fale. Mas há algo com o qual todos concordam: quanto maior fica o software, mais complexo e difícil fica desenvolver e gerenciar.

Neste capítulo, iremos explorar rapidamente algumas das abordagens mais populares para o desenvolvimento do software e destacaremos suas capacidades e fraquezas percebidas.

Isso é seguido de uma visão geral de alto nível da abordagem que escolhemos seguir para este livro. A idéia é fornecer um mapa para o resto do livro.

O que é um processo de desenvolvimento do software?

Um processo de desenvolvimento do software fornece uma orientação sobre como desenvolvê-lo com sucesso. Tal orientação pode cobrir o espectro inteiro de atividades associadas ao desenvolvimento do software. O processo pode se manifestar na forma de abordagens aprovadas, melhores práticas, regras, técnicas, seqüência etc.

Se é formal ou informal, o processo de desenvolvimento do software basicamente empregado tem um impacto profundo no sucesso de um projeto de software. Uma abordagem organizada poderia funcionar bem num pequeno projeto, mas poderia levar ao caos um projeto grande e assim causar um impacto no calendário em geral. Do mesmo modo, um processo de desenvolvimento do software burocrático poderá levar à frustração e afundar até a melhor equipe.

Uma visão geral das abordagens populares para o desenvolvimento do software

Há vários processos para desenvolver o software. Alguns dos mais predominantes/ populares serão analisados nas seções a seguir.

Abordagem do tipo simplesmente desenvolva

A abordagem do tipo simplesmente desenvolva é caracterizada por uma falta geral de formalidade e por um processo ou cerimônia praticamente inexistente em torno das atividades de desenvolvimento do software. O desenvolvedor do software tem o papel principal, que talvez seja diferenciado pela experiência e especialidade na área. O único foco da equipe de desenvolvimento é completar o projeto do software da melhor maneira possível, usando qualquer meio conseguido pelas tecnologias à disposição. Algum trabalho de construção muito direto pode ser adotado, mas é muito dependente da iniciativa e preferências do desenvolvedor do software que é responsável pelo projeto.

Em tal abordagem, a construção geral do software existe como parte do software. Em outras palavras, há um mapeamento bidirecional do tipo um para um entre a arquitetura, construção e implementação. A qualidade geral do software é muito dependente dos desenvolvedores envolvidos no projeto. A documentação em geral é relativamente sem importância. Ao contrário, o projeto conta com a disponibilidade contínua dos mesmos desenvolvedores ou com habilidade igual, portanto eles podem continuar a desenvolver ou manter o software.

No todo, isso significa que o software pode variar desde uma excelente parte do trabalho que é altamente flexível e pode ser desenvolvida até um software com qualidade muito fraca que é inflexível e incapaz de aceitar até as alterações mais simples nas exigências. Resumindo, a taxa de sucesso geral é imprevisível na melhor das hipóteses e a repetição de um projeto no seguinte (ou mesmo de uma fase do projeto na seguinte) depende em grande parte da sorte.

Como resultado, um grande número de esforços de desenvolvimento do software atualmente ainda conta com essa abordagem de desenvolvimento! Talvez seja uma manifestação das pressões do tempo curto de entrega da Internet ou simplesmente resultado da indústria do software em seu início. De qualquer modo, o fenômeno é muito real.

Processo em cascata

A abordagem em cascata foi muito usada no passado e continua a ser popular. A idéia é segmentar o desenvolvimento em fases seqüenciais (por exemplo, exigências, análise, construção, implementação, teste). Isso funciona bem para os projetos pequenos e para os projetos em que as exigências são estáveis e relativamente fixas, o domínio do problema é bem compreendido e a solução foi aprovada em projetos similares no passado.

A Figura 5-1 mostra o processo em cascata.

Processo iterativo

Infelizmente, a maioria dos projetos de software atualmente não satisfaz o critério de utilizar a abordagem em cascata. As exigências estão mudando constantemente; os projetos geralmente começam do zero atacando problemas inusitados, experimentando uma tecnologia de ponta etc. A abordagem do desenvolvimento iterativo, que é baseada no modelo de espiral de Boehm, é basicamente destinada a endereçar essas questões. A idéia é reduzir o risco no início do projeto executando a seqüência identificada das atividades (exigências, análise, construção etc.) diversas vezes e revendo cada atividade principal de uma maneira planejada. Cada iteração termina com uma versão executável. Entre outras vantagens, essa abordagem permite uma identificação inicial das questões em relação às exigências inconsistentes, permite o envolvimento e o retorno do usuário final, fornece um nível de confiança mais alto no estado do projeto etc.

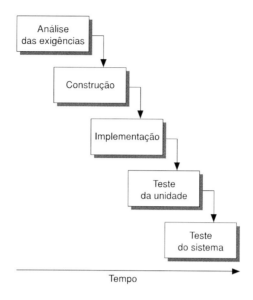

Figura 5-1 O processo em cascata.

A Figura 5-2 mostra graficamente o processo iterativo.

Iremos analisar a abordagem iterativa com mais detalhes no contexto das outras abordagens explicadas neste capítulo.

Rational Unified Process

O Rational Unified Process (RUP) é uma evolução do processo Objectory, que foi adquirido pela Rational Software há alguns anos e mesclado com a Rational Approach. Foi melhorado com o tempo por meio da incorporação de outros aspectos do desenvolvimento do software assim como as melhores práticas identificadas pela indústria do software com os anos.

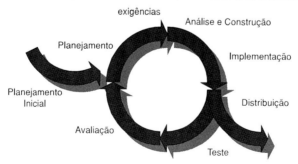

Figura 5-2 O processo iterativo (usado com permissão de Phillippe Kruchten, autor do The Rational Unified Process: An Introduction. p. 7, Reading, MA: Addison-Wesley, 1999).

Capítulo 5 - *Visão geral das atividades* | 53

No centro do RUP ficam as melhores práticas do software:

- Desenvolva o software de modo iterativo: uma questão maior com o esforço de desenvolvimento do software tradicional (por exemplo, em cascata) é a descoberta tardia dos defeitos da construção no ciclo de desenvolvimento e o custo proibitivo para corrigi-los nesse estágio. O desenvolvimento iterativo segue um processo mais contínuo e cíclico, permitindo um percorrer mais fácil das correções no caminho. Assim, as questões de alto risco podem ser concentradas e o risco eliminado cedo. Os problemas são identificados continuamente e podem ser superados com custo melhor em vez de serem descobertos bem no final do esforço quando podem ameaçar o projeto inteiro.

- Gerencie as exigências: as exigências são geralmente evolutivas por natureza. Ou seja, um projeto nunca começa com todas as suas exigências já capturadas e descritas. Ao contrário, o processo é uma identificação gradual, compreensão e aprimoramento. Como tal, as exigências precisam ser gerenciadas com cuidado para assegurar o sucesso do projeto.

- Use arquiteturas baseadas em componentes: o software baseado em componentes oferece a vantagem de um desenvolvimento realmente modular. Tal desenvolvimento modular leva a uma melhor arquitetura em geral. Os componentes, se obtidos em casa ou comercialmente, também promovem a reutilização nas formas "como está" e personalizadas.

- Modele visualmente o software: nas palavras de Grady Booch: "Um modelo é uma simplificação da realidade que descreve completamente um sistema de uma perspectiva em particular".[1] A construção dos modelos leva a uma melhor compreensão do problema e melhora a comunicação sobre ele, tornando assim os sistemas complexos mais gerenciáveis. A modelagem visual é a maneira preferida de fazer a modelagem porque permite que você trabalhe em um nível mais alto de abstração.

- Verifique continuamente a qualidade do software: estudos têm provado que quanto mais cedo você identifique um problema, mais barata é sua correção. Na verdade, os estudos provaram que corrigir os problemas informados depois de o produto ser distribuído é, sempre, várias vezes mais caro de corrigir. O teste contínuo significa um teste inicial, que pode ter um custo muito mais eficiente. Tal teste contínuo pode também oferecer uma avaliação mais objetiva do status verdadeiro do projeto.

- Controle as alterações para o software: os grandes projetos de software atuais são geralmente distribuídos em diversos sites geográficos, envolvendo várias equipes com um grande número de desenvolvedores. A probabilidade de alterações conflitantes, resultando em caos, é muito alta. Assim, há uma forte necessidade de controlar as alterações para o andamento efetivo do projeto.

O RUP tem duas dimensões básicas. Uma dimensão RUP agrupa as atividades logicamente de acordo com as disciplinas que são responsáveis por executá-las.

---

1. Kruchten. P. The Rational Unified Process: An Introduction. Capítulo 1 "Software Development Best Practices" de Grady Booch, p.11, Reading, MA: Addison-Wesley, 1999.

O RUP identifica seis disciplinas básicas:

- Modelagem comercial: como o nome sugere, a finalidade dessa disciplina é desenvolver um modelo do negócio. A idéia é compreender melhor o negócio geral para que a aplicação do software possa se adequar de maneira mais apropriada. A modelagem comercial é mais adequada nas situações em que uma grande quantidade de informações é esperada para ser gerenciada pelo sistema e um grupo relativamente grande de pessoas deve usar o sistema. Um modelo de caso de uso comercial e um modelo de objeto comercial são geralmente produzidos como parte da disciplina da modelagem comercial.

- Exigências: a disciplina de exigências destina-se a desenvolver uma compreensão sólida das exigências. A intenção é conseguir um acordo com os clientes assim como fornecer uma orientação para os desenvolvedores. Um modelo de caso de uso é produzido como parte da disciplina de exigências. Um protótipo de interface do usuário poderá também ser produzido.

- Análise e construção: as exigências capturadas na disciplina de exigências são analisadas e transformadas na construção na disciplina de análise e construção. Uma arquitetura é desenvolvida para orientar o esforço de desenvolvimento restante. Os modelos de análise e construção são desenvolvidos como parte dessa disciplina.

- Implementação: nesta disciplina, a construção é transformada no código da implementação real. Uma estratégia é desenvolvida para colocar em camadas e fragmentar o sistema em subsistemas. O resultado final é um conjunto de componentes implementados com unidades testadas que formam o produto.

- Teste: como é óbvio a partir de seu nome, a disciplina de teste é para verificar o sistema. Entre outras coisas, isso geralmente significa verificar se todas as exigências foram satisfeitas, confirmando se os componentes funcionam juntos como o esperado e identificando qualquer defeito restante no produto. As saídas primárias dessa disciplina são um modelo de teste e um conjunto de defeitos gerados como resultado do teste.

- Distribuição: a disciplina da distribuição torna o produto disponível para os usuários finais. Como tal, cobre detalhes como o envio do software, a instalação, o treinamento do usuário e a distribuição do produto.

- Há também três disciplinas de suporte: gerenciamento da configuração e alteração, gerenciamento do projeto e ambiente.

- A outra dimensão RUP lida com o fornecimento da estrutura para as iterações em um projeto de software. O RUP agrupa as iterações em quatro fases. Cada fase termina com um marco que é o ponto de decisão no nível do gerenciamento.

Como a Figura 5-3 mostra, cada fase (e cada iteração em uma fase) geralmente toca diversas disciplinas. Dependendo da iteração específica, uma disciplina específica pode fornecer a ênfase para uma fase, ao passo que as outras disciplinas desempenham um papel menor na iteração. Por exemplo, uma iteração anterior provavelmente gastará mais tempo na disciplina de exigências, enquanto uma iteração posterior provavelmente passará mais tempo na disciplina de teste e uma parte muito menor de tempo na disciplina de exigências.

- Fase inicial: a fase inicial gira em torno do escopo do projeto em termos do produto, compreensão das exigências gerais, custos envolvidos e principais riscos. A ênfase durante a fase inicial é na criação de um documento de visão, identificando um conjunto inicial de casos de uso e atores, desenvolvendo um caso comercial para o projeto e um plano de projeto mostrando as fases e as iterações planejadas.

- Fase da elaboração: a fase da elaboração é talvez a mais importante. Nela, as exigências são analisadas em detalhes e uma arquitetura geral é desenvolvida para executar o projeto completamente. A estabilidade nas exigências e uma arquitetura geral estável são expectativas básicas para o final dessa fase. A ênfase está em desenvolver um modelo de caso de uso, um modelo de análise e um de construção, um protótipo de arquitetura e um plano de desenvolvimento.

- Fase de construção: o foco da fase de construção está na construção e na implementação. Isso é feito desenvolvendo o protótipo inicial no produto real. O principal envio para o final da fase de construção é o produto em si.

- Fase de transição: na fase de transição, o produto fica pronto para os usuários. Isso pode envolver corrigir as falhas identificadas durante o teste beta, adicionar qualquer capacidade ausente, treinar os usuários finais etc. O produto final é enviado para o cliente no fim da fase de transição.

O RUP pode também ser personalizado para satisfazer necessidades específicas de uma organização ou projeto.

A Figura 5-3 combina vários elementos do RUP e mostra visualmente as relações entre as fases e disciplinas.

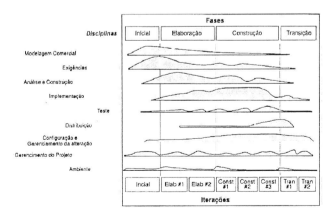

Figura 5-3 O Rational Unified Process (usado com permissão de Phillippe Kruchten, autor do The Rational Unified Process: An Introduction. p. 23 [modificado para refletir as alterações da terminologia RUP cerca de 2001], Reading, MA: Addison-Wesley, 1999.)

Processo ICONIX

O processo ICONIX oferece uma abordagem parecida com a do RUP. Ele enfatiza a "análise robusta" e formaliza essa análise em um diagrama robusto. A análise robusta gira em torno da análise dos casos de uso e do estabelecimento de um primeiro corte nos objetos que participam em cada caso de uso. Esses objetos são classificados como objetos de controle, de limite e de entidade. Falando de modo prático, a diferença é uma questão de semântica. A notação RUP de análise do caso de uso é basicamente igual à análise robusta ICONIX. Além disso, o RUP endereça todos os aspectos do ciclo de vida do desenvolvimento do software, ao passo que o processo ICONIX se concentra na análise e construção.

Processo OPEN

O processo Object-oriented Process, Environment, and Notation (OPEN) foi desenvolvido pelo consórcio OPEN. Como o RUP, desenvolveu-se a partir de uma mescla dos esforços anteriores na área. É basicamente para ser usado em um ambiente de desenvolvimento de software baseado em objetos ou componentes.

O OPEN é definido como uma estrutura do processo conhecida como OPEN Process Framework (OPF). O OPF fornece um conjunto de componentes que são divididos em cinco grupos: Work Units (Unidades de Trabalho), Work Products (Produtos de Trabalho), Producers (Produtores), Stages (Estágios) e Languages (Linguagens).

Os Producers são geralmente pessoas. Eles trabalham nas Work Units e produzem os Work Products. As Languages, da Unified Modeling Language (UML) para a Structured Query Language (SQL), são usadas para criar os Work Products. Tudo isso ocorre no contexto dos Stages, como as fases, marcos etc., que fornece a organização para as Work Units.

Extreme Programming/Feature-Driven Development

A Extreme Programming (XP), originalmente proposta por Kent Beck, tem merecido muita atenção ultimamente. A XP é, em geral, posicionada como um "processo de desenvolvimento de software leve" e, na verdade, pode ser quase construída como um antiprocesso no sentido tradicional.

A principal idéia sob a XP é manter as coisas tão simples quanto o possível para ter o serviço pronto. As atividades XP são organizadas em torno de quatro tarefas maiores: planejamento, construção, codificação e teste.

O planejamento é organizado em torno de um "Jogo de Planejamento". As exigências são reunidas na forma de histórias do usuário, que podem ser usadas para uma discussão com os clientes e fornecem detalhes suficientes para estimativas e trocas de calendário. As exigências são capturadas em fichas de arquivo. Isso é seguido da identificação de uma "metáfora" para o sistema em geral, que fornece um vocabulário compartilhado geral para a equipe. As exigências são fragmentadas em pequenas tarefas, cada uma podendo ser implementada em uma quantidade muito pequena de tempo (semanas).

Como as exigências podem mudar rapidamente, a XP não gasta nenhum tempo na análise muito direta. Ao contrário, a construção e a codificação começam imediatamente. Na XP, o código é a construção; assim, a fase de construção consiste em discutir os recursos com o cliente, identificar os casos de teste para uma implementação bem-sucedida e então implementar a solução mais simples que irá satisfazer as exigências. Os desenvolvedores sempre trabalham em duplas e concentram-se em implementar as tarefas, fazendo qualquer reconstrução do código existente quando requerido no percurso. A integração com as outras partes do sistema pode ser feita diversas vezes por dia.

O teste primário está centrado no teste da unidade e o teste funcional é ditado pelo cliente para determinar a aceitação do produto de software.

O Feature-Driven Development (FDD), desenvolvido por Jeff de Luca e Peter Coad, é baseado na XP. Difere basicamente da XP no sentido de que ele inclui uma exigência para desenvolver um modelo de objeto do domínio como parte de uma construção inicial como um modo de compensar a ausência relativa de uma arquitetura/construção geral. O FDD limita mais a definição das tarefas XP aos recursos consumidos pelo usuário e eleva os recursos a uma noção central no processo de desenvolvimento geral.

A abordagem usada neste livro

Como você já pode ter deduzido a partir da profundidade das descrições do processo dadas até então, a abordagem neste livro é largamente baseada no RUP.

A decisão de fazer isso fundamentou-se no seguinte:

- O RUP é um processo aprovado e atualmente está sendo usado com sucesso em muitos projetos.
- Acreditamos muito que a arquitetura, análise e construção são essenciais para o sucesso a longo prazo de um projeto. Diferente dos outros processos, por exemplo o FDD e a XP, o RUP fornece uma excelente cobertura desses aspectos-chave.
- Há bastante semelhanças entre o RUP e os outros processos (por exemplo, ICONIX) para tornar o trabalho apresentado neste livro útil até para aqueles que não estão usando o RUP em sua forma pura.
- O RUP pode ser personalizado para se adequar a necessidades específicas.

Naturalmente, essa decisão não foi baseada, de modo algum, em uma comparação exaustiva das diferentes abordagens e não foi influenciada de qualquer modo por nossa familiaridade com o RUP.

Devemos destacar isso neste livro, escolhemos usar uma versão personalizada do RUP ajustada às necessidades deste livro específico e estudo do caso. E mais, não tentamos cobrir cada e todo aspecto artificial, envio ou elemento descrito no RUP. Isso é basicamente devido aos limites de espaço e tempo impostos pela publicação.

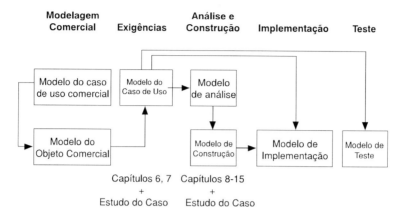

Figura 5-4 Os fluxogramas RUP, aspectos artificiais e capítulos do livro afins.

Por exemplo, condensamos o que de fato seria feito em várias iterações com diversos aumentos, cada um em uma única iteração uniforme. Também não cobrimos todas as disciplinas identificadas no RUP, limitando-nos àquelas relevantes, mais comprometidas com os aspectos específicos da análise, construção e desenvolvimento.

A Figura 5-4 mostra graficamente as relações entre os diferentes fluxogramas RUP, aspectos artificiais produzidos durante os fluxogramas e como os capítulos neste livro se relacionam.

Consulte a seção Referências no final deste livro para obter fontes extras de informações sobre o RUP.

Uma visão geral das atividades maiores

Limitamos nossa análise no livro a algumas atividades-chave. Cada tópico se estende em um ou mais capítulos.

Capítulo 6: Arquitetura

O Capítulo 6 apresenta a notação de arquitetura e analisa alguns conceitos-chave da arquitetura, como a decomposição, camada etc. Esses conceitos são então aplicados e elaborados nos capítulos restantes.

Capítulo 7: Análise das necessidades do cliente

O Capítulo 7 concentra-se na compreensão do que é requerido para ser implementado. Começamos capturando as exigências na forma de um modelo de caso de uso. Isso envolve a identificação dos atores, os casos de uso e a articulação das exigências de modo conciso na forma de diagramas de seqüência e diagramas de atividade.

Capítulo 8: Como criar a construção

O Capítulo 8 gira em torno do desenvolvimento de uma construção de alto nível. Começamos desenvolvendo uma melhor compreensão dos casos de uso específicos. Cada caso de uso é aprimorado usando o conceito de classes de limite, de controle e de entidade e as responsabilidades do sistema são distribuídas nessas classes. Os diagramas de seqüência são usados para capturar as situações de caso de uso aprimoradas e os diagramas de colaboração são usados para melhor entender as interações. Também desenvolvemos o diagrama de classe inicial representando as relações estruturais no modelo. E mais, começamos a identificar as dependências e as exigências do pacote.

Capítulo 10-15: Construção detalhada

Os capítulos 10 a 15 concentram-se em reunir as tecnologias Java 2 Platform, Enterprise Edition (J2EE) e a UML. Usamos o modelo de construção desenvolvido no Capítulo 9 como o ponto inicial e desenvolvemo-lo quando cobrimos as tecnologias específicas. Por exemplo no Capítulo 10, fragmentamos mais as classes de controle e desenvolvemos um subconjunto dessas classes em servlets. No Capítulo 11, apresentamos as JavaServer Pages (JSP) e apresentamos alguns aspectos relacionados com a apresentação da aplicação.

Nesses capítulos, usamos os diagramas de classe, de interação, de gráfico do estado e os de atividade, assim como os de componente e distribuição.

Capítulo 16: Estudo do caso

O Capítulo 16 recapitula as várias atividades empreendidas como parte da primeira iteração nos capítulos 6 a 15. A idéia é fornecer uma visão consolidada do estudo de caso usado no livro. Preenchemos os buracos usando diagramas UML detalhados para as situações não cobertas no resto deste trabalho. Falamos mais sobre a segunda iteração e as subseqüentes do estudo de caso e destacamos algumas considerações-chave ao avançar com o projeto.

Resumo

Há vários aspectos do desenvolvimento do software. Alguns elementos-chave são a arquitetura, compreender as exigências, a análise, a construção e a implementação.

Com o tempo, diversas abordagens foram desenvolvidas para o desenvolvimento do software. Embora haja diferenças entre os processos específicos de desenvolvimento do software, há também muitas semelhanças. Neste capítulo, destacamos alguns dos processos populares atuais.

Para fornecer uma estrutura para as análises que vêm nos capítulos restantes, fornecemos uma visão geral de alto nível das atividades empreendidas nos capítulos 6 a 16.

Capítulo 6

Arquitetura

- O que é arquitetura do software?

- Por que arquitetura?

- Os conceitos-chave na arquitetura da aplicação comercial

- As abordagens para a arquitetura do software

- Como reunir tudo

- Resumo

62 | *Desenvolvendo aplicações comerciais em Java com J2EE e UML*

A arquitetura do software é um desses termos que todos dizem compreender, mas ninguém pode definir com precisão – ou pelo menos, sem uma precisão suficiente para satisfazer uma outra pessoa.

Isso é em parte por causa da existência relativamente curta da profissão do software em si e em parte devido à novidade do conceito de arquitetura no contexto do software.

Neste capítulo, vemos mais de perto a arquitetura do software e alguns conceitos-chave envolvidos.

O que é arquitetura do software?

A maioria das definições de arquitetura do software envolve referências a um ou mais dos seguintes itens:

- Estrutura estática do software. A estrutura estática refere-se à maneira como os elementos do software se relacionam.

- Estrutura dinâmica do software, significando as relações que mudam na duração do software e determinam como o software fica quando executado.

- Composição (ou decomposição) do software. Refere-se ao tipo de partes importantes porém menores, como subsistemas e módulos, que podem fazer parte do software.

- Componentes e interação entre eles. Refere-se às várias partes que compõem o software e como interagem entre si.

- Camadas e interação entre elas. A camada permite a imposição de uma ordem específica ou estrutura no software, assim permitindo e/ou impedindo certas relações como supostamente adequadas para o software.

- Organização das partes físicas do software a serem distribuídas. O código-fonte físico tem de ser organizado nos devidos tipos de unidades distribuíveis, por exemplo, arquivos .jar, .war e .exec, para um uso otimizado.

- Restrições no software. Os limites naturais ou auto-impostos. Por exemplo, a exigência para o software ser escrito na linguagem Java.

- Princípios para o software. Ou seja, por que o software se parece assim? É importante porque de uma perspectiva arquitetural, se algo não puder ser explicado, então realmente não faz parte da arquitetura.

- Estilo que guia o desenvolvimento e a evolução do software.

- Funcionalidade do software. Em outras palavras, o que faz o software?

- Conjunto de decisões importantes sobre a organização do sistema do software.

- Outras considerações como a reutilização, o desempenho, o dimensionamento etc.

A seguinte definição talvez capture melhor a essência da arquitetura do software:

A arquitetura do software de um programa ou sistema de informática é a estrutura ou estruturas do sistema, que compõem os componentes do software, as propriedades visíveis externamente desses componentes e as relações entre eles [Bass 1997].

Capítulo 6 - *Arquitetura* 63

A arquitetura do software está preocupada adicionalmente com:

Alguns desses últimos aspectos da arquitetura do software, claro, têm uma natureza mais delicada e não se prestam facilmente a uma análise precisa como a estrutura e a decomposição, por exemplo.

Deve ficar claro a partir das definições anteriores que a arquitetura tem diversas faces. Sendo assim, um único diagrama ou desenho não poderá ser exibido como representando a arquitetura de um certo software. Nem a arquitetura é apenas uma representação da infra-estrutura subjacente ou construção detalhada do sistema.

A arquitetura está apenas preocupada com os detalhes internos do software até o ponto em que eles são manifestos externamente (por exemplo, como um componente se comporta quando exibido de fora).

Por que arquitetura?

Toda parte do software já criada tem arquitetura. A arquitetura existe independentemente da construção do software tê-la criado com consciência ou mesmo tenha sabido o que o termo arquitetura do software significava.

Portanto, a questão real não é se seu software precisa de arquitetura mas se você precisa criá-la de uma maneira deliberada.

A lista seguinte contém algumas razões pelas quais é importante se concentrar na arquitetura do software:

- Uma abordagem organizada para a estrutura do software levará eventualmente a um sistema de software que é frágil e difícil de adicionar porque nenhuma consideração foi dada à necessidade de se adaptar a exigências novas ou alteradas.

- A decomposição do software em partes menores torna o software mais fácil de entender, gerenciar, desenvolver e manter. Se devidamente feito, poderá também melhorar muito a reutilização nos projetos.

- A arquitetura do software ajuda no desenvolvimento do software baseado em componentes.

- Uma melhor reutilização poderá ser conseguida por meio de uma devida arquitetura. Considere uma linha de produtos que requeira os mesmos serviços básicos com ligeiras variações. Com uma abordagem de camadas, apenas as camadas mais superiores poderão precisar ser substituídas. Sem a camada, grandes alterações poderão ser necessárias para suportar os diversos produtos.

- Os limites mal concebidos podem impedir a evolução do software, por exemplo, um limite para ter um sistema monolítico e não distribuído porque os sistemas de software distribuídos são mais difíceis de construir.

- Falha em compreender e identificar de antemão como o software poderia ser modificado para aceitar mais usuários e um processamento de dados mais pesado, para fornecer serviços mais novos, aproveitar as novas tecnologias etc., poderá levar a uma situação em que o software tenha de ser rescrito porque a arquitetura original não considerou as necessidades de dimensionamento e de evolução. A disponibilidade e a confiança do sistema do software são muito dependentes do dimensionamento do sistema.

- Ter uma arquitetura documentada facilita entender e comunicar a intenção e a essência do sistema do software para a equipe de desenvolvimento.

- A segurança construída no software, o teste do software, a manutenção e o gerenciamento geral do software são também fortemente influenciados pela arquitetura do sistema de software.

Os conceitos-chave na arquitetura da aplicação comercial

Nesta seção, iremos analisar alguns conceitos que são centrais para chegar a uma boa arquitetura do software. A noção de arquitetura, claro, é mais ampla do que os itens analisados, mas iremos nos concentrar neles por causa de seu papel crescente no desenvolvimento do software de grande escala.

Decomposição

A decomposição refere-se à fragmentação de um sistema em partes menores e lógicas facilitando gerenciar a complexidade. Os módulos, os subsistemas e os componentes são exemplos de decomposição.

A decomposição ajuda a definir e a esclarecer as interfaces entre as diferentes partes de um sistema. Também pode ser útil nas situações em que você tem de integrar as aplicações de herança ou compradas externamente.

A decomposição pode também ajudar na distribuição do software em diversos processadores. A desvantagem, claro, é que uma decomposição inadequada ou em excesso pode levar facilmente a uma grave degradação do desempenho devido ao overhead da comunicação.

Uma vantagem secundária da decomposição é que ela fornece uma fragmentação natural das tarefas de desenvolvimento tornando-as mais fáceis de distribuir em uma equipe maior.

Na Unified Modeling Language (UML), a decomposição é modelada por meio de pacotes, módulos e subsistemas. No Java 2 Platform, Enterprise Edition (J2EE), a decomposição pode ser feita pelos componentes Web e Enterprise JavaBeans (EJB).

A Figura 6-1 mostra um sistema simples decomposto em vários subsistemas.

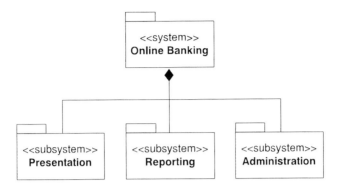

Figura 6-1 Um sistema composto por vários subsistemas.

Componentes

Um componente é uma unidade coesiva de software que fornece um conjunto afim de funções e serviços.

Os componentes podem ser desenvolvidos e enviados de modo independente de outros componentes; isto é, eles são inerentemente modulares por natureza, mas são úteis apenas no contexto de um modelo de componente. Um modelo de componente fornece a infra-estrutura subjacente para a composição do componente, a interação etc. O EJB, o JavaBean e o COM são exemplos de modelos de componente.

Um componente tem interfaces bem definidas que o permitem interagir com os outros componentes. Os componentes de acordo com o mesmo modelo de componente que oferece as mesmas interfaces podem ser substituídos. Basicamente, as interfaces de um componente fornecem os contratos entre o componente e a aplicação.

É possível que um componente contenha outros componentes.

Algumas razões para usar os componentes incluem

- Comparados com o software tradicional, os componentes são mais fáceis de manter e de modificar para futuras necessidades.

- Os componentes têm o potencial de aumentar a produtividade na indústria do software permitindo uma montagem e término rápidos das aplicações a partir de componentes construídos previamente.

- As aplicações construídas a partir dos componentes podem ser potencialmente mais flexíveis. Por exemplo, é mais fácil distribuir aplicações para satisfazer um carregamento mais alto etc.

- Os componentes que executam tarefas específicas podem ser comprados e vendidos. Eles podem ser montados em aplicações maiores. Isso reduz o tempo para o mercado[1], as exigências de recursos gerais, a especialidade requerida etc.
- Os componentes facilitam uma decomposição natural do sistema do software em unidades coesivas.

Os componentes comuns se mapeiam bem para os subsistemas de alto nível chegados através de uma decomposição funcional do sistema. Como estão em um nível mais alto de abstração, os componentes comuns podem ter menos dependências bem definidas. Os componentes comuns destinam-se a enviar uma capacidade comercial separada e completa. No contexto do J2EE, um EJB ou diversos e as classes Java associadas poderão ser usados para implementar um componente comum. Os exemplos de componentes comuns incluem um módulo de depósito que controla todos os aspectos dos itens recebidos e distribuídos, um módulo de processamento de apólices do seguro de vida, um módulo de gerenciamento dos contatos etc.

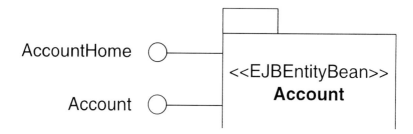

Figura 6-2 Um componente EJB como um subsistema UML.

Os componentes refinados, por outro lado, são comparáveis aos objetos tradicionais em funcionalidade e escopo. Diferente dos componentes comuns, os refinados podem ter um número grande de dependências. No campo do Java, um componente refinado mapeia elementos como os JavaBeans.

Os EJBs podem ser modelados como subsistemas UML. Veja a Figura 6-2 para obter uma possível representação de um componente EJB na UML.

Dada a importância das interfaces em termos de componentes e suas relações, é útil modelar isso explicitamente. Um diagrama de gráfico do estado poderá ser usado para modelar a interface e a seqüência válida de operações suportadas pelo componente.

Os componentes também em geral têm um comportamento complexo. Normalmente é útil modelar explicitamente o comportamento do componente através de um diagrama da atividade ou de um diagrama de gráfico do estado para entendê-lo com mais detalhes.

Iremos analisar ambos os aspectos da modelagem com mais detalhes no Capítulo 12.

---

1. Por outro lado, será um fator de risco em potencial também se você estiver contando com uma fonte externa para enviar um componente crítico.

Estruturas

Em sua forma mais simples, uma estrutura pode se referir a qualquer parte do software desenvolvido e testado que é reutilizada em diversos projetos de desenvolvimento do software.

Mais formalmente, uma estrutura fornece um gabarito de arquitetura generalizado que pode ser usado para construir aplicações em um domínio específico. Em outras palavras, uma estrutura permite especificar, agrupar e reutilizar os elementos para construir com eficiência algum sistema de software específico.

Considere o exemplo de uma empresa de software que constrói alguns sistemas de software de serviço que sempre incluem a funcionalidade de lista de clientes e gerenciamento das contas. Poderia iniciar cada sistema de software a partir do zero e rescrever as partes da lista e de gerenciamento das contas. Sendo mais realística, a empresa de software faria melhor obtendo as partes de lista/contabilidade de uma de suas implementações anteriores e desenvolvendo uma estrutura formal para fornecer a base para cada novo sistema de software.

Uma estrutura pode ser usada de duas maneiras básicas. Na primeira abordagem, a abordagem da biblioteca, você usa uma estrutura para estabelecer um conjunto de componentes reutilizáveis. Na abordagem alternativa, uma estrutura é usada para criar um gabarito para novos projetos ou para definir a arquitetura de tipos específicos de sistemas. Cada abordagem tem suas vantagens e requer diferentes níveis de planejamento avançado e esforço.

A abordagem da biblioteca consiste em usar uma estrutura para criar um conjunto de componentes reutilizáveis e é a abordagem mais fácil no sentido de que se parece muito com o uso de uma biblioteca. Fazendo nova referência ao sistema com as capacidades de lista e de gerenciamento de contas, você simplesmente obteria todas as classes relevantes, que reuniria e criaria uma estrutura contendo as classes de interesse. Quando chegar o momento de implementar seu próximo sistema, será simplesmente uma questão de usar a estrutura e reutilizar as partes desejadas nela para desenvolver a funcionalidade de lista e de gerenciamento das contas.

Na abordagem da estrutura como gabarito, você cria uma estrutura que contém as partes montadas de seu sistema típico. Criar um novo sistema simplesmente requer que você use a estrutura como a base para a nova aplicação e, então, implemente os métodos abstratos ou use alguma outra forma de personalização (por exemplo, a subclasse) para implementar o novo software. Claramente, é mais trabalhoso do que simplesmente reunir algumas classes em uma biblioteca mais ou menos organizada e requer algum planejamento avançado. Porém, também produz resultados superiores em termos de reutilização porque você usa a estrutura para capturar e reutilizar a chave, um conhecimento excepcionalmente difícil dos arquitetos do sistema. A abordagem do gabarito permite desenvolver novos sistemas mais rapidamente porque não só você obtém o código da implementação para as partes, como também obtém um projeto autêntico para reuni-lo de uma maneira consistente e útil. Por exemplo, se estiver reunindo uma estrutura para desenvolver aplicações baseadas na Internet, tal estrutura poderia fornecer as partes para a segurança, interações de consulta simples, interações envolvendo transações, serviços de confirmação do usuário etc. junto com instruções sobre as configurações suportadas e como montar rapidamente as diferentes partes para criar uma nova aplicação da Internet. O Brokat Financial Framework da Brokat Technologies[2] é um exemplo de tal estrutura comercial baseada na tecnologia J2EE que pode ser reutilizado e estendido rapidamente para desenvolver novas aplicações financeiras.

Independentemente da abordagem, o resultado final de usar as estruturas é um aumento na quantidade relativa de tempo que você pode gastar ao desenvolver os recursos, a funcionalidade e menor tempo relativo gasto ao reapresentar o que já fez. No processo, você também diminui o tempo geral de desenvolvimento do software porque cria menos código-fonte novo.

Algumas considerações ao desenvolver uma estrutura:

- A estrutura deve ser simples de compreender. As hierarquias de herança profunda, as APIs inconsistentes e outros contribuem para estruturas pobres. Lembre-se, a idéia é fazer com que o usuário comece a usar a estrutura rapidamente e com eficiência.

- Forneça uma documentação adequada. Lembre-se de que as outras pessoas usarão a estrutura que você está desenvolvendo por um longo período de tempo. Quanto mais você puder esclarecer a intenção da estrutura, documentar as suposições e mostrar como queria que fosse usada, por mais tempo a estrutura existirá.

- Identifique os mecanismos concretos de extensão da estrutura. As estruturas crescem com o tempo para satisfazer novas necessidades. Fornecendo mecanismos de extensão predefinidos ou identificando a devida maneira de estender a estrutura, ela se desenvolverá em uma estrutura mais versátil e coesiva ao invés de se deteriorar em uma miscelânea de código. Para o exemplo de estrutura da aplicação baseada na Internet mencionado anteriormente, uma consideração poderia ser identificar os pontos de extensão da estrutura para suportar facilmente os novos tipos de conexão no futuro, por exemplo, conexões sem fio ao invés de baseadas em linhas.

Padrões

Um padrão de software é uma construção reutilizável que foi capturada, refinada e abstraída por meio da experiência e foi aprovada com sucesso ao resolver tipos específicos de problemas.

Os padrões são úteis porque:

Eles transmitem um conhecimento aprovado capturado com os anos de experiência. Usar padrões poderá reduzir o risco geral de falha devido a tipos específicos de erros.

Eles podem ajudar a resolver problemas difíceis que foram encontrados em situações parecidas.

Os padrões do software são geralmente classificados, entre outras, nas seguintes categorias: padrões de análise, de arquitetura, de construção e de codificação. A diferença básica entre as categorias de padrões é o nível de abstração.

Por exemplo, os padrões de arquitetura lidam com a estrutura dos sistemas do software,

---

2. Veja o www.brokat.com para obter detalhes.

subsistemas ou componentes e como eles se relacionam. Os padrões de construção, por outro lado, operam na classe e no nível do objeto. Eles são baseados em soluções aprovadas para os problemas que surgem ao construir o software em um contexto específico. Os padrões de construção são geralmente classificados em três categorias amplas:

- Criação: Os padrões de construção de criação fornecem soluções para os problemas de construção da configuração e iniciação. Um padrão com um tipo, que fornece um padrão para limitar a classe a uma única instância, é um exemplo de padrão de construção de criação.

- Estrutural: Os padrões de construção estrutural resolvem os problemas da construção estruturando as interfaces e as relações de suas classes de maneiras específicas. O padrão proxy, a ser analisado posteriormente nesta seção, é um exemplo de padrão de construção estrutural.

- Comportamental: Os padrões comportamentais identificam maneiras nas quais um grupo de classes interage entre si para conseguir um comportamento específico. Um exemplo é o padrão Observer (Observador) que será analisado posteriormente nesta seção.

Os padrões de construção podem ser aplicados nos elementos existentes em uma construção para melhorar uma solução ou um novo conjunto de elementos pode ser construído usando um padrão de construção para resolver um problema que foi reconhecido pela análise.

A Figura 6-3 mostra um padrão de construção simples comumente referido como o padrão Proxy. Nesse padrão, um objeto (Proxy) está basicamente fornecendo um mecanismo de acesso direto para outro objeto (RealSubject). Isso é identificado pela associação de Proxy com RealSubject. Subject (Assunto) fornece uma interface comum para Proxy e RealSubject, assim permitindo que eles trabalhem intimamente. Essa relação é capturada por meio da realização da interface comum.

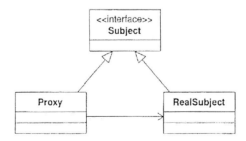

Figura 6-3 Um padrão de construção.

Por exemplo, um Proxy pode ser útil nas situações em que o acesso para o recurso real não pode ser permitido devido a questões de segurança.

Identificamos e nos referimos a alguns padrões existentes e emergentes relevantes para o desenvolvimento J2EE nos capítulos da tecnologia J2EE.

Os padrões são representados na UML usando uma colaboração. Uma colaboração é uma descrição de uma organização geral de objetos e ligações que interagem em um contexto para implementar um comportamento. Ela tem uma parte estática e uma dinâmica. A parte estática descreve os papéis que os objetos e as ligações podem desempenhar em uma instância da colaboração. A parte dinâmica consiste em uma ou mais interações que mostram os fluxos da mensagem com o tempo na colaboração.

Uma colaboração com parâmetros, ou seja, uma colaboração feita de elementos de modelo genéricos, é usada para os padrões de construção que podem ser aplicados repetidamente. Isso é feito vinculando os elementos do modelo genérico na colaboração com parâmetros a elementos do modelo específicos quando a colaboração é instanciada.

A colaboração suporta a especialização; assim, é possível criar colaborações que herdam de outras colaborações.

Na UML, o uso de uma colaboração é representado por uma elipse tracejada. As relações com as classes que participam na colaboração são mostradas por meio de uma linha tracejada da colaboração até a classe.

A Figura 6-4 mostra uma representação da colaboração UML para o padrão Subject-Observer. O padrão é devidamente representado junto com a especificação estrutural na forma de um diagrama de classe e a especificação comportamental é indicada usando um diagrama de seqüência ou diagrama de gráfico do estado.

Os diagramas de classe e de seqüência para o padrão de construção Subject-Observer são apresentados na Figura 6-5 e Figura 6-6, respectivamente.

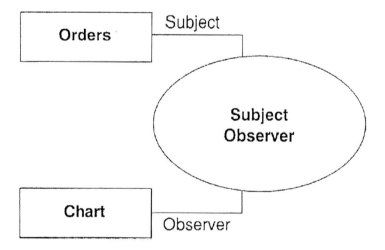

Figura 6-4 Uma colaboração representando o padrão Subject-Observer.

Capítulo 6 - *Arquitetura*

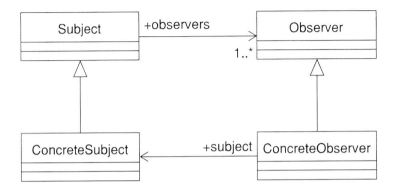

Figura 6-5 O diagrama de classe para o padrão Subject-Observer.

A idéia geral é que os observadores registrem um assunto para a notificação onde há uma alteração para o assunto e os observadores são notificados quando há a alteração para que possam atualizar suas informações de acordo. Considere este exemplo real simples: você e várias outras pessoas estão interessados nas atualizações em um produto específico e indicaram isso para o fabricante registrando as atualizações. Quando o produto é atualizado, você e os outros observadores são notificados sobre a alteração do produto. Nesse momento, todos os observadores podem consultar individualmente o produto para descobrir os detalhes da atualização.

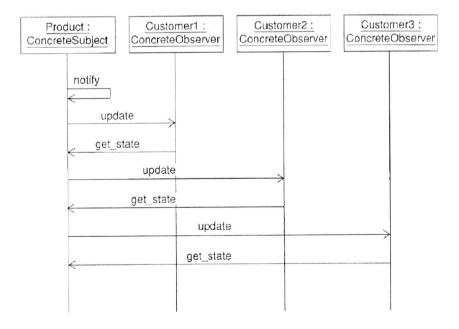

Figura 6-6 O diagrama de seqüência ilustrando o padrão Subject-Observer.

Camada

O software comercial de grande escala pode ser complexo e difícil de desenvolver e gerenciar. A camada é um padrão para a decomposição. A decomposição leva a uma fragmentação lógica do sistema em subsistemas e módulos, e as camadas agrupam e separam esses subsistemas, assim limitando quem pode usar os subsistemas, componentes e módulos. As camadas criam separação de preocupações no software abstraindo os tipos específicos de funcionalidade em camadas funcionais e fornecendo limites conceituais entre os conjuntos de serviços.

O Rational Unified Process (RUP) identifica duas abordagens para a camada:

- Camada baseada em responsabilidades
- Camada baseada em reutilização

Na camada baseada em responsabilidades, as camadas têm responsabilidades bem definidas, significando que cumprem um papel específico no esquema geral das coisas. Tais camadas também são referidas como níveis. Veja a próxima seção para obter mais detalhes sobre os níveis.

Na camada baseada em reutilização, as camadas são criadas de modo a fornecerem a melhor reutilização dos elementos do sistema. Nessa configuração, as camadas geralmente fornecem serviços para outras camadas. Isso permite que elas sejam entendidas individualmente sem precisar de compreensão ou de um conhecimento anterior significativo das camadas acima ou abaixo delas, o que leva a um acoplamento mais baixo entre as camadas.

Por exemplo, um sistema de software pode ter, entre outras camadas, uma camada de serviços da apresentação para fornecer capacidades que permitam a exibição das informações para o usuário e uma camada de serviços gerais para fornecer serviços como o registro, o tratamento de erros etc.

Um usuário deve ser capaz de usar as capacidades dos serviços da apresentação sem se importar com as camadas abaixo dela.

A relação entre as camadas é estritamente hierárquica por natureza. Ou seja, uma camada pode contar com a camada abaixo dela, mas não vice-versa. Do ponto de vista de redução do acoplamento, também é desejável não ter nenhuma dependência entre as camadas que não são vizinhas imediatas. Na verdade, o J2EE fornece um exemplo de camada em si, em que o contêiner é uma camada construída na parte superior do sistema operacional.

Dependendo da complexidade do sistema de software, as camadas podem também conter outras subcamadas. As camadas geralmente não se desviam das camadas imediatamente abaixo delas para acessar as outras camadas, mas isso será aceitável se as camadas intermediárias agirem apenas como espectadores, isto é, simplesmente transmitirem a solicitação para a próxima camada etc. Por exemplo, para serviços como o relatório de erros, poderá fazer sentido acessá-los diretamente na aplicação.

As camadas são geralmente estruturadas para que a camada mais inferior seja a mais acoplada ao hardware e ao sistema operacional. As camadas do meio fornecem a base para construir uma grande variedade de sistemas de software que requerem capacidades parecidas. A camada superior contém os elementos do software requeridos para satisfazer as exigências ligeiramente variadas do usuário final, por exemplo, os serviços comerciais específicos disponíveis na aplicação para clientes específicos ou a personalização da aplicação para clientes europeus versus asiáticos.

As camadas devem ser uma consideração estrutural importante em qualquer construção da aplicação comercial. Falando em geral, os sistemas de software menores irão requerer menos camadas, ao passo que os sistemas maiores poderão requerer mais camadas. Contudo, até as grandes aplicações normalmente não têm camadas com dígitos duplos.

Na UML, as camadas são representadas como um pacote com o estereótipo <<layer>>. A Figura 6-7 mostra um exemplo de arquitetura em camadas da UML. Veja o Capítulo 13 para obter uma análise adicional no contexto da mesma aplicação.

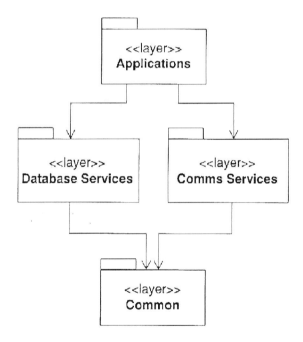

Figura 6-7 Um arquitetura em camadas na UML.

Níveis

Há basicamente uma preocupação com a distribuição de um sistema de software em diversos processos separados. Os processos podem ser distribuídos fisicamente em diversos processadores ou residir no mesmo dispositivo físico.

Os níveis podem ser mapeados para as camadas baseadas em responsabilidades, neste caso um nível torna-se sinônimo de cumprir um papel específico no sistema, como a apresentação, a lógica comercial, o acesso de dados etc.

A computação evoluiu com o tempo nas arquiteturas com diversos níveis usadas atualmente. No início da computação, os mainframes e os terminais burros caracterizavam o ambiente computacional. Os sistemas do servidor cliente baseados na LAN com dois níveis foram o modelo por um longo tempo. E, embora as arquiteturas com n níveis tenham sido utilizadas em indústrias específicas por um longo tempo, só recentemente as arquiteturas com n níveis vêm sendo aceitas na indústria.

As arquiteturas com níveis são desejáveis do ponto de vista de aumentar a velocidade da transferência, a disponibilidade ou a funcionalidade do sistema aumentando a força do processamento físico geral. As arquiteturas com níveis podem também desempenhar um papel na separação das diferentes áreas das preocupações da aplicação para melhorar a manutenção em geral.

Tal distribuição introduz:

- Uma eficiência da comunicação e questões de confiança entre os níveis.
- A necessidade da identificação e do local dos componentes em um ambiente distribuído.
- Questões de segurança devido a um sistema potencialmente diverso e geograficamente distribuído.
- Questões de sincronização entre os níveis.
- Questões de recuperação das falhas.
- A necessidade de interfaces adicionais para aceitar a arquitetura com níveis.
- Necessidades extras devido à natureza distribuída do software.

Como analisado anteriormente, uma maneira de se conseguir a distribuição em uma arquitetura com n níveis é alinhar as camadas específicas com cada nível. O J2EE segue essa abordagem.

Na arquitetura em camadas do J2EE:

- O nível do cliente é basicamente preocupado com a interação do usuário.
- O nível da apresentação lida com a apresentação dos resultados das consultas comerciais.
- O nível comercial contém as principais regras comerciais.
- O nível dos dados fornece a interface para o armazenamento dos dados permanentes.

A abordagem J2EE é apresentada graficamente na Figura 6-8.

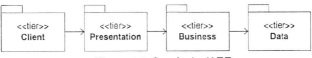

Figura 6-8 Os níveis J2EE.

As abordagens para a arquitetura do software

Várias abordagens para a arquitetura do software foram propostas e utilizadas com o passar do tempo. Nesta seção, iremos destacar algumas publicadas para a arquitetura do software a fim de fornecer uma perspectiva mais ampla.

Cada uma dessas abordagens tem seus pontos fortes e desvantagens assim como seus defensores e críticos.

A visão J2EE da arquitetura

Os níveis + componentes + serviços são a chave para compreender a filosofia arquitetural do J2EE.

Dado que o J2EE está predominantemente concentrado em fornecer uma proposta viável para construir aplicações comerciais de grande escala que são dimensionáveis, não deve ser surpresa alguma que ele defenda a decomposição da aplicação em diversos níveis. A plataforma J2EE fornece mecanismos para decompor o sistema em componentes relativamente comuns. O J2EE também defende uma arquitetura baseada em serviços que é caracterizada por uma coleção de serviços de cooperação e de comunicação. Os serviços contam com APIs bem definidas para a interoperabilidade.

As regras oficiais do J2EE se afastam de uma recomendação estrita do seguimento de uma visão hierárquica em camadas dos níveis, optando por uma postura de maior aceitação. A sugestão será usar os níveis e as tecnologias associadas se fizer sentido para a situação específica. Por exemplo, é perfeitamente adequado acessar o nível dos dados diretamente a partir do nível da apresentação.

O J2EE recomenda usar o paradigma arquitetural Model-View-Controller (MVC)[3] para desenvolver as aplicações comerciais. Como foi analisado rapidamente no Capítulo 2, a idéia básica sob o MVC é minimizar o acoplamento entre os objetos em um sistema alinhando-os a um conjunto específico de responsabilidades na área dos dados permanentes e regras associadas (Model), na apresentação (View) e na lógica da aplicação (Controller).

4+1 View Model of Architecture

A motivação básica ao usar diferentes exibições para a arquitetura é reduzir a complexidade geral.

---

3. Para obter mais detalhes e a perspectiva J2EE no paradigma MVC, veja o java.sun.com/j2ee/blueprints/design_patterns/model_view_controller/index.html. As fontes adicionais são listadas na seção Referências no final deste livro.

Uma exibição é basicamente uma visão do modelo de um ponto de vantagem específico ou perspectiva, de modo que apenas os detalhes relevantes e importantes sejam incluídos e tudo o mais ignorado.

Originalmente proposto como 4+1 View Model of Architecture [Kruchten 1995], agora faz parte do RUP. Tem sido muito usado como a base para a análise arquitetural e a construção de sistemas.

A premissa básica sob a 4+1 View of Model Architecture é que um sistema de software pode ser modelado bem com as seguintes exibições que se entrelaçam:

- A Exibição Lógica modela os pacotes de construção, os subsistemas e as classes.

- A Exibição da Implementação descreve a organização física do software, por exemplo, os executáveis, as bibliotecas, o código-fonte etc.

- A Exibição do Processo está preocupada com os aspectos simultâneos do software. Por exemplo, os processos, as tarefas, os encadeamentos que fazem parte do sistema do software.

- A Exibição da Distribuição concentra-se no mapeamento dos executáveis em nós físicos e hardware do computador.

- A Exibição do Caso de Uso é uma exibição especial no sentido de que liga todas as outras exibições.

Essa lista não implica a inexistência de outras exibições. Por exemplo, seria razoável e desejável ter uma exibição de segurança ou de transação para o software baseado no J2EE.

Hofmeister e outros: as quatro exibições da arquitetura

Hofmeister, Nord e Soni apresentam uma exibição ligeiramente diferente para conseguir a arquitetura do software [Hofmeister 2000] baseada em quatro exibições, algumas sobrepondo parcialmente as 4+1 Views analisadas anteriormente:

- A Exibição Conceitual está basicamente preocupada com a decomposição perfeita conceitualmente do sistema em componentes muito comuns chamados cápsulas[4]. Essas cápsulas interagem entre si através de conectores conceituais. As cápsulas e os conectores formam a base para o sistema de software eventual.

- A Exibição do Módulo lida com a realização das cápsulas e dos conectores. Os componentes comuns são mapeados para subsistemas reais e módulos no contexto da tecnologia específica a ser empregada para o projeto.

- A Exibição da Execução lida com o fluxo do controle no sistema em execução. Inclui questões como a simultaneidade, a distribuição e o desempenho.

---

4. O conceito de cápsulas é baseado no conceito dos objetos ativos chamados atores (que devem ser distinguidos dos atores do caso de uso), proposto por sistemas de software reais [Selic 1994].

- A Exibição do Código incorpora como os componentes são mapeados para os arquivos-fonte e executáveis assim como preocupações como, por exemplo, os tempos de construção e as ferramentas de desenvolvimento.

Como reunir tudo

O que vem primeiro – a arquitetura do software ou a análise? A resposta, claro, depende parcialmente da pessoa com quem você está conversando.

A arquitetura fornece o projeto para o software, mas sem a devida análise, o requisito de compreensão do sistema – requerido para o projeto – não poderá ser desenvolvido. Assim, é em grande parte um processo iterativo no sentido de que as exigências formam uma entrada-chave na arquitetura do software, mas poderá haver a necessidade de ajustar ou esclarecer as exigências quando o arquiteto trabalhar nelas para chegar à arquitetura.

Definir uma arquitetura do software é em grande parte um processo evolucionário. Embora um arquiteto possa começar com algumas noções básicas sobre o que pode ser apropriado ou não com base na experiência passada, ele não pode simplesmente adotar as exigências e esperar chegar à arquitetura final da noite para o dia. A arquitetura toma forma gradualmente quando as decisões deliberadas e informadas são feitas com exigências específicas e trocas de acordo com os objetivos.

Deve ser enfatizado que os conceitos analisados neste capítulo são basicamente ferramentas à disposição de um arquiteto. Como todas as ferramentas, são úteis apenas quando usadas no devido contexto em vez de usadas pelos conceitos. Por exemplo, se nenhum padrão em particular existir para endereçar o problema encarado, não teria sentido alterar a construção para que você possa aplicar alguns padrões.

Iremos analisar mais os aspectos da arquitetura em seu devido contexto, isto é, junto com a análise e a construção quando enfrentarmos os problemas específicos e endereçarmos certas preocupações.

Resumo

A arquitetura do software é um aspecto muito importante porém geralmente negligenciado, ou pelo menos mal compreendido, do desenvolvimento do software comercial.

A arquitetura do software tem diversas faces e cobre mais do que a estrutura do software. Somente um único diagrama não poderá ser usado para descrever a arquitetura do software.

Alguns conceitos-chave na área da arquitetura do software são a decomposição, a camada, os níveis, os padrões, as estruturas e o software baseado em componentes. Essas são basicamente as ferramentas à disposição de um arquiteto em vez dos conceitos "obrigatórios" para todos os projetos de software.

A descoberta da arquitetura do software é um processo evolucionário que tem de ser feito no contexto das exigências e em conjunto com a análise. Essa é a abordagem é considerada neste livro.

Capítulo 7

Análise das necessidades do cliente

- Por que análise do software e construção?
- Análise dos problemas
- Modelagem do caso de uso
- Identificação dos atores
- Como encontrar os casos de uso
- Diagramas do caso de uso
- Relações do caso de uso
- Diagramas de seqüência
- Diagramas de atividade
- Resumo

Verificação do processo: passamos grande parte deste capítulo na disciplina das exigências do Rational Unified Process (RUP).

Neste capítulo, veremos a necessidade da análise e construção do software e como fazer isso.

Para manter os exemplos relevantes, escolhemos usar partes do estudo do caso documentado no Capítulo 16. O estudo do caso descreve o desenvolvimento de um sistema de banco on-line. Para tirar o máximo dos exemplos, você deverá revisar a seção "Exigências HomeDirect" no Capítulo 16.

Por que análise do software e construção?

Iremos começar tentando responder a uma pergunta básica: por que ainda falamos em análise e construção? Afinal, a análise parece ter saído da lista dos favoritos de alguns desenvolvedores[1] e ainda tem sido rotulada como levando a nada mais do que a "paralisia da análise".

Há sempre a possibilidade de que algumas equipes possam ficar paradas na fase de análise. Porém, pular a análise e a construção e saltar diretamente para a implementação dificilmente é a melhor alternativa.

Suponha que você queira ir do Ponto A para o Ponto B. Se A e B forem bem próximos e você já estiver familiarizado com a área, deverá ser relativamente simples empreender a jornada sem se importar em ver um mapa e fazer algum planejamento prévio.

Por outro lado, se A e B estiverem separados por uma grande distância e você estiver lidando com um território desconhecido, suas chances de sucesso serão muito melhoradas se fizer algum planejamento anterior.

O desenvolvimento do software não é diferente. Para os pequenos projetos de software que usam uma tecnologia familiar em um domínio confortável, talvez você possa conseguir sem a análise e a construção. Mas eles serão essenciais nos grandes projetos do tipo território desconhecido se você for evitar as armadilhas e os desastres dos quais a grande maioria dos projetos é vítima[2].

Análise dos problemas

As exigências têm todas as formas e vêm de várias fontes. Por exemplo, podem ser apresentadas na forma de documentos escritos por um usuário final, através de reuniões com os visionários na empresa ou através da interação direta do cliente e visitas cara a cara.

Geralmente os projetos falham porque as exigências não foram compreendidas com precisão. Não é muito surpreendente na luz do fato de que a língua, escrita ou oral, é imprecisa por

---

1. A Extreme Programming (XP), por exemplo, não dá muito crédito à análise.

2. De acordo com o Chaos Report do Standish Group, 1998; apenas 26% dos projetos de software têm sucesso

Capítulo 7 - *Análise das necessidades do cliente* | 81

natureza e aberta a diversas interpretações. Portanto, a primeira coisa a fazer é assegurar que as exigências básicas sejam compreendidas; ou seja, vá além do que é óbvio e estabelecido no documento das exigências. É apenas através de tal abordagem que você poderá realmente identificar os padrões de uso essenciais para o sistema do software que irá desenvolver.

É onde os casos de uso entram. Você poderá aplicar a modelagem do caso de uso para desenvolver um modelo preciso do que é requerido do sistema e então utilizar os casos de uso como a base para conduzir os outros aspectos do desenvolvimento de seu sistema comercial. Na verdade, um caso de uso age como o cordão que liga as contas de um colar. Os casos de uso unem o intervalo entre o usuário e as exigências do sistema. Eles podem ser usados para estabelecer o rastreamento entre as exigências funcionais e a implementação do sistema em si.

A análise é feita melhor em uma estrutura de grupo. Ajuda ter pessoas diferentes vendo as mesmas exigências a partir de pontos de vista individuais. Geralmente também é útil fazer com que um especialista do domínio tome parte das discussões. A participação do cliente ou autor das exigências também é benéfica para que você possa obter um conhecimento direto da intenção. Toda a deliberação poderá economizar muito trabalho refeito posteriormente. Algumas técnicas que podem ser usadas nesse estágio para chegar à base do problema incluem sessões com debate livre e diagramas da estrutura.

Ao passar por esse estágio, será útil tentar reduzir as exigências duplicadas e refinar o conjunto geral de exigências em um número menor. Evite a tentação de fazer a construção ao mesmo tempo em que reúne as exigências. O calafrio das exigências (parecido com o calafrio dos recursos quando os recursos continuam a crescer além da intenção original) também deve ser evitado exercendo uma tentativa vigorosa no rastreamento para as necessidades do cliente.

Para ter uma análise completa deste tópico, veja o Object-Oriented Analysis and Design with Applications, de Grady Booch, Addison-Wesley, 1994 e o Use Cases-Requirements in Context, de Daryl Kulak e outros, Addison-Wesley, 2000.

Modelagem do caso de uso

Ivar Jacobson e outros[3], popularizaram a aplicação dos casos de uso para compreender as exigências funcionais do sistema no início dos anos 90. Mais tarde, a notação do caso de uso foi incorporada na Unified Modeling Language (UML). É aparentemente simples em conceito mas altamente útil, em especial ao compreender as exigências funcionais para sistemas grandes e complexos.

No contexto deste livro, os casos de uso são muito importantes pois o RUP é muito mais um processo de desenvolvimento baseado em casos de uso. Não apenas os casos de uso são usados para capturar as exigências, mas também fornecem a base para atividades desde a análise até o teste.

Há dois conceitos fundamentais na modelagem do caso de uso:

3. Jacobson, Ivar e outros. Object-Oriented Software Engineering. Addison-Wesley, 1992.

82 — *Desenvolvendo aplicações comerciais em Java com J2EE e UML*

- Ator: um ator representa algo (ou alguém) fora do sistema, geralmente um usuário do sistema. Os atores interagem com o sistema, que resulta em alguma ação feita pelo sistema. Cada papel distinto é representado por um ator.

- Caso de uso: um caso de uso encapsula uma seqüência de etapas executadas pelo sistema em nome de um ator. Os casos de uso fornecem algum valor para o ator. Um caso de uso consiste em uma seqüência primária de eventos e pode ter uma ou mais seqüências alternativas de eventos.

As exigências têm dois tipos básicos: funcionais e não funcionais. As exigências funcionais, que estão concentradas no que o sistema tem de ser capaz de fazer, prestam-se facilmente à modelagem do caso de uso. As exigências não funcionais estão concentradas em coisas como a utilização e o desempenho e são mais difíceis de modelar usando os casos de uso.

Iremos colocar a modelagem do caso de uso em prática aplicando esses conceitos no estudo do caso do sistema HomeDirect – com as exigências sendo detalhadas no Capítulo 16.

Para tirar o máximo da análise restante, você deverá revisar a seção "Exigências HomeDirect" no Capítulo 16 antes de prosseguir.

Iremos nos concentrar nas exigências funcionais para derivar os casos de uso.

Identificação dos atores

Os atores são geralmente mais fáceis de identificar do que os casos de uso. A dificuldade em identificar os atores é dobrada. Primeiro, é fácil cair na armadilha de criar diversos atores para o mesmo papel. Segundo, os atores podem estar implícitos nas exigências; isto é, podem não ser identificados como usuários do sistema; e portanto, você terá de ver além do óbvio para encontrá-los.

Quando você ler a descrição ou reunir as exigências para um projeto, faça a si mesmo algumas perguntas importantes: Quem usará esta funcionalidade? Quem está fornecendo ou obtendo as informações? Quem pode mudar as informações? Há qualquer outro sistema que interage com o sistema sendo desenvolvido?

Quando examinarmos as informações relacionadas a HomeDirect, os seguintes termos se qualificarão como papéis: cliente, usuário, administrador, proprietário da conta, funcionário do banco, vendedor, serviço HomeDirect, sistema, sistema Mail, sistema LoansDirect, BillsDirect Service e ACMEBank.

Com base nas exigências e junto a nossa compreensão comum de como os sistemas de banco on-line geralmente funcionam, será fácil estabelecer que o cliente, o usuário e o proprietário da conta se referem quase que definitivamente ao mesmo papel. Portanto, podemos eliminar o usuário e o proprietário da conta redundantes. O vendedor soa como um cliente, mas é realmente mais do que um cliente porque, diferente de um cliente, pode também receber pagamentos. Do mesmo modo, o funcionário do banco e o administrador, embora papéis diferentes no banco (por exemplo, um funcionário do banco pode não ser necessariamente um administrador HomeDirect), quase certamente se referem ao papel do administrador.

Capítulo 7 - *Análise das necessidades do cliente* 83

Lembre-se de que os atores estão fora do sistema. É suficiente dizer que depois de uma consideração parecida com os itens restantes na lista, iremos ficar com uma lista de atores candidatos muito menor para o sistema HomeDirect:

- Cliente
- Administrador
- Vendedor
- Sistema Mail
- Sistema LoansDirect
- Sistema BillsDirect

Como encontrar os casos de uso

Os casos de uso são sempre expressos da perspectiva do ator (ou seja, o usuário do sistema). A idéia é capturar uma seqüência de eventos executados pelo sistema à solicitação do ator, de modo que produzam algum resultado observável e valioso para o ator.

Veja a seção "Exigências HomeDirect" no Capítulo 16, que lida com a transferência de fundos. A seguinte seqüência de etapas descreve a transferência dos fundos:

1. O cliente solicita uma transferência de fundos.

2. O sistema pede ao usuário para identificar as contas entre as quais fundos serão transferidos e a quantia da transferência.

3. O cliente seleciona a conta a partir da qual transferir os fundos, a conta para a qual transferir os fundos e então indica a quantia dos fundos a transferir.

4. O sistema verifica a conta a partir da qual os fundos serão transferidos e confirma se os fundos suficientes estão disponíveis.

5. A quantia é debitada da conta a partir da qual os fundos serão transferidos e credita na conta selecionada anteriormente pelo cliente.

Isso é basicamente a seqüência principal dos eventos para um caso de uso, que iremos chamar de "Transferir fundos". Uma seqüência alternativa de etapas nesse caso poderá detalhar as etapas executadas quando fundos insuficientes estiverem disponíveis.

Uma maneira fácil de começar a descobrir os casos de uso é obter cada ator que você identificou e tentar identificar o comportamento ou as informações que o ator em consideração requer do sistema. O desafio ao descobrir os casos de uso é evitar aprimorar demais a granularidade, levando a uma proliferação dos casos de uso.

Aplicar esse método no estudo do caso HomeDirect e usar o ator cliente como o ponto de partida produzirá a seguinte lista inicial de casos de uso candidatos: conectar, desconectar, alterar senha, exibir os saldos da conta, listar transações, carregar as transações, transferir fundos, adicionar vendedor, apagar vendedor, pagar contas, verificar saldos da apólice, percorrer as apólices, comprar apólice e vender apólice.

Lembre-se de que cada caso de uso tem de produzir um resultado observável e fornecer algo de valor para o ator (por exemplo, o ator cliente). Os casos de uso candidatos de conexão e desconexão que identificamos produzem resultados observáveis (por exemplo, conexão/ desconexão bem-sucedida), mas realmente não há muito valor neles para o cliente. Um cliente HomeDirect nunca se conectaria ou desconectaria apenas. Muito provavelmente, um cliente se conectaria e se desconectaria no contexto de execução de alguma ação, como pagar contas ou verificar os saldos. Portanto a conexão e a desconexão não são boas candidatas para os casos de uso.

Na verdade, a conexão e a desconexão formam parte de todos os casos de uso associados ao papel do cliente. Por exemplo, no caso de uso de transferir os fundos detalhado anteriormente, você primeiro se conectaria, transferiria os fundos e então, tendo completado a transferência, se desconectaria.

A exibição dos saldos e o percorrer do resumo das apólices parecem muito semelhantes no sentido de que realmente mostram apenas o que está disponível para tipos específicos de contas. Talvez fosse melhor abstraí-los como uma situação de percorrer os saldos, que se aplica igualmente bem a todos os tipos de contas.

Os atores, assim como os casos de uso, podem utilizar a relação de herança. Portanto, outra possibilidade seria criar um caso de uso de percorrer os saldos da conta e então ter duas especializações, uma concentrada nas contas de investimento e outra nos tipos restantes de contas. Para manter simples no momento, iremos utilizar apenas um único caso de uso, "Percorrer os saldos da conta".

Outro conjunto de casos de uso onde alguma relação provavelmente existe está em listar e carregar as transações. A única diferença real entre os dois é que, no primeiro, a lista é exibida na tela, ao passo que o segundo "exibe" a lista em um arquivo.

É questionável se adicionar e apagar o vendedor devem ser dois casos de uso separados ou amontoados em um único caso de uso chamado modificar lista do vendedor. Você poderá ainda argumentar se realmente fazem parte do caso de uso de pagamento das contas. Afinal, um cliente realmente se conectaria ao sistema HomeDirect apenas para adicionar um vendedor? Este poderá ser um caso em que mais esclarecimento é necessário. Alguns sistemas de banco on-line reais de fato requerem que o cliente adicione um vendedor à lista pelo menos vários dias de trabalho antes de fazer um primeiro pagamento on-line. Se este for o caso, é razoável esperar um cliente se conectar, adicionar um ou mais vendedores e então se desconectar sem necessariamente fazer um pagamento de contas. Para simplificar, iremos usar isso como um esclarecimento obtido no ACMEBank e iremos modelar os casos de uso como um único caso de uso "Modificar lista de vendedores".

Uma lista aprimorada de casos de uso candidatos é dada a seguir:

- Alterar senha
- Percorrer os saldos da conta
- Listar transações
- Carregar transações
- Transferir fundos
- Editar perfil
- Pagar conta
- Comprar apólice
- Vender apólice

O conjunto completo de casos de uso para o sistema HomeDirect é documentado no Capítulo 16.

Diagramas do caso de uso

Na UML, os atores são representados por um desenho de traços e os casos de uso são mostrados como elipses. Um diagrama do caso de uso simplesmente mostra as relações estruturais entre os atores e os casos de uso, não as relações dinâmicas. A relação entre os atores e os casos de uso é apresentada por uma associação direcional indicando a fonte da chamada. A Figura 7-1 mostra os casos de uso Percorrer conta e Transferir fundos para o sistema HomeDirect. Ambos são chamados pelo cliente.

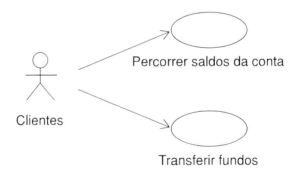

Figura 7-1 Um diagrama do caso de uso simples.

Relações do caso de uso

Você pode se lembrar de que decidimos que a conexão e a desconexão não satisfazem o teste químico de ser casos de uso porque não fornecem algo de valor para o cliente. Realmente fazem parte de vários casos de uso HomeDirect, como Percorrer os saldos e Transferir os fundos. Portanto, temos que reutilizar de algum modo a seqüência de eventos requeridos para a conexão e a desconexão.

A notação UML fornece as relações "inclusão" e "extensão", que podem ser usadas para modelar tal reutilização nos casos de uso.

Inclusão

Uma relação de inclusão permite capturar uma parte comum da funcionalidade em um caso de uso separado e então "incluir" o caso de uso em outro caso de uso através da relação de inclusão. A relação de inclusão é mostrada como uma relação de dependência estereotipada como <<include>>. Veja a Figura 7-2.

Extensão

Uma relação de extensão permite modelar um comportamento otimizado para um caso de uso. Ou seja, você pode capturar algum comportamento em um caso de uso separado e, em outro caso de uso, indicar os pontos exatos (chamados de pontos de extensão) onde o caso de uso separado poderá ser chamado opcionalmente como parte do caso de uso. Uma relação de extensão é modelada como uma dependência e estereotipada como <<extend>>. Veja a Figura 7-3.

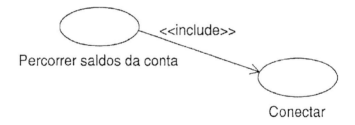

Figura 7-2 Um exemplo de relação de inclusão.

A Figura 7-4 mostra outro diagrama de caso mais detalhado para os casos de uso Percorrer saldos da conta e Listar transações para o sistema HomeDirect.

O Capítulo 16 fornece um modelo de caso de uso completo para o estudo do caso HomeDirect.

Os problemas típicos encontrados pelos iniciantes nos casos de uso giram em torno do seguinte:

- Criar casos de uso que são comuns demais. Por exemplo, "Processar pedido", poderá ser comum demais se representar "Criar novo pedido", "Enviar pedido" e "Alterar pedido" da perspectiva do usuário.

- Criar casos de uso que são refinados demais. Continuando com o exemplo de pedido anterior, "Alterar CEP para pedido", poderia ser um exemplo de caso de uso refinado.

- Escrever casos de uso da perspectiva de um sistema. Por exemplo, "Obter catálogo no banco de dados" versus "Percorrer catálogo".
- Ficar parado nas relações de extensão versus inclusão. Uma relação de extensão pode ser expressada facilmente como uma relação de inclusão, portanto escolha uma e siga em frente.
- Ficar entusiasmado com o caso de uso e as generalizações do ator. Nenhum dos dois é essencial, pelo menos não inicialmente. Lembre-se de que você pode sempre adicionar uma generalização do ator ou caso de uso em uma iteração subseqüente assim que compreender melhor os detalhes.

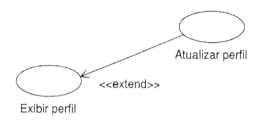

Figura 7-3 Um exemplo de relação de extensão.

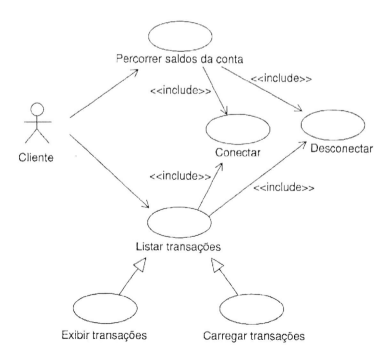

Figura 7-4 As relações do caso de uso para HomeDirect.

Diagramas de seqüência

Um caso de uso ainda é em grande parte uma descrição textual e está sujeito à interpretação. Um diagrama de seqüência é usado para expressar o caso de uso em uma terminologia mais precisa e técnica. Isso é feito descrevendo o caso de uso em termos de interação entre o ator e o sistema.

Um diagrama de seqüência é um tipo de diagrama de interação na UML. O outro tipo de diagrama de interação é chamado de diagrama de colaboração. Os diagramas de seqüência capturam uma situação específica, com um caso de uso geralmente consistindo em uma ou mais situações (por exemplo, o fluxo de trabalho principal ou fluxos de trabalho alternativos). A ênfase em um diagrama de seqüência está na ordem do tempo da interação. Assim, o eixo vertical representa a dimensão do tempo em um diagrama de seqüência.

Um diagrama de seqüência utiliza a descrição de um caso de uso. A Figura 7-5 mostra um diagrama de seqüência para o caso de uso Transferir fundos analisado anteriormente. Para criar um diagrama de seqüência, cada etapa da descrição textual do caso de uso é colocada no lado esquerdo. Duas linhas verticais são usadas para mostrar a duração do ator e do sistema. O ator é representado pelo símbolo de uma figura do ator e o sistema é simplesmente mostrado como um retângulo.

As interações entre o ator e o sistema são mostradas como setas, com a direção da seta indicando a direção da interação. Especificamente, uma solicitação do ator para o sistema é mostrada como uma seta da duração do ator até a duração do sistema, com a seta apontando para a duração do sistema. Uma resposta do sistema para o ator é mostrada com uma seta desenhada da duração do sistema para a duração do ator e aponta para o ator.

A primeira seta identificada como "selecionar contas" determina o caminho de volta para a duração do cliente, indicando que ele executa a seleção da conta no início da situação. Isso é seguido por uma solicitação de transferência de fundos do cliente para o sistema etc.

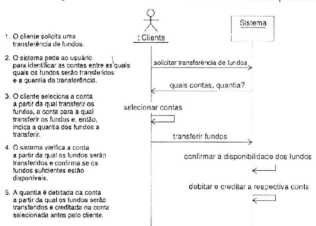

Figura 7-5 O diagrama de seqüência de transferência dos fundos.

Capítulo 7 - *Análise das necessidades do cliente* | 89

Os diagramas de seqüência simplesmente mostram a interação dinâmica entre os participantes na situação e não mostram a relação estrutural entre eles. Se um caso de uso tiver vários fluxos, vários diagramas de seqüência poderão ser requeridos para capturar todos os aspectos do caso de uso.

O problema geralmente aparece no modo como os diagramas de seqüência devem ser completados. Nesta primeira fase de captura e análise das exigências, os diagramas de seqüência, por necessidade, são relativamente simples e podem estar incompletos. Isso muda quando você avança na análise do caso de uso e aprimora esses diagramas de seqüência com mais detalhes. É útil ter o fluxo principal de cada caso de uso capturado como um diagrama de seqüência; porém, capturar cada e todo fluxo alternativo, especialmente quando pode haver um grande número deles, não é necessário. A principal idéia é capturar o suficiente para ter confiança de que tem informações suficientes para a próxima fase do projeto.

Diagramas de atividade

Uma ferramenta alternativa, e alguém questionaria uma mais capaz, no arsenal UML para tal análise do caso de uso é o diagrama de atividade UML. Por exemplo, os diagramas de atividade podem mostrar mais facilmente diversos caminhos tomados como resultado da decisão do ator e as exceções do sistema. É difícil mostrar um diagrama de seqüência quando eles são para exibir a interação entre os objetos no contexto de uma única situação.

Um diagrama de atividade é parecido em conceito com um fluxograma e é útil para modelar o fluxo de trabalho assim como para mostrar o comportamento dinâmico de um caso de uso e construção detalhada de uma operação.

Um diagrama de atividade mostra o fluxo de controle para o caso de uso de uma atividade para outra. Uma atividade representa alguma ação que ocorre durante a execução do caso de uso. Isso geralmente mapeia algum trabalho que tem de ser feito como parte do fluxo de trabalho ou execução de uma operação no contexto de uma classe.

As atividades são representadas por um retângulo arredondado. Uma atividade pode ser mais decomposta em outras atividades, representadas em outro diagrama de atividade.

Assim que uma atividade tiver sido completada, a execução irá para o próximo estado como determinado pelas transações disponíveis na atividade. Os diagramas de atividade também suportam pontos de decisão. E mais, é possível mostrar um trabalho paralelo requerido como parte de um digrama de atividade usando o conceito de barras de sincronização.

Um diagrama de atividade simples representando o ato de fazer uma chamada telefônica é apresentado na Figura 7-6.

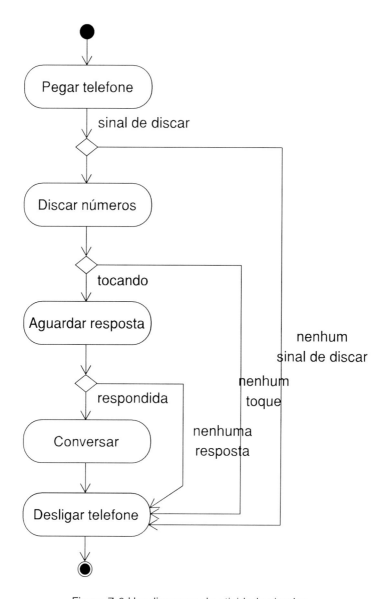

Figura 7-6 Um diagrama de atividade simples.

As raias da piscina podem ser usadas para mostrar diversos objetos em um diagrama de atividade e como trabalham juntos para satisfazer o caso de uso geral.

A Figura 7-7 mostra um diagrama de atividade para a situação Transferir fundos. As linhas verticais indicam o limite para os atores no sistema. É um diagrama de atividade inicial e não mostra todos os detalhes, como, por exemplo, a atividade condicional etc.

Capítulo 7 - *Análise das necessidades do cliente* | 91

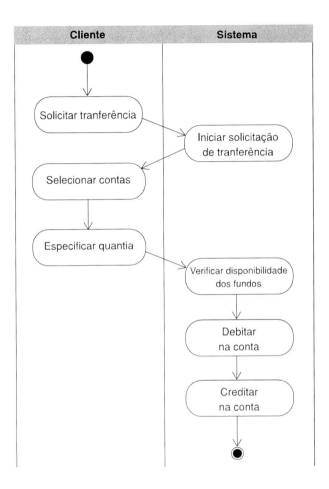

Figura 7-7 O diagrama de atividade para a situação de transferência dos fundos.

Resumo

Capturar devidamente as exigências é essencial para o sucesso de um sistema e sua viabilidade a longo prazo. Na UML, a modelagem do caso de uso oferece meios simples porém eficientes de capturar suas exigências.

No modelo de caso de uso, os atores são instigadores primários dos casos de uso e representam entidades fora do sistema. Os casos de uso podem ser considerados como uma seqüência de etapas requeridas para conseguir algo útil para um ator. Ou seja, um caso de uso tem de produzir algo útil para o usuário final do caso de uso. Os diagramas de seqüência e os de atividade são úteis para identificar com precisão e compreender o comportamento de um caso de uso.

Capítulo 8

Como criar a construção

Análise do caso de uso

Realizações do caso de uso

Descrição aprimorada do caso de uso

Diagramas de seqüência

Diagramas de colaboração

Diagramas de classe

Como unir as classes da análise

Pacote

Resumo

Verificação do processo: Neste capítulo, iremos nos concentrar na análise quando avançarmos na análise Rational Unified Process (RUP) e na disciplina da construção.

Assim que você tiver capturado os casos de uso, deverá então analisá-los mais e começar o processo de transformar as exigências na construção do sistema. Isso envolve desenvolver uma melhor compreensão dos detalhes de um caso de uso através de seu aprimoramento.

Neste capítulo, iremos analisar como ir dos casos de uso para a construção inicial do sistema.

Análise do caso de uso

A exploração inicial dos trabalhos internos do sistema é chamada de Análise do caso de uso. A análise do caso de uso fornece uma definição inicial de alto nível sobre como os elementos internos interagem para satisfazer as exigências funcionais do sistema e como eles se relacionam entre si estaticamente. Essa atividade pode envolver muita tentativa antes que as soluções satisfatórias sejam criadas. Por isso, deve-se passar um tempo criando descrições aprimoradas dos elementos internos. As "classes de análise", para as quais os comportamentos são geralmente descritos de forma abstrata usando uma linguagem natural, são suficientes. As classes de análise não são implementadas no software. Ao contrário, elas são aprimoradas posteriormente no processo de construção geral em classes de construção definidas com precisão e subsistemas.

Realizações do caso de uso

Até então, nosso foco tem sido capturar as exigências e assegurar que compreendemos o que precisamos construir. Tudo que fizemos é genérico no sentido de que nenhuma consideração foi dada para o modo como de fato iremos construir ou implementar nossa solução.

O mesmo conjunto de exigências funcionais pode levar a sistemas imensamente diferentes que são equivalentes funcionalmente mas totalmente diferentes no modo como resolvem problemas específicos. Por exemplo, o sistema de banco on-line poderia ser oferecido à base do cliente como dois produtos diferentes: uma aplicação que de fato liga para o sistema do banco ou uma aplicação baseada na Web que usa a Internet (talvez o banco queira negociar uma versão de discagem como uma versão mais dimensionável e segura). As exigências funcionais são iguais, mas as implementações são muito diferentes para as duas soluções.

Transferir fundos
(da Exibição do caso de uso)

Realização da transferência de fundos

Figura 8-1 A realização do caso de uso para Transferir fundos.

Capítulo 8 - *Como criar a construção* | 95

As realizações do caso de uso podem ser utilizadas para levar adiante a construção de diversas implementações para o mesmo conjunto de exigências. Elas permitem que o mesmo caso de uso seja implementado de maneiras diferentes enquanto mantém uma ligação com as exigências originais. Portanto, as realizações do caso de uso oferecem uma ligação concreta através da qual você pode rastrear a exigência original para todos os modelos diferentes que podem existir para um certo conjunto de exigências.

Representamos as realizações do caso de uso graficamente usando uma elipse pontilhada. Uma relação de "realização" da Unified Modeling Language (UML) é desenhada entre a realização e seu caso de uso. A Figura 8-1 mostra uma realização do caso de uso para um caso de uso Transferir fundos.

Cada realização do caso de uso pode ter diagramas de interação do objeto e diagramas de classe associados. Cada diagrama de interação do objeto que desenvolvemos durante a Análise do caso de uso mostra as interações entre os atores e as instâncias de classes da análise que são necessárias para suportar um fluxo de eventos através de um caso de uso. Os diagramas de classe mostram as relações estruturais estáticas entre esses elementos internos do sistema.

Descrição aprimorada do caso de uso

O processo de Análise do caso de uso é geralmente iniciado com um salto obtendo descrições textuais do caso de uso da "caixa preta" consumível pelo cliente e adicionando detalhes da "caixa cinza" que mostram algumas das atividades de processamento internas do sistema. A descrição do caso de uso da caixa preta poderia ser suficiente da perspectiva de um cliente, mas certamente não é um nível suficiente de detalhe para permitir que os desenvolvedores implementem o sistema.

Como exemplo, considere o caso de uso Transferir fundos que foi descrito no capítulo anterior. Embora o caso de uso seja preciso no sentido de que cobre a interação que ocorre, alguns detalhes estão faltando. Por exemplo, como o cliente escolhe a conta? O sistema fornece uma lista de contas? Quando o cliente indica a quantia dos fundos, ela tem de ser um número inteiro ou pode estar em um formato decimal? Como o sistema verifica se a conta a partir da qual os fundos serão transferidos tem fundos suficiente? Esses tipos de perguntas facilitam o aprimoramento dos casos de uso durante a fase de Análise do caso de uso.

A seguinte seqüência de eventos fornece uma versão mais elaborada deste caso de uso:

1. O cliente seleciona a operação de transferência.

2. As informações da conta são enviadas na Internet para o sistema.

3. O sistema recupera o perfil do cliente.

4. O sistema constrói uma lista de contas a partir do perfil do cliente e fornece detalhes específicos sobre cada conta, como o saldo atual, o limite do saque e quaisquer taxas que possam se aplicar à ação de transferência dos fundos. Essas informações são exibidas para o cliente.

5. O cliente seleciona as contas para transferir os fundos e a quantia a transferir. As quantias da transferência são permitidas em qualquer quantia especifica em dólares e centavos.

6. O sistema verifica se a quantia fornecida para a transferência é numérica e se é válida.

7. O sistema pede uma confirmação do cliente antes de continuar com a transação.

8. Na confirmação, o sistema começa a transação de transferência dos fundos.

9. O sistema recupera o saldo atual para a conta a partir da qual os fundos serão transferidos.

10. O sistema subtrai a quantia total da transferência do saldo da conta, junto com qualquer taxa aplicável, para confirmar se fundos suficientes estão disponíveis.

11. A quantia é debitada na conta a partir da qual os fundos serão transferidos e creditada na conta para a qual os fundos estão sendo transferidos.

12. O sistema registra a transferência no registro de transações diárias e obtém um número de identificação de referência.

13. O sistema fornece o número de referência para o cliente, confirmando que a transferência ocorreu.

Capítulo 8 - *Como criar a construção* | 97

Um diagrama de seqüência mais detalhado para o caso de uso atualizado é apresentado na Figura 8-2.

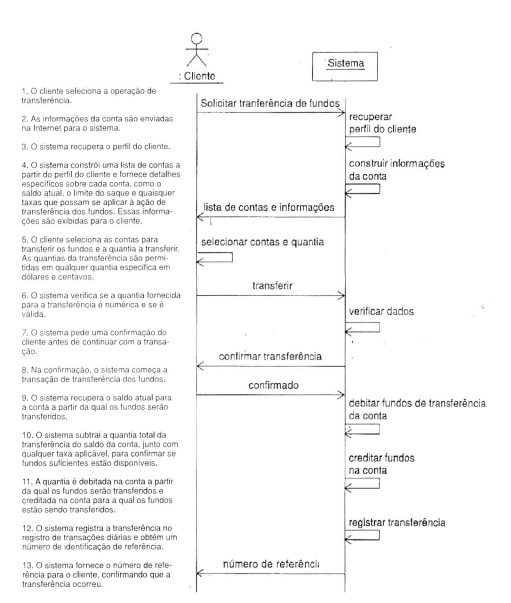

1. O cliente seleciona a operação de transferência.

2. As informações da conta são enviadas na Internet para o sistema.

3. O sistema recupera o perfil do cliente.

4. O sistema constrói uma lista de contas a partir do perfil do cliente e fornece detalhes específicos sobre cada conta, como o saldo atual, o limite do saque e quaisquer taxas que possam se aplicar à ação de transferência dos fundos. Essas informações são exibidas para o cliente.

5. O cliente seleciona as contas para transferir os fundos e a quantia a transferir. As quantias da transferência são permitidas em qualquer quantia específica em dólares e centavos.

6. O sistema verifica se a quantia fornecida para a transferência é numérica e se é válida.

7. O sistema pede uma confirmação do cliente antes de continuar com a transação.

8. Na confirmação, o sistema começa a transação de transferência dos fundos.

9. O sistema recupera o saldo atual para a conta a partir da qual os fundos serão transferidos.

10. O sistema subtrai a quantia total da transferência do saldo da conta, junto com qualquer taxa aplicável, para confirmar se fundos suficientes estão disponíveis.

11. A quantia é debitada na conta a partir da qual os fundos serão transferidos e creditada na conta para a qual os fundos estão sendo transferidos.

12. O sistema registra a transferência no registro de transações diárias e obtém um número de identificação de referência.

13. O sistema fornece o número de referência para o cliente, confirmando que a transferência ocorreu.

Figura 8-2 O diagrama de seqüência para o caso de uso de transferência dos fundos revisado.

Diagramas de seqüência

Assim que os detalhes da caixa cinza forem adicionados à descrição do caso de uso textual, diagramas de seqüência mais elaborados poderão ser criados para revelar os trabalhos internos do sistema. Ao invés mostrar a interação entre os atores e um sistema monolítico, o sistema é dividido em objetos no nível da análise. As responsabilidades do sistema são divididas entre os objetos no nível da análise para conseguir um diagrama de seqüência mais aprimorado.

Há três tipos de objetos de análise e cada um desempenha um papel específico no modelo aprimorado do sistema.

Objetos de limite

Como o nome sugere, os objetos de limite existem na periferia do sistema. Eles estão na linha de frente, interagindo com o mundo externo.

No modelo aprimorado, os objetos de limite representam todas as interações entre os trabalhos internos do sistema e sua vizinhança. Isso inclui a interação com um usuário através de uma interface gráfica do usuário, as interações com outros atores (como os que representam outros sistemas), as comunicações com dispositivos etc. Um exemplo de objeto de limite, no exemplo de banco on-line, seria a interface do usuário para a situação de conexão.

Uma das vantagens de usar objetos de limite é que eles servem para isolar e proteger o resto do sistema das preocupações externas.

Os objetos de limite são identificados pelo estereótipo <<boundary>>. Como alternativa, um círculo com um T perpendicular poderá ser usado como a representação de ícone de um objeto de limite. Os objetos de limite são transicionais por natureza e normalmente, embora nem sempre, duram apenas a existência de um caso de uso. Geralmente falando, cada par de interação do ator com o caso de uso mapeia um objeto de limite. Isso é apresentado na Figura 8-3.

Objetos de entidade

Os objetos de entidade representam informações importantes para o sistema. Eles são geralmente permanentes e existem em uma duração estendida. Sua finalidade básica é representar e gerenciar as informações no sistema.

Os conceitos-chave em um sistema se manifestam como objetos de entidade no modelo. Por exemplo, no estudo do caso do banco on-line, as informações sobre o cliente, as contas etc. seriam adequadas para modelar como objetos de entidade.

Os objetos de entidade são estereotipados como <<entity>> ou mostrados como um círculo com uma linha tangente na parte inferior do círculo. Os objetos de entidade geralmente se estendem em diversos casos de uso e podem ainda existir além da existência do próprio sistema. As informações precisam variar radicalmente entre os sistemas e também o número de objetos de entidade em um caso de uso ou sistema.

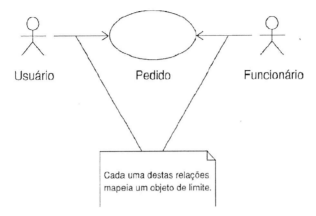

Figura 8-3 Cada relação de caso de uso com ator é um objeto de limite em potencial.

Veja a Figura 8-4 para obter um exemplo de caso de uso para o mapeamento da entidade.

Objetos de controle

Os objetos de controle são usados para modelar o comportamento no sistema. Os objetos de controle não implementam necessariamente o comportamento, mas podem trabalhar com outros objetos para conseguir o comportamento do caso de uso.

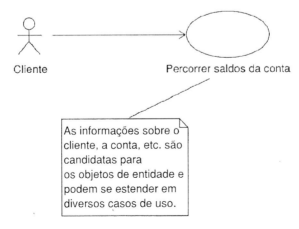

Figura 8-4 Os objetos de entidade e casos de uso.

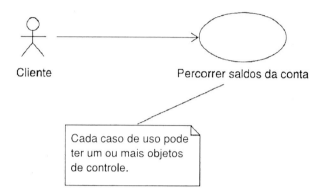

Figura 8-5 O objeto de controle e o caso de uso.

A idéia é separar o comportamento das informações subjacentes associadas ao modelo, facilitando lidar de modo independente com as alterações em qualquer um posteriormente.

Os objetos de controle são geralmente transitórios por natureza e param de existir assim que o caso de uso é completado. São identificados pelo estereótipo <<control>> ou como um círculo com um ícone de seta.

Um exemplo de objeto de controle no sistema pode ser um objeto que coordene o acesso de segurança para o sistema de banco on-line. Pode haver um ou mais objetos de controle por caso de uso. A Figura 8-5 mostra o mapeamento.

A Figura 8-6 apresenta uma exibição composta do caso de uso Transferir fundos e os objetos de análise identificados para o caso de uso até então. Observe a representação de ícone dos objetos de limite, de controle e de entidade.

Uma versão atualizada do diagrama de seqüência para o caso de uso Transferir fundos, desta vez com o sistema decomposto nos objetos de análise, aparece na Figura 8-7.

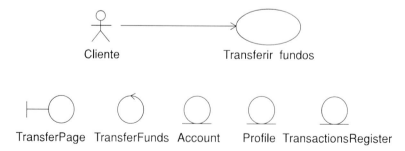

Figura 8-6 O caso de uso Transferir fundos e os objetos de análise associados.

Capítulo 8 - *Como criar a construção* | 101

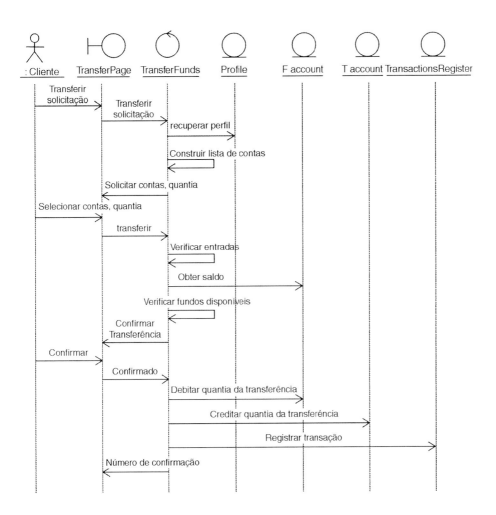

Figura 8-7 O diagrama de seqüência aprimorado para a situação de transferência dos fundos.

Há algumas coisas a notar no diagrama de seqüência aprimorado da Figura 8-7. Se você compará-lo com a Figura 8-2 no início do capítulo, o escopo geral ou detalhe do diagrama de seqüência não mudou. Ao contrário, diferentes partes do sistema agora são responsáveis coletivamente pelo mesmo conjunto de responsabilidades. Por exemplo, a interação com o cliente é responsabilidade do objeto de limite TransferPage[1]. O objeto de limite por sua vez interage com um controlador que coordena as atividades no caso de uso. Vários objetos de entidade estão envolvidos em cumprir o caso de uso. Deve-se notar que um diagrama de seqüência separado, talvez envolvendo interações entre um conjunto diferente de objetos, deverá ser criado para cada caminho completo importante (o fluxo dos eventos) que pode ser tomado no caso de uso. Esses caminhos ou situações poderão ser generalizados quando os atores se desviarem do comportamento mais esperado ou se condições excepcionais ocorrerem no sistema. A coleção desses diagramas de seqüência pode fazer parte da mesma realização do caso de uso. Eles mostram coletivamente as possíveis interações internas que podem ocorrer quando o caso de uso é executado.

Diagramas de colaboração

Os diagramas de colaboração são o outro tipo de diagrama de interação de objetos na UML. Diferente dos diagramas de seqüência, que estão concentrados na ordem do tempo da interação, a ênfase do diagrama de colaboração está em mostrar as relações e as ligações da comunicação entre os participantes. Os diagramas de colaboração fornecem uma melhor imagem das interações gerais para uma dada classe.

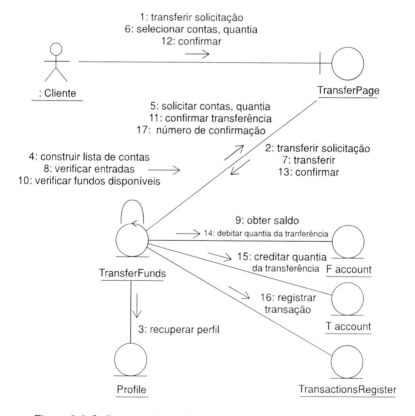

Figura 8-8 O diagrama de colaboração da transferência de fundos.

---

1. O termo "página" é usado genericamente neste contexto. Isso poderá se manifestar como uma página HTML, um diálogo do cliente etc. posteriormente.

Os diagramas de seqüência permitem transmitir algumas informações, por exemplo, as informações da hora, que não podem ser transmitidas por meio dos diagramas de colaboração. Os diagramas de colaboração também tendem a se tornar difíceis de compreender uma vez que você exceda alguns objetos no diagrama, ao passo que os diagramas de seqüência provaram ser capazes de lidar com as situações que envolvem um grande número de objetos.

Com exceção das desvantagens anteriores, para todas as finalidades práticas, a distinção é realmente uma preferência. É relativamente simples derivar um diagrama de seqüência de um diagrama de colaboração e vice-versa.

A Figura 8-8 mostra uma versão do diagrama de colaboração do diagrama de seqüência para o caso de uso Transferir fundos apresentado na Figura 8-7.

Diagramas de classe

Até então, concentramo-nos em identificar as classes de análise que participam em um caso de uso e em distribuir as responsabilidades do caso de uso para as classes identificadas. Isso foi feito no contexto dos diagramas de interação, que capturam basicamente o comportamento dinâmico de um caso de uso.

As classes geralmente participam de vários casos de uso e é igualmente importante compreender suas relações estáticas para assegurar a consistência no sistema.

Agora, voltaremos nossa atenção para esse aspecto definindo as classes e suas relações com mais precisão com base no trabalho de Análise do caso de uso feito até o momento. Usamos o caso de uso Transferir fundos como um meio para mostrar essas relações estáticas.

O diagrama de classe UML é útil para capturar as relações estáticas entre os diferentes elementos estruturais. Um único diagrama de classe, referido como diagrama Exibição das Classes Participantes (VOPC), é criado para cada caso de uso. A finalidade do diagrama VOPC é mostrar, em um único diagrama, todos os aspectos da arquitetura do sistema que são exercidos por um caso de uso específico.

Todos os diagramas de interação criados para a realização do caso de uso são examinados para as classes, operações, relações etc. a serem incluídas no VOPC.

Como uma primeira etapa, iremos identificar e colocar todas as classes que participam no caso de uso em um diagrama de classe. Como já distribuímos o comportamento do caso de uso para as classes, é um exercício relativamente simples criar as operações de análise para as responsabilidades atribuídas à classe. Cada operação de análise mapeia uma das responsabilidades do sistema mantidas pela classe de análise. Ou seja, há um mapeamento de um para um entre cada mensagem exclusiva em um diagrama de interação no nível da análise e uma operação de análise.

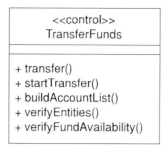

Figura 8-9 A classe de controle TransferFunds com as operações de análise.

É importante notar que são operações de análise, significando que essas operações muito provavelmente precisarão evoluir quando continuarmos com nossos esforços de análise e construção.

A Figura 8-9 mostra a classe de controle TransferFunds com as operações de análise representando as responsabilidades atribuídas à classe.

Outro aspecto de aumento de cada classe individual é identificar os atributos da classe. Os atributos representam as informações que podem ser solicitadas da classe por outras pessoas ou que podem ser solicitados pela classe em si para cumprir suas responsabilidades.

Os atributos são geralmente identificados por meio das exigências com o conhecimento do domínio e com uma compreensão das informações que são requeridas para cumprir as responsabilidades.

Neste estágio da análise, é apropriado identificar os atributos como tipos genéricos, como um número, string etc. O tipo exato pode ser classificado em um momento posterior, como ditado pelos parâmetros da implementação. A Figura 8-10 mostra os atributos da classe de análise Profile do cliente.

Lembre-se de que as informações modeladas como atributos devem requerer apenas um comportamento relativamente simples, como as operações get ou set. Se este não for o caso, ou se duas ou mais classes compartilharem informações, será melhor modelar essas informações como uma classe separada.

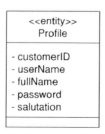

Figura 8-10 A classe de entidade Profile do cliente com os atributos.

Capítulo 8 - *Como criar a construção*

Completamos o diagrama da classe para o caso de uso identificando as relações entre as classes. As relações nas quais estamos interessados especificamente são a associação e a herança (veja o Capítulo 3 para obter uma análise sobre a associação e a agregação).

Um bom ponto de partida para identificar tais relações é o diagrama de colaboração. Se houver ligações entre as classes em um diagrama de colaboração, haverá uma necessidade de comunicação, portanto uma relação é assegurada.

A direção da comunicação deve também ser identificada. Pode ser unidirecional de modo que uma instância da classe A possa enviar uma mensagem para a classe B mas não vice-versa ou bidirecional, significando que qualquer uma pode enviar uma mensagem para a outra na relação. Cada relação também deve ser analisada para a multiplicidade. Por exemplo, se até quatro instâncias de uma classe puderem participar em uma associação, essa extremidade da associação deverá ser identificada com a multiplicidade 0..4.

Sempre é tentador adicionar relações extras ao diagrama de classe porque você acredita que são requeridas ou podem ser requeridas no decorrer. Simplesmente lembre-se de que esta análise é um caso de uso dirigido e, a menos que faça parte do caso de uso, não faria sentido adicionar relações.

A Figura 8-11 mostra o diagrama da classe do caso de uso TransferFunds.

Algumas notas sobre o diagrama de classe para a situação TransferFunds: primeiro, note que o controlador não precisa manter referências para o Profile do cliente e TransactionsRegister para o acesso repetido. Ao contrário, elas são recuperadas sempre com base no cliente envolvido e ao completar a transação em si. Como tais, essas relações são capturadas como dependências ao invés de associações. Segundo, em uma situação de transferência de fundos, há duas contas envolvidas (a partir de, para). Esse envolvimento de duas contas (em oposição a uma única conta) é capturado por meio de uma multiplicidade de para a classe de controle TransferFunds e a classe da entidade Account.

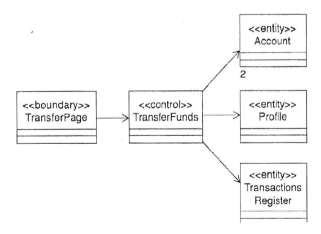

Figura 8-11 O diagrama de classe do caso de uso TransferFunds.

Como unir as classes da análise

Tendo analisado todos os casos de uso e criado os diagramas de classe para cada caso de uso, é hora de mesclar as várias classes de análise para chegar a um modelo de análise unificado. É uma atividade importante, pois queremos chegar a um conjunto mínimo de classes e evitar a redundância desnecessária no modelo de análise final.

A principal tarefa neste estágio gira em torno de identificar as classes que possam ser duplicadas nos casos de uso ou mascarar ligeiras variações. Por exemplo, as classes de controle, que têm um comportamento semelhante ou representam o mesmo conceito nos casos de uso, devem ser mescladas. As classes de entidade, que têm os mesmos atributos, devem também ser mescladas e seu comportamento combinado em uma única classe.

A Figura 8-12 mostra o modelo de análise preliminar para o estudo do caso HomeDirect depois de uma mescla inicial dos casos de uso maiores. Note a consolidação das várias classes de controle identificadas para os vários casos de uso individuais em três classes de controle. As classes de controle revisadas foram conseguidas mesclando as classes de controle para os casos de uso intimamente relacionados (por exemplo, conectar, contas etc.).

Neste estágio, as coisas ainda estão em fluxo pois alguns detalhes ainda serão resolvidos. É comum fazer algumas reflexões e avanços para chegar a um modelo de análise com o qual todos se sintam confortáveis.

Para obter mais detalhes sobre as situações específicas e questões afins, veja o Capítulo 16.

Pacote

No estudo do caso de banco on-line HomeDirect relativamente simples usado neste livro, identificamos cerca de 12 casos de uso. Cada um por sua vez resultou em duas, três ou mais classes de análise, que somam facilmente mais de 30 classes apenas na primeira iteração. Claramente, quando nos aprofundarmos na construção e na implementação, esse número provavelmente aumentará.

E mais, quando os projetos vão para a construção e a implementação, a equipe aumenta e se torna necessário fazer arranjos para que o trabalho possa ser dividido e todos possam trabalhar simultaneamente.

É onde entra o pacote. Ele permite que você gerencie a complexidade agrupando classes semelhantes ou classes relacionadas em pacotes separados.

Capítulo 8 - *Como criar a construção* | 107

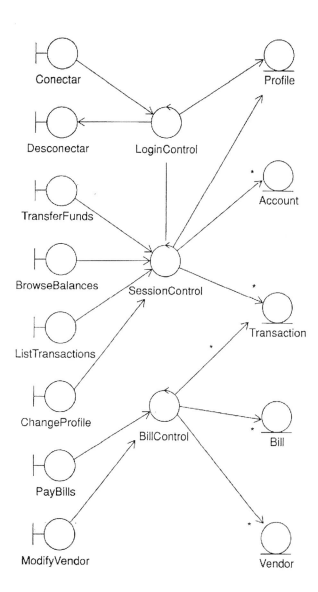

Figura 8-12 O diagrama de classe representando uma versão preliminar do modelo de análise mesclado.

O argumento para colocar as classes afins em um pacote é conveniente. Você pode localizar facilmente todas as classes que são parecidas em conceito ou finalidade. Se você fosse agrupar todas as suas classes de controle em um pacote, por exemplo, estaria usando a primeira abordagem de agrupamento pela semelhança ou similaridade.

Agrupar as classes afins tem a vantagem dos pacotes serem um pouco mais independentes. Se uma equipe for responsável por enviar um conjunto específico de funcionalidade, eles poderiam desenvolver, testar e enviar o pacote de modo bem independente.

Na UML, o ícone de pasta representa um pacote. Um pacote pode conter elementos do modelo como as classes e as interfaces. Os pacotes também podem ser aninhados.

Um dos principais desafios nos projetos grandes e complexos é compreender as dependências entre as várias partes do software. Uma dependência existirá entre os pacotes se a classe X no pacote A depender de uma classe Y no pacote B. Assim, uma alteração na classe Y poderá potencialmente ter um efeito em cascata na classe X e em qualquer outra classe que depender dela.

O papel do pacote torna-se mais importante quando o tamanho e a complexidade do projeto aumentam porque até a menor cascata poderá ter um efeito dramático quando multiplicada.

A dependência do pacote é mostrada em um diagrama desenhando uma seta tracejada do pacote que tem a dependência para o pacote no qual terá a dependência. É uma boa idéia adotar uma convenção de desenhar todas as setas da dependência na mesma direção (por exemplo, de cima para baixo, da esquerda para a direita etc.). Isso facilita compreender a cadeia de dependências.

A Figura 8-13 mostra um diagrama simples envolvendo os pacotes. A abordagem adotada é de agrupar as classes afins nos pacotes.

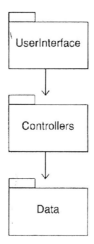

Figura 8-13 A dependência do pacote.

Os diagramas de dependência do pacote para o estudo do caso HomeDirect são mostrados no Capítulo 16.

Resumo

A Análise do caso de uso fornece uma definição inicial e de alto nível de como os elementos internos interagem para satisfazer as exigências funcionais do sistema e como eles se relacionam estaticamente. É uma atividade fundamental para construir e desenvolver.

A Análise do caso de uso é suportada pelos diagramas de seqüência. Ao invés de mostrar a interação entre os atores e um sistema monolítico, o sistema é dividido em objetos no nível da análise, que são referidos como objetos de limite, de controle e de entidade, para conseguir um diagrama de seqüência mais refinado. Os diagramas de colaboração são outro auxílio nessa análise.

Assim que o comportamento dinâmico tiver sido capturado na forma de diagramas de seqüência e de colaboração, os diagramas de classe poderão ser desenvolvidos para capturar as relações estáticas entre os vários elementos que participam ao cumprir o caso de uso.

O pacote fornece um mecanismo conveniente para gerenciar a complexidade e a distribuição do esforço da equipe. Outro aspecto crítico no qual o pacote pode ser aproveitado lida com a compreensão do impacto das alterações no projeto através da análise de dependência.

Capítulo 9

Visão geral das tecnologias J2EE

- A grande imagem
- Servlets
- JavaServer Pages (JSP)
- Enterprise JavaBeans (EJB)
- Beans da sessão
- Beans da entidade
- Beans baseados em mensagens
- Montagem e distribuição
- Estudo do caso
- Resumo

Até este ponto, concentramo-nos na Unified Modeling Language (UML) e na análise sem dar muita importância aos detalhes da construção desses componentes da tecnologia Java 2 Platform, Enterprise Edition (J2EE). Nos próximos capítulos, mudaremos os mecanismos e moveremos a análise para um nível mais detalhado a fim de analisar cada um dos tipos de componentes J2EE maiores, destacando os diferentes papéis que a UML desempenha ao lidar com eles.

Neste pequeno capítulo, descreveremos como as diferentes tecnologias J2EE se encaixam e então destacaremos o conteúdo dos capítulos restantes. Isso permitirá desenvolver uma melhor compreensão da grande imagem e dará uma oportunidade de concentrar a atenção apenas nos capítulos que se ajustam melhor às suas necessidades. Os cincos tipos diferentes de componentes J2EE e as tecnologias serão tratados nos capítulos restantes.

A grande imagem

Cada uma das tecnologias J2EE é para uma finalidade específica e adequada como sendo ideal para resolver tipos específicos de desafios.

A Figura 9-1 fornece uma visão de 50 mil pés de como as várias tecnologias se encaixam.

O ponto principal a notar é que cada tecnologia é designada para ser usada em um nível específico e cada nível é designado para ser muito concentrado no papel que ele desempenha no paradigma de desenvolvimento da aplicação J2EE geral. Isso limita os papéis que os componentes individuais podem desempenhar, mesmo que ultrapassar esses limites possa ser possível de uma perspectiva tecnológica.

Servlets

No Capítulo 10, iremos examinar esses componentes geralmente compactos. Os servlets são mais usados como um condutor para transmitir dados entre um cliente Web e uma aplicação comercial sendo executada em um servidor. Isso é especialmente verdadeiro quando não há nenhum detalhe específico da apresentação requerido das informações sendo transmitidas de volta.

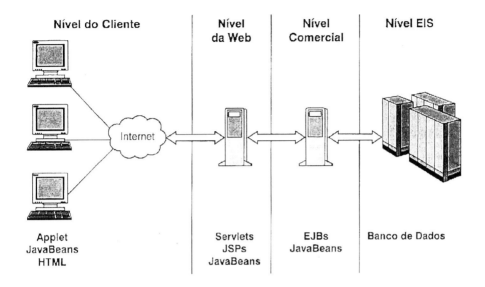

Figura 9-1 A grande imagem do J2EE.

Os servlets têm dois tipos: GenericServlet e HttpServlet. Iremos analisar ambos os tipos de servlet em um nível necessário do detalhe da tecnologia e então falaremos sobre como modelá-los e tirar o máximo de sua representação UML, por exemplo, através da modelagem da comunicação do servlet com o servlet, das relações, do gerenciamento da sessão etc.

Este capítulo é igualmente aplicável ao J2EE 1.3 (especificação do servlet 2.3) e o J2EE 1.2 (especificação do servlet 2.2).

JavaServer Pages (JSP)

No Capítulo 11, veremos a tecnologia J2EE mais recente do JSP. A principal vantagem da tecnologia JSP é que ela permite uma separação melhor do conteúdo da apresentação e da lógica, assim simplificando o desenvolvimento e a manutenção.

Embora os JSPs sejam compilados nos servlets, eles são mais adequados para um papel que é fundamentalmente diferente. Iremos analisar isso no contexto da modelagem UML do JSP para compreender como modelar melhor essa tecnologia híbrida e onde utilizá-la melhor.

Enterprise JavaBeans (EJB)

Os capítulos 13, 14 e 15 lidam com os diferentes tipos de componentes EJB. Os capítulos analisam esses componentes para o J2EE 1.3 (especificação do EJB 2.0) e J2EE 1.2 (especificação do EJB 1.1).

Beans da sessão

No Capítulo 12, iremos analisar esse primeiro tipo de componente EJB. Como é o primeiro capítulo que lida com os EJBs, apresentaremos os detalhes gerais que se aplicam a todos os tipos EJB; os capítulos posteriores simplesmente irão se referir a este quando for necessário.

Os beans da sessão são atualmente o tipo EJB mais distribuído e são em geral usados como o principal controlador em uma aplicação comercial, ligando comumente os servlets ou os JSPs aos beans da entidade ou a outros componentes da aplicação comercial.

Analisaremos como modelar sua construção com a UML, iremos para os detalhes da tecnologia e então analisaremos mais como a modelagem UML pode ajudar na área das relações entre os beans, no gerenciamento da sessão, nas transações etc.

Beans da entidade

No Capítulo 13, iremos destacar como os EJBs da entidade ajudam sua aplicação comercial fornecendo mais do que apenas métodos para acessar seu banco de dados. A modelagem UML e mais detalhes da tecnologia serão tratados ali.

Também tocaremos no motivo dos beans da entidade terem um futuro brilhante e por que os desenvolvedores EJB podem ser levados a usá-los atualmente com os avanços e as melhorias recentes da tecnologia.

E mais, iremos cobrir as relações EJB neste capítulo e analisaremos como UML pode simplificar a tarefa de lidar com combinações mais complexas de componentes EJB. Também falaremos rapidamente sobre a EJB Query Language, o que os Persistence Managers fazem e como eles se relacionam ao Abstract Persistent Schema.

Beans baseados em mensagens

No Capítulo 14, iremos analisar esses EJBs compactos, que foram recentemente introduzidos no J2EE 1.3. Pretendidos para serem usados com sistemas unidos de modo impreciso, iremos analisar a UML e os detalhes da tecnologia assim como daremos alguma consideração sobre como tirar o máximo do uso dos beans baseados em mensagens.

Montagem e distribuição

No Capítulo 15, iremos analisar mais os aspectos do descritor de distribuição eXtensible Markup Language (XML) quando eles se aplicam aos vários componentes J2EE.

Também veremos como os diagramas de componente UML e de distribuição podem ajudar no processo de montagem e distribuição da aplicação comercial inteira.

Estudo do caso

No Capítulo 16, executaremos o exemplo HomeDirect com mais detalhes – referimo-nos a partes dele durante outros capítulos. Vários casos de uso são elaborados completamente e concluídos até o nível da implementação. Também incluída está uma análise de algumas decisões-chave tomadas na transição da análise para a implementação e nas trocas feitas no processo.

Resumo

Este capítulo forneceu uma visão geral das tecnologias J2EE e dos componentes que serão tratados nos capítulos restantes do livro.

Especificamente, apresentaremos os servlets, os JSPs, os beans da sessão, os beans da entidade e os beans baseados em mensagens, assim como os aspectos da montagem e da distribuição aplicáveis a essas tecnologias.

O capítulo final do livro fornece um estudo de caso detalhado mostrando como aplicar a UML ao projeto de amostra que tem sido usado no livro.

Capítulo 10

Servlets

■
Introdução aos servlets

■
O ciclo de vida do servlet

■
Tratamento de solicitações

■
Geração de respostas

■
Sub-rotinas da solicitação HTTP

■
Interface RequestDispatcher

■
Como modelar os servlets na UML

■
Como modelar os outros aspectos do servlet

■
Distribuição do servlet e armazenamentos WEB

■
Como identificar os servlets nas aplicações comerciais

■
Resumo

Verificação do processo: Neste capítulo, concentramo-nos na construção quando avançamos na análise Rational Unified Process (RUP) e na disciplina da construção. Também analisamos alguns aspectos da implementação no contexto da tecnologia do servlet.

Lembre-se do objeto de controle TransferFunds da análise no Capítulo 6. Se você vir com atenção o diagrama de seqüência final apresentado no Capítulo 6, notará dois tipos muito distintos de interações executadas por essa classe:

- Interações com objetos de limite para obter informações e executar algum trabalho básico.
- Interações com objetos de entidade

Implementar uma classe de controle com um conjunto duplo de responsabilidades e um grande escopo tornaria a classe de controle menos mantida e menos dimensionável. Para tornar a classe de controle mais mantida e dimensionável, é preferível dividi-la em duas classes, uma concentrada na interação externa e a outra responsável por executar a coordenação interna e lógica.

Como resultado, a parte concentrada externamente de Transferir fundos se desenvolverá em um servlet Java. Iremos apresentar o servlet na próxima seção e então analisaremos como você de fato determina as responsabilidades do servlet no contexto do estudo do caso HomeDirect.

Introdução aos servlets

Historicamente falando, os servlets existem há mais tempo e têm sido mais usados que as outras tecnologias Java 2 Platform, Enterprise Edition (J2EE). No passado, eles tendiam a ser grandes no tamanho e complicados de manter em comparação com o nível de funcionalidade Web que realmente forneciam. Prosseguindo, os servlets provavelmente continuarão a ter um grande uso por algum tempo. Contudo, seu tamanho típico está diminuindo e o nível de complexidade com o qual eles tendem a lidar está ficando menor consistentemente.

A maior vantagem que os servlets oferecem para os desenvolvedores é que eles são designados especificamente para processar as solicitações Hypertext Transfer Protocol (HTTP) que vêm do cliente Web e transmitem de volta uma resposta adequada. Eles executam bem essa função e requerem poucos recursos para enviar essa funcionalidade.

Em termos de estrutura, os servlets são classes Java especializadas que lembram muito a estrutura dos applets Java, mas são executados em um servidor Web em vez de um cliente.

Um ponto interessante a notar é que os servlets nunca podem ter sua própria interface do usuário gráfica. Os servidores Web mantém esses componentes usando um contêiner Web que gerencia todos os aspectos de sua duração.

Uso comum

Os servlets têm a distinção de serem os componentes J2EE mais usados atualmente encontrados na World Wide Web. Como mencionado anteriormente, eles geralmente envolvem uma arquitetura e construção compactas e leves. Também tendem a funcionar bem nos casos em que as exigências feitas nesse tipo de componente Web são relativamente pequenas.

A maioria dos desenvolvedores Web usa servlets como o ponto principal de entrada para sua aplicação-servidor a partir do cliente Web e, assim, são simplesmente usados como um condutor para transmitir as informações entre o cliente e o servidor. Permitir que o cliente controle a adição ou a remoção das páginas Web ou arquivos do servidor poderá também ser um bom uso para os servlets, contanto que o cliente tenha um esclarecimento suficiente da segurança. De modo compreensível, esse uso é visto com menor freqüência na prática.

Melhor quando pequeno

Na teoria, os servlets são capazes de fazer praticamente qualquer coisa que possa ser feita com o Java. A pergunta surge para o motivo pelo qual os desenvolvedores Web não constroem simplesmente tudo que precisam usando esses componentes. O problema é que construir servlets grandes para lidar com as interações Web complexas, as transações, a sincronização dos bancos de dados e outra lógica interna não é uma abordagem muito dimensionável. Os desenvolvedores passariam a maior parte do tempo elaborando as particularidades das transações de baixo nível, no gerenciamento do estado, no pool de conexões etc.

No passado, os servlets eram geralmente construídos para executar grande parte ou todas as tarefas a seguir:

- Verificar e processar a entrada do usuário
- Lidar com a lógica comercial significante
- Executar as consultas do banco de dados, atualizações e sincronização
- Lidar com as transações Web complexas
- Gerar o conteúdo da página Web dinâmica como a saída
- Lidar com o envio das páginas Web

As soluções J2EE mais avançadas usam as JavaServer Pages (JSP), os Enterprise JavaBeans (EJB) e os JavaBeans para dividir e se livrar de grande parte desse trabalho, geralmente usando os novos mecanismos construídos no J2EE para simplificar as tarefas mais difíceis para o desenvolvedor. Então os servlets são responsáveis por um conjunto mais gerenciável de tarefas:

- Reunir e validar a entrada do usuário, mas com pouco ou nenhum processamento real

- A coordenação da saída, mas com pouca ou nenhuma geração direta do conteúdo da página Web dinâmica
- Uma lógica comercial mínima

Como você pode ver, os servlets são melhores quando pequenos.

Se a demanda constante para uma nova funcionalidade do site Web não existisse, servlets enormes poderiam ser construídos com todos os problemas que os acompanham e poderiam ainda ter uma chance razoável de serem mantidos de modo adequado. Porém, o fato é que as demandas nos sites Web continuam a crescer. Todo provedor do serviço na Web tem de se atualizar continuamente para dar a seus clientes um novo bit de dados, um novo recurso legal e um prêmio extra que diferencie seu serviço do serviço dos outros.

Infelizmente, os servlets maiores têm o custo de um desafio aumentado de fornecer uma manutenção adequada do código, sem mencionar o risco aumentado de interromper alguma funcionalidade existente. A benção de uma arquitetura leve no início pode se transformar facilmente em uma maldição posteriormente se você não tiver cuidado.

Versões do J2EE

As informações, neste capítulo, aplicam-se igualmente bem aos servlets que usam o J2EE 1.3 ou J2EE 1.2. As diferenças entre essas duas especificações são insignificantes em relação à modelagem Unified Modeling Language (UML) básica desses componentes Web em particular.

O ciclo de vida do servlet

Como mencionado anteriormente, os servlets são distribuídos em um contêiner do servlet, que por sua vez é mantido por um servidor Web. As capacidades em particular e o nível de compatibilidade do servidor Web determinam com qual versão da especificação do servlet você precisará estar trabalhando.

O comportamento básico de um servlet envolve um modelo do tipo solicitação-resposta derivado do modo como o HTTP funciona; assim, a aplicação inerente como um componente Web. Esse comportamento é mostrado por um diagrama de gráfico do estado na Figura 10-1.

Os servlets são construídos como classes Java que estendem uma das duas classes básicas da implementação do servlet: HttpServlet e GenericServlet. A primeira é a mais usada, ainda que seja ligeiramente a mais complexa das duas. Ambos os tipos de servlet utilizam o mesmo ciclo de vida básico.

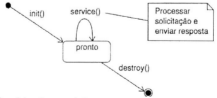

Figura 10-1 O ciclo de vida do servlet.

Métodos do ciclo de vida

O ciclo de vida do servlet usa três métodos de sub-rotina básicos, dos quais qualquer um ou todos podem ser implementados na classe do servlet estendida:

- init: inicia o servlet
- service: atende a solicitação do cliente
- destroy: Destrói o servlet

Desses três métodos, o service é o mais interessante porque de fato faz a maioria do processamento necessário. Geralmente faz o seguinte:

- Recebe a solicitação do cliente
- Lê os dados da solicitação
- Escreve os cabeçalhos da resposta
- Obtém o escritor ou envia o objeto de fluxo para a resposta
- Escreve os dados da resposta

O método service é o centro do tipo GenericServlet. Porém quase nunca ele é anulado e, ao contrário, é dividido em sub-rotinas de solicitação HTTP de baixo nível quando usado com o tipo HttpServlet.

Os métodos init e destroy do ciclo de vida estão sempre disponíveis para serem anulados, mas em vários casos poderão não ser usados se o servlet não tiver nenhum objeto ou conexão específica que precise iniciar ou terminar.

Um diagrama de seqüência na Figura 10-2 mostra um exemplo simples de servlet. Esse diagrama aplica-se a GenericSerlvet e a HttpServlet. Destaca um exemplo simples no qual uma consulta do banco de dados é feita para formular a resposta para o cliente. Note que o método service é mais aprimorado em uma solicitação HTTP no caso de HttpServlet.

Método de conveniência

Além dos métodos do ciclo de vida, os servlets comumente usam o que é denominado de métodos de conveniência. Um desses métodos de conveniência que se aplica a todos os servlets é o getServletInfo, que retorna uma string de informações gerais sobre o determinado servlet – normalmente o autor, a versão, o uso etc.

Métodos requeridos e valores marcados

Ao construir um servlet que estende a classe GenericServlet, o método do ciclo de vida service tem de ser implementado; do contrário, o servlet será inválido. Todos os outros métodos são opcionais.

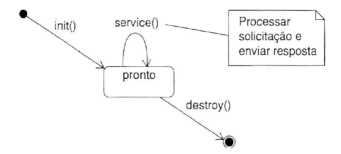

Figura 10-2 O diagrama de seqüência mostrando o ciclo de vida do servlet.

Diversos encadeamentos podem chamar simultaneamente o método service da instância do servlet genérico. Para evitar isso, o servlet poderá implementar a interface SingleThreadModel, que é realmente um método de representar o servlet e indicar para o contêiner Web que apenas um único encadeamento deve ter a permissão de chamar o método em um dado momento.

Implementar a SingleThreadModel pode ter um efeito muito significante no modo como o contêiner decide alocar os recursos quando o servlet é distribuído no servidor Web, o que pode causar muito impacto no número total de instâncias simultâneas permitidas do servlet.

Usar essa abordagem poderá ser apropriado se você estiver lidando com uma situação na qual o servlet precise alterar as informações, que não tenham um encadeamento seguro, ou acessar os recursos sem um encadeamento seguro.

Não é recomendado tentar serializar nenhum método do servlet, a não ser implementando essa interface. A própria interface não introduz nenhum método novo.

Tratamento de solicitações

Os servlets são baseados em solicitações e têm capacidades específicas disponíveis para eles que simplificam o tratamento das solicitações que chegam.

Lembre-se de que uma solicitação para um servlet pode consistir em várias partes de dados (por exemplo, quando um formulário que consiste em vários campos é preenchido e enviado).

Quando o contêiner Web recebe uma solicitação para um servlet, ele encapsula os dados que chegam em um objeto ServletRequest (comumente denominado de objeto de solicitação) e vai transmiti-los como um parâmetro para o método service do servlet. Então, o servlet pode usar os métodos disponíveis na interface ServletRequest para consultar o objeto de solicitação. Algumas das consultas estão contidas na seguinte lista:

- getCharacterEncoding obtém informações sobre o formato da codificação usado para a solicitação.

Capítulo 10 - *Servlets* | 123

- isSecure descobre se a solicitação foi feita em um canal seguro.
- getParameterNames obtém uma lista de todos os nomes do parâmetro na solicitação.
- getRemoteAddr determina o endereço IP do cliente que enviou a solicitação.
- getParameter é usada para recuperar o primeiro valor do parâmetro associado a um tipo do parâmetro nomeado.

```
HttpSession session = request.getSession(true);
:
:
// obtain the values for UserID and password
String loginID = rquest.getParameter ("USERID");
String loginPassword = request.getParameter ("PASSWORD");
:
```

Figura 10-3 Como usar o objeto de solicitação.

Vários outros métodos são fornecidos para consultar os diferentes aspectos do objeto de solicitação. Veja javax.servlet.ServletRequest[1] para obter mais informações. Uma versão especializada, HttpServletRequest, para as solicitações do servlet baseadas no HTTP também está disponível. Veja javax.servlet.http.HttpServletRequest para obter mais informações.

1. Se você for novo no Java ou não estiver certo sobre esta referência, veja a seção "Convenções" no Prefácio deste livro.

A Figura 10-3 mostra uma situação de uso simples envolvendo um objeto de solicitação.

Geração de respostas

Uma solicitação geralmente assegura uma resposta e os servlets não são uma exceção neste sentido.

Os servlets usam um ServletResponse para simplificar essa tarefa comum. O objeto ServletResponse, comumente referido como o objeto de resposta, é na verdade fornecido para um servlet junto com o objeto de solicitação como um parâmetro para o método service.

A saída pode ser escrita no formato binário ou de caracteres obtendo um ponteiro para um objeto ServletOutputStream ou para um objeto PrintWriter, respectivamente. Alguns dos outros métodos fornecidos pela interface ServletResponse estão contidos na seguinte lista:

- getOutputStream obtém o ponteiro para um objeto ServletOutputStream para os dados binários.
- getWriter obtém o ponteiro para um objeto PrintWriter para os dados de caractere.
- setBufferSize pode ser usado para estabelecer o tamanho do buffer da resposta para permitir um melhor ajuste do desempenho.

1. Se você for novo no Java ou não estiver certo sobre esta referência, veja a seção "Convenções" no Prefácio deste livro.

■ flushBuffer envia o conteúdo atual do buffer.

Para obter mais informações, veja javax.servlet.ResponseObject e javax.servlet. ServletOutputStream.

Um objeto de resposta específico do HTTP também está disponível e fornece capacidades extras relacionadas à formulação do cabeçalho de resposta HTTP. Veja javax.servlet.http. HttpServletResponse para obter mais informações.

A Figura 10-4 mostra uma situação de uso simples envolvendo um objeto de resposta.

Alternativas para a geração da resposta

Se você olhar a Figura 10-4, verá diversas tags HTML envolvidas na geração da saída a partir do servlet. Isso representa apenas uma abordagem para a geração da saída dinâmica.

Outra abordagem parecida, porém mais estruturada, é usar as bibliotecas de arquivos HTML para gerar os cabeçalhos e rodapés comuns para as páginas Web de resposta necessárias, com a parte dinâmica da página ainda gerada de modo muito parecido com o que é mostrado na Figura 10-4.

Uma terceira abordagem mais clara é usar a capacidade do JSP e dos JavaBeans sempre que possível. Nessa abordagem, o servlet simplesmente precisa enviar uma página JSP que contenha todas as informações necessárias da apresentação e usar a tecnologia JSP e os JavaBeans para preencher as partes do conteúdo dinâmico da página. A não ser o envio, o servlet tem pouco mais a fazer com a apresentação, exceto talvez coordenar os itens necessários da página JSP para fazer com sucesso seu trabalho.

Iremos analisar mais essa abordagem no Capítulo 11.

```
PrintWriter out;
:
// set content type
response.setContentType("text/html");
:
out = response.getWriter( );
out.println("<HTML><HEAD><TITLE>");
:
out.println("Login Unsuccessful");
:
out.flush( );
out.close( );
```

Figura 10-4 Como gerar a resposta.

Sub-rotinas da solicitação HTTP

A classe HttpServlet estende a classe GenericServlet e portanto herda todas as capacidades padrões do servlet. Além dos métodos básicos do ciclo de vida do servlet e do método de conveniência, a classe HttpServlet mais complexa adiciona métodos para ajudar no processamento das solicitações HTTP. Esses métodos da sub-rotina comumente usados são:

- doGet: Lida com as solicitações HTTP GET
- doPost: Lida com as solicitações HTTP POST

No caso de doGet, há um método adicional usado para o suporte HTTP GET condicional (os diferentes tipos de solicitação HTTP serão explicados posteriormente nesta seção) O método getLastModified é como o HTTP GET, mas retornará apenas o conteúdo se tiver mudado desde um período de tempo. Esse método poderá ser usado apenas se doGet tiver sido também anulado e for usado nos casos em que você está lidando com o conteúdo que não muda muito entre as solicitações.

Métodos avançados da sub-rotina

Há vários métodos avançados da sub-rotina que são definidos também:

- doPut: Lida com as solicitações HTTP PUT.
- doDelete: Lida com as solicitações HTTP DELETE.
- doOptions: Lida com as solicitações HTTP OPTIONS.
- doTrace: Lida com as solicitações HTTP TRACE.

Diferente da classe GenericServlet, os servlets baseados na HttpServlet quase sempre não têm nenhuma razão válida para anular o método service. Ao contrário, geralmente você anulará essas sub-rotinas de solicitação, que a implementação básica do método service chama quando é adequado. Os métodos doOptions e doTrace também não têm nenhuma razão realmente válida para serem anulados e estão presentes apenas para o suporte HTTP completo. Uma HttpServlet tem de anular pelo menos um método, que, em geral, significa um dos métodos do ciclo de vida restantes ou sub-rotinas de solicitação.

Guia rápido para as solicitações HTTP

Para os métodos de sub-rotina de solicitação mais usados, a seguinte lista fornece um guia rápido para o que servem as solicitações HTTP:

- GET: uma chamada para obter informações no servidor e retorná-las em uma resposta para o cliente. O método que processa essa chamada não tem de ter nenhum efeito colateral, portanto pode ser repetido sempre com segurança. Uma chamada GET é geralmente usada quando um URL do servlet é acessado diretamente a partir de um servidor Web ou através de um envio a partir de um

126 | *Desenvolvendo aplicações comerciais em Java com J2EE e UML*

formulário em uma página HTML ou JSP. Uma chamada GET mostra os dados sendo transmitidos para o servlet como parte do URL exibido na maioria dos paginadores Web. Em certos casos, isso poderá não ser muito desejável dentro de uma perspectiva da segurança.

■ POST: uma chamada para permitir ao cliente enviar os dados para o servidor. O método que processa essa chamada tem a permissão de causar efeitos colaterais, como atualizar os dados armazenados no servidor. Uma chamada POST pode ser usada em vez de um GET ao enviar a partir de um formulário em uma página HTML ou JSP. Diferente de GET, o uso de POST oculta da exibição qualquer dado sendo transmitido para o servlet. Alguns desenvolvedores escolhem processar GET e POST exatamente do mesmo modo ou simplesmente ignoram um ou outro, caso não queiram que essa chamada em particular seja suportada.

■ PUT: esta chamada é parecida com POST, mas permite ao cliente colocar um arquivo real em um servidor em vez de apenas enviar os dados. Também tem a permissão de causar efeitos colaterais, exatamente como POST. Embora disponível, o uso de uma chamada PUT não é muito comum.

■ DELETE: esta chamada é parecida com PUT, mas permite ao cliente remover um arquivo ou página Web do servidor. Também tem a permissão de causar efeitos colaterais da mesma maneira que PUT. Embora disponível, o uso de uma chamada DELETE não é muito comum.

Há outra solicitação não mencionada especificamente na lista anterior chamada HTTP HEAD. Essa solicitação, embora válida no contexto da classe HttpServlet em si, é de fato lidada internamente fazendo uma chamada para o método doGet, que você pode ter anulado. Diferente no sentido de que retorna apenas os cabeçalhos de resposta que resultam do processamento de doGet e nenhum dado de resposta real.

Interface RequestDispatcher

Dada a simplicidade dos servlets, faz sentido manter cada servlet concentrado em uma tarefa específica e então configurar diversos servlets para realizar em colaboração uma tarefa mais complexa. Os servlets podem cuidar facilmente de aspectos mecânicos de tais esforços de colaboração implementando a interface RequestDispatcher.

A interface RequestDispatcher fornece duas capacidades principais:

■ forward: este método permite que um servlet envie uma solicitação para outro componente Web. O servlet que envia a solicitação pode processá-la de alguma maneira antes do envio. O envio pode ser usado efetivamente para conseguir o encadeamento do servlet no qual cada ligação na cadeia produz alguma saída que pode ser mesclada com os

---

2. O SSI permite a incorporação de tags especiais em um documento HTML. As tags são compreendidas pelo servidor Web e convertidas dinamicamente quando o documento HTML é atendido no paginador. Os JSPs baseiam-se nessa idéia.

dados originais da solicitação e assim ser usada como a entrada para o próximo servlet na cadeia. Isso é basicamente parecido com o conceito de canais no mundo UNIX.

Observe que o termo "redirecionar" é algumas vezes usado de modo intercambiável com "envio", pretendendo o mesmo significado. Porém, isso não deve ser confundido com o método sendRedirect encontrado na resposta do servlet. Uma chamada sendRedirect não assegura a preservação dos dados da solicitação quando envia uma nova página, portanto não permite as mesmas capacidades de cadeia do servlet.

- include: este método permite que o conteúdo de outro componente Web seja incluído na resposta a partir do servlet que chama. O primeiro servlet simplesmente inclui o outro no devido ponto na saída e a saída do servlet sendo incluído é adicionada ao fluxo da saída. Isso é parecido em conceito com o Server Side Includes (SSI)[2].

Como modelar os servlets na UML

A classe GenericServlet é geralmente modelada como uma classe Java padrão com o estereótipo <<Generic_Servlet>> aplicado. A presença do estereótipo permite que o servlet seja representado de uma forma compacta e ainda é distinguido facilmente como um servlet genérico sem precisar exibir a árvore de herança no mesmo diagrama. Um servlet genérico inclui qualquer método do ciclo de vida ou o método de conveniência analisado anteriormente.

Uma exibição mais expandida da classe do servlet mostrando a herança a partir da classe GenericServlet também pode ser usada. Na maioria dos casos, porém, uma exibição da classe estereotipada mais compacta é suficiente. As representações compacta e expandida do servlet são apresentadas na Figura 10-5.

Se o servlet implementar a interface SingleThreadModel, que controla a serialização do método service, o servlet poderá ser exibido com a interface para destacar esse aspecto. Como opção, o servlet poderá ser marcado com tag com {SingleThreadServlet=True} em vez de identificar claramente isso no diagrama em um formato um pouco mais compacto.

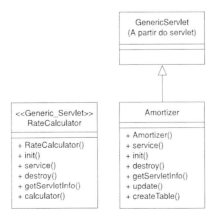

Figura 10-5 A representação compacta e completa de um servlet genérico.

Um exemplo de servlet que implementa SingleThreadModel é apresentado na Figura 10-6.

A classe HttpServlet é modelada de modo parecido com GenericServlet, mas com o estereótipo <<Http_Servlet>> aplicado. Também pode incluir os métodos do ciclo de vida, o método de conveniência e qualquer sub-rotina de solicitação HTTP analisada anteriormente.

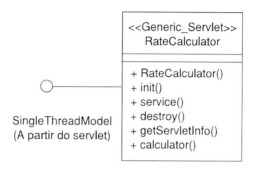

Figura 10-6 O servlet suportando SingleThreadModel.

Os detalhes de SingleThreadModel assim como o valor marcado para SingleThread Servlet aplicam-se à classe HttpServlet exatamente como em GenericServlet. Como já mencionado anteriormente, você não deve tentar serializar nenhum método do servlet a não ser implementando essa interface. Ela não introduz nenhum método novo.

Como modelar os outros aspectos do servlet

Os outros aspectos dos servlets que asseguram a modelagem são o forward (envio) do servlet, o include (inclusão) do servlet, o ServletContext e o Gerenciamento da Sessão do Servlet. As seguintes seções irão analisar esses aspectos com mais detalhes.

Forward do servlet

O forward do servlet é um tipo especial de relação e modelá-la explicitamente poderá ajudar a esclarecer a lógica geral da aplicação. Por exemplo, pode elucidar o fluxo da lógica do processamento. Nas cadeias forward complicadas, a relação pode ser indicativa de algum algoritmo sendo implementado. Duas abordagens específicas ajudam a identificar a lógica da aplicação geral neste sentido.

Primeiro, no diagrama da classe, identifique as relações entre os servlets que chamam forward nos outros componentes Web com a relação <<forward>>. Veja um exemplo na Figura 10-7.

Para obter uma cadeia do servlet mais complicada, um diagrama de atividade poderá ser usado para mostrar a interação geral. Se desejado, os objetos de solicitação e de resposta com os atributos devidamente atualizados em pontos específicos poderão ser exibidos para demonstrar o algoritmo geral. Veja a Figura 10-8.

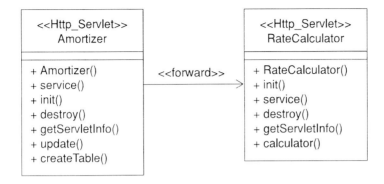

Figura 10-7 Como modelar o envio do servlet em um diagrama de classe.

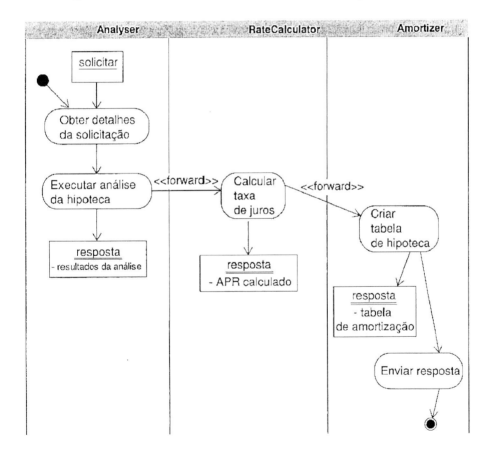

Figura 10-8 Como modelar o envio do servlet com o diagrama de atividade.

Neste caso, identificamos a transição com o estereótipo <<forward>> para enfatizar que ela representa uma relação de envio entre os elementos envolvidos. Os comentários mostrados para cada ocorrência do objeto de resposta identificam o que ocorre quando os objetos de solicitação e de resposta percorrem a cadeia.

Include do servlet

O include é outra relação significante e especial pois afeta os resultados produzidos por um servlet. Na verdade, include pode ser usado como um meio para estruturar e organizar a saída geral de uma maneira modular. As relações include do servlet são modeladas da mesma maneira que a relação forward, ou seja, como uma associação unidirecional estereotipada <<include>>. A direção da associação é do servlet de inclusão para o recurso sendo incluído. Um exemplo é apresentado na Figura 10-9. Nele, um servlet responsável por criar uma tabela de amortização da hipoteca inclui os servlets de cabeçalho e de rodapé cuja única finalidade é gerar o cabeçalho e o rodapé da página, respectivamente.

ServletContext

Cada servlet é executado em algum ambiente. O ServletContext fornece informações sobre o ambiente no qual o servlet está sendo executado. Um servlet pode pertencer a apenas um ServletContext como determinado pelo administrador. Geralmente, um ServletContext é associado a cada aplicação Web distribuída em um contêiner. No caso dos contêineres distribuídos, um ServletContext é associado a uma aplicação Web por máquina virtual.

A interface ServletContext pode ser usada pelos servlets para armazenar e recuperar informações e compartilhar informações entre os servlets. Um servlet obtém o ServletContext no qual está sendo executado usando o método getServletContext.

Alguns dos serviços básicos fornecidos pela interface ServletContext são:

- setAttribute: Armazena informações no contexto
- getAttribute: Recupera as informações armazenadas em ServletContext

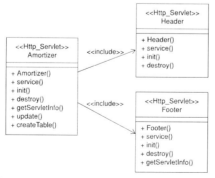

Figura 10-9 A relação de inclusão do servlet.

- getAttributeNames: Obtém os nomes dos atributos no contexto
- removeAttribute: Remove um atributo no contexto

Uma abordagem parecida à analisada para o envio do servlet e mostrada na Figura 10-8 poderá ser utilizada para modelar as interações do servlet com ServletContext.

Gerenciamento da sessão do servlet

Dada a natureza sem estado do protocolo HTTP, gerenciar uma interação repetida e diálogo com o mesmo cliente (como requerido para uma sessão de compras contínua) traz alguns desafios sérios. Há vários meios de superar esses desafios:

- Campos ocultos: os campos ocultos são incorporados na página exibida para o cliente. Esses campos são enviados de volta para o cliente sempre que uma nova solicitação é feita, assim permitindo a identificação do cliente sempre que ele faz uma solicitação.

- Rescrita dinâmica do URL: as informações extras são adicionadas a cada URL na qual o cliente clica. Essas informações extras são usadas para identificar com exclusividade cada cliente na duração da sessão do cliente, por exemplo, adicionar "?sessionid=97859" ao final de cada URL que o cliente clique para identificar que a solicitação está associada ao id da sessão 97859.

- Cookies: as informações armazenadas podem ser transmitidas posteriormente de volta para o cliente de modo repetido. O servidor Web fornece o cookie para o paginador. Os cookies são um dos meios mais populares de configurar uma sessão do servlet.

- Objeto da sessão no lado do servidor: os cookies e a codificação URL têm limites sobre quantas informações possam ser enviadas de volta com cada solicitação. No gerenciamento da sessão no lado do servidor, as informações da sessão são mantidas no servidor em um objeto session e podem ser acessadas quando requerido. Os objetos da sessão no lado do servidor são caros de usar, portanto é melhor usá-los esporadicamente.

A Java Servlet Application Programming Interface (API) fornece abstrações que suportam diretamente algumas técnicas de gerenciamento da sessão analisadas na lista anterior.

A abstração básica fornecida pela API do servlet é a HTTP session, que facilita lidar com diversas solicitações a partir do mesmo usuário.

A Figura 10-10 fornece um exemplo de gerenciamento da sessão do servlet.

Os diagramas de atividade poderão ser usados para modelar o servlet e a interação da sessão. Isso é parecido com a abordagem analisada para o envio do servlet e mostrada na Figura 10-8.

Desenvolvendo aplicações comerciais em Java com J2EE e UML

```
import.javax.servlet.http.*;

...

// locate a session object
HttpSession theSession = request.getSession (true);

...

// add data to the session object
theSession.putValue("Session.id", "98579");

...

// get the data for the session object
sessionid = theSession.getValue("Session.ID");
```

Figura 10-10 O uso da sessão do servlet.

Distribuição do servlet e armazenamentos Web

Um descritor baseado na XML é usado na distribuição dos servlets em um servidor Web. A classe do servlet compilado, as classes Java de suporte adicionais e o descritor de distribuição são enviados juntos em um arquivo de armazenamento Web, também conhecido como arquivo ".war".

O descritor de distribuição é um arquivo baseado na Web que contém informações específicas sobre a configuração e a distribuição para serem usadas pelo contêiner do servlet.

A Figura 10-11 mostra um exemplo de um descritor de distribuição XML simples para uma HttpServlet. Os campos adicionais requeridos no descritor são preenchidos durante a configuração e a distribuição no servidor Web.

Iremos analisar os descritores da distribuição do servlet, os arquivos de armazenamento Web e seu papel no contexto da modelagem no Capítulo 15.

```
<?xml version="1.0" encoding="UTF-8"?>
<!DOCTYPE web=app PUBLIC "- / / Sun Microsystems, Inc.
/ / DTD Web Application 2.2
/ / EN" "http: / / java.sun.com/j2ee/dtds/web-app_2_2.dtd">
<web-app>
       <servlet>
               <servlet-name>LoginServlet</servlet-name>
               <servlet-class>LoginServlet</servlet-class>
       </servlet>
</web-app>
```

Figura 10-11 Um descritor de distribuição XML simples para uma HttpServlet de amostra.

Como identificar os servlets nas aplicações comerciais

Agora que você se familiarizou intimamente com os servlets, é hora de voltar a construir o exemplo de banco on-line HomeDirect.

No início deste capítulo, identificamos a necessidade de desenvolver o objeto de controle no caso de uso Transferir fundos dividindo-os em dois, um concentrado na interação externa e o outro na interna.

Naturalmente, uma pergunta permanece: como você de fato chega a esta divisão de responsabilidades? A resposta está baseada em parte na compreensão do que um servlet é capaz de fazer e o resto no julgamento e experiência. Em geral, o papel do servlet é de um coordenador entre os objetos de limite e o resto do sistema. Toda a interação entre o objeto de limite e a classe de controle composta pertence ao novo servlet. Como você divide a interação que é mostrada entre o objeto de controle e os objetos de entidade é algo menos claro. O principal fator a lembrar é que o servlet é basicamente um coordenador e assim, deve apenas assumir responsabilidades leves, que poderiam incluir iniciar alguma lógica comercial. Contudo, a lógica comercial, os cálculos, a interação com os objetos de entidade etc. ficariam fora dessas responsabilidades.

Com isso em mente, vejamos as interações que envolvem o objeto de controle como apresentado na Figura 10-12.

Se observarmos todas as responsabilidades do objeto de controle, veremos que a metade inferior é composta por várias ações que juntas formam uma transação completa. Decidimos separar essa parte e fazer com que seja lidada por um objeto de controle concentrado internamente, deixando o resto para ser cuidado por um servlet. A Figura 10-13 mostra o resultado dessa divisão de tarefas.

Nesta situação, o servlet é um exemplo que o RUP chama de componente de frente. Um componente de frente é geralmente um servlet ou JSP que é basicamente responsável por processar a entrada do usuário mas não é responsável em si pela apresentação. Ao contrário, age simplesmente como um ponto de entrada para a aplicação e como um coordenador com outros componentes. Note que o termo "TransferPage" é usado para representar genericamente uma interface do usuário. Podemos decidir tornar isso uma página HTML estática ou algo mais dinâmico.

Iremos analisar o que fazer com o outro objeto de controle concentrado interno no próximo capítulo.

Dos dois tipos de servlets analisados, um HttpServlet parece muito adequado para assumir o papel da interação externa devido à natureza baseada na Web da interface HomeDirect.

A Figura 10-14 expande mais essa situação. Há de fato duas ações do cliente envolvidas neste caso de uso. A primeira é onde o cliente decide fazer uma ação de transferência. Isso chama MainServlet, que coordena a recuperação dos dados das contas pertinentes e exibe através do objeto de limite TransferPage. Então o cliente seleciona as contas desejadas e fornece a quantia a transferir. O controle neste ponto é enviado para um TransferServlet secundário, que coordenada a ação de transferência real através do objeto de controle concentrado internamente.

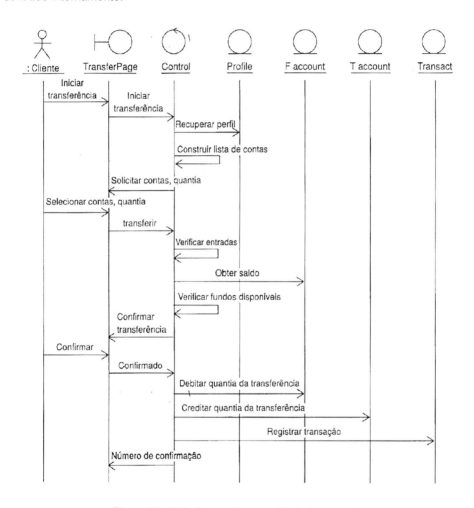

Figura 10-12 As interações do objeto de controle.

A Figura 10-15 mostra os detalhes dos servlets para este exemplo. Fazemos de propósito com que os servlets sejam lidados com o menor processamento possível, descarregando grande parte do trabalho para os outros componentes J2EE, que iremos analisar com mais detalhes nos capítulos posteriores que cobrem a tecnologia JSP e EJB.

Capítulo 10 - Servlets

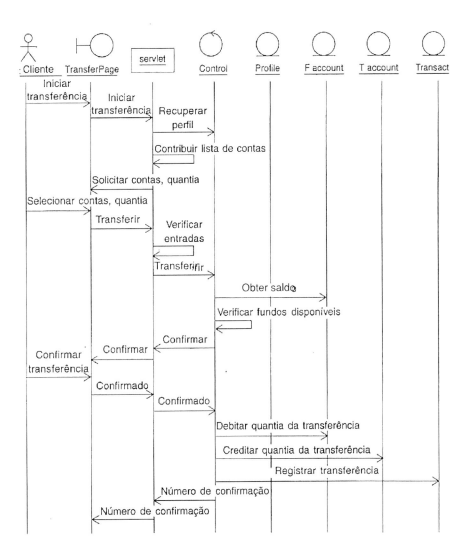

Figura 10-13 A divisão das responsabilidades entre o servlet e o controle interno.

A decisão de dividir as responsabilidades do servlet irão variar dependendo das necessidades específicas. Neste caso, nossa preferência foi minimizar as responsabilidades de MainServlet para ser um coordenador apenas. Um nível secundário de servlets foi portanto desenvolvido para lidar com os detalhes dos casos de uso individuais.

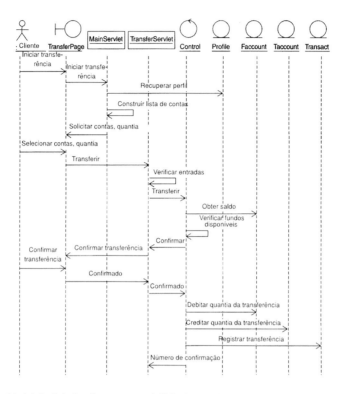

Figura 10-14 A divisão de responsabilidades de MainServlet e TransferServlet.

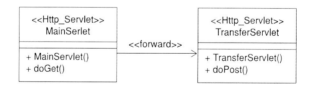

Figura 10-15 Os detalhes de MainServlet e TransferServlet.

Resumo

Os servlets têm uma arquitetura leve e são bem adequados para os paradigmas da solicitação-resposta. Os servlets são como as classes Java comuns com exceção que métodos do ciclo de vida específicos têm de existir no servlet. Os métodos específicos da sub-rotina de solicitação HTTP são usados para o HttpServlet. Dois tipos de servlets, GenericServlet e HttpServlet, são definidos no J2EE.

Os servlets são modelados como classes Java estereotipadas. As técnicas de modelagem UML podem trazer um foco especial para alguns aspectos dos servlets, como o envio, a inclusão e o gerenciamento da sessão feitos pelos servlets.

Um descritor de distribuição XML é requerido para distribuir um servlet.

Capítulo 11

JavaServer Pages

- Introdução ao JSP
- A anatomia de um JSP
- Bibliotecas de Tags
- JSP e UML
- JSP nas aplicações comerciais
- Resumo

138 | *Desenvolvendo aplicações comerciais em Java com J2EE e UML*

Verificação do processo: Neste capítulo, iremos nos concentrar na construção quando percorrermos a análise Rational Unified Process (RUP) e a disciplina da construção. Também iremos analisar os aspectos da implementação no contexto da tecnologia JSP.

Até há alguns anos, o termo cliente pequeno era desconhecido. Isso mudou com o advento do paginador Web e da corrida subseqüente para criar aplicações sofisticadas baseadas na Web em praticamente toda indústria.

Os clientes pequenos, como todos sabemos, utilizam uma linguagem marcada para a apresentação. As aplicações, no lado do servidor, sofisticadas, escritas em linguagens como Java, são assim usadas para gerar a linguagem marcada da apresentação para o cliente.

Essa intermistura no lado da programação da aplicação com o lado da apresentação tem algumas desvantagens:

■ A apresentação pode mudar com freqüência. Isso significa muita recompilação e reconstrução por razões que não têm relação alguma com a lógica da aplicação.

■ A aplicação tem de ser codificada no contexto da linguagem de programação usando construções como println. Isso significa que o layout da apresentação não é tão prontamente inteligível quanto é codificado na linguagem de programação da aplicação e não pode ser de fato visualizado até a execução. Da perspectiva do construtor do servlet, é igualmente difícil ler linha após linha de código HTML incorporado nas instruções println.

Na maioria das grandes organizações, o papel do desenvolvedor da apresentação Web
■ é distinto do papel do desenvolvedor do software. Essa união criou uma desvantagem como, por exemplo, os desenvolvedores Web tendo agora que compreender o lado da programação para criar o layout da apresentação e eles podem não mais usar as ferramentas especializadas disponíveis para desenvolver a apresentação.

A tecnologia JavaServer Pages (JSP) foi concebida especificamente para endereçar essas questões.

Introdução ao JSP

Como os servlets, o JSP é um tipo de componente Web Java 2 Platform, Enterprise Edition (J2EE). O JSP é parecido com a tecnologia de script no lado do servidor, mas há uma diferença principal – o JSP é compilado, ao passo que os scripts são interpretados. O JSP permite que um programa seja incorporado nos documentos HTML, que poderão depois ser analisados por um servidor Web. O JSP utiliza a tecnologia Java Servlet para conseguir o processamento no lado do servidor.

Um JSP consiste no código Java incorporado em um documento estruturado como a HTML ou a XML. A idéia é usar a linguagem marcada para as partes estáticas da apresentação e incorporar as tags especiais na página para marcar o conteúdo dinâmico. As tags são também usadas para processar as solicitações que chegam de um cliente e gerar respostas como resultado. Quando um JSP é solicitado, o código JSP é processado no servidor, os resultados combinados do processamento e a página HTML estática são enviados para o cliente.

Capítulo 11 - *JavaServer Pages* | 139

O uso do JSP permite que o código da apresentação seja mantido facilmente como um código HTML comum e evita que o desenvolvedor Web tenha de lidar com uma linguagem e ferramentas não familiares.

Algumas pessoas podem argumentar que, como o Java ainda é incorporado a um JSP, a separação da apresentação da lógica comercial não é uma realidade. O principal ponto a lembrar é que é uma diferença de perspectiva. Nos servlets, o lado da apresentação é forçado a residir absolutamente no mundo do desenvolvimento de software, enquanto os JSPs são componentes centrados na apresentação com as partes Java enviadas com cuidado incorporadas neles para lidar com os aspectos dinâmicos.

Os usos típicos do JSP

A especificação JSP fornece ao JSP as mesmas capacidades do servlet e, na verdade, é possível criar um JSP muito confuso, porém legal, que tenha todo o código normalmente colocado em um servlet. Do mesmo modo, é igualmente possível ignorar totalmente a tecnologia JSP e usar apenas os servlets.

O uso devido é uma combinação dos dois. A idéia é aproveitar o JSP para as tarefas centradas na apresentação e utilizar os servlets onde a lógica é predominante. Um JSP é mais adequado para ser usado nas situações em que o conteúdo dinâmico tem de ser apresentado para o cliente. Em geral, o JSP deve ser concentrado na apresentação e qualquer código Java incorporado no JSP deve ser basicamente para a comunicação com os servlets e/ou outras entidades de controle/dados.

Um JSP consome os recursos extras do sistema (por exemplo, requer a compilação), portanto não deve ser usado onde o conteúdo da apresentação é estático. Uma página HTML comum deverá ser usada nessas situações.

Arquiteturas Modelo 1 e Modelo 2

Duas arquiteturas, geralmente referidas como Modelo 1 e Modelo 2, eram especialmente dominantes na comunidade dos desenvolvedores JSP quando os JSPs foram apresentados pela primeira vez. Atualmente, a maioria dos esforços do desenvolvimento usa o Modelo 2; porém, há ainda alguns casos mais simples em que uma abordagem do Modelo 1 tem mérito.

A arquitetura Modelo 1 é simples no sentido que envolve usar os JSPs para a apresentação assim como para a lógica comercial. A vantagem dessa abordagem está em sua simplicidade e em sua facilidade de implementação. Infelizmente, o Modelo 1 pode levar rapidamente a um código aumentado e frágil que é difícil de gerenciar e desenvolver.

A arquitetura Modelo 2 segue o paradigma Model-View-Controller (MVC). É mais amistosa para o programador pois envolve usar um ou mais servlets como controladores. As solicitações são recebidas pelo(s) servlet(s) na linha de frente e então redirecionadas para os JSPs quando asseguradas e requeridas. A chave para o sucesso com o Modelo 2 é identificar o número certo de servlets requeridos para cumprir as tarefas (os casos extremos sendo um único servlet para tudo e um servlet para cada caso de uso ou possível ação!). Outro elemento-chave dessa estratégia é usar os JavaBeans como o modelo. O JavaBean age como o veículo de "comunicação" entre o(s) servlet(s) do controlador e os JSPs. O controlar preenche o JavaBean com base na solicitação e o JSP pode então compor a página real usando os valores do JavaBean. Neste caso, o JSP geralmente usa a tag jsp:useBean para acessar o JavaBean. O Modelo 2 fornece uma separação mais clara da apresentação da lógica. Embora a abordagem Modelo 2 seja mais difícil de implementar, o código desenvolvido usando a abordagem Modelo 2 é mais fácil de gerenciar.

Alguns desenvolvedores acreditam de modo errado que o Modelo 1 é obsoleto e foi substituído basicamente pelo Modelo 2. Na verdade, você pode utilizar qualquer um dos dois modelos dependendo do que está tentando fazer. A decisão entre os dois modelos deve ser guiada pelas seguintes regras:

- Modelo 1: Use este modelo quando estiver tentando construir uma aplicação Web simples que não tenha exigências de processamento significantes.

- Modelo 2: Use este modelo quando as solicitações geralmente iniciam um processamento extenso, que pode resultar em diversas respostas.

Porém, no final, a melhor abordagem é usar qualquer modelo com o qual se sinta confortável e aquele que funcionar para sua equipe de desenvolvimento e estilo[1].

JSP versus servlet

Todos os JSPs são compilados em servlets e executados no ambiente de contêiner do servlet. Portanto, de uma perspectiva técnica, os JSPs e os servlets são bem parecidos nas capacidades e naquilo para o qual podem ser usados.

A lista seguinte contém algumas vantagens principais do JSP sobre os servlets:

- Os JSPs são centrados na apresentação e oferecem um paradigma de desenvolvimento mais natural para os desenvolvedores da apresentação Web.

- Os JSPs tornam possível separar a apresentação do conteúdo (analisaremos mais isso no contexto das tags JSP e das bibliotecas de tags na seção "Bibliotecas de tags"). Isso significa que o desenvolvimento da apresentação de um projeto pode prosseguir em paralelo com o da lógica.

Os JSPs ajudam a organizar o aspecto físico de uma aplicação Web.

---

1. Você também pode se deparar com referências para o Modelo 1.5. É parecido com o Modelo 1, exceto que grande parte da lógica é colocada no JavaBean em vez do JSP. Veja a seção Referências no final do livro para obter fontes de informações adicionais.

Os JSPs são compilados automaticamente, em geral como parte do processo de distribuição padrão. Os servlets, por outro lado, são um pouco mais manuais por natureza e requerem uma etapa de compilação manual sempre que são alterados, a menos que as ferramentas de seu servidor ou ambiente de desenvolvimento cuidem disso para você.

Os JSPs geralmente serão preferidos aos servlets se a apresentação for mudar com freqüência. Os servlets, por outro lado, são preferidos para as tarefas lógicas mais complexas, pois são geralmente mais fáceis de depurar durante o processo de desenvolvimento. Isso é basicamente porque você de fato vê o código para o servlet que está executando. Como um JSP é compilado automaticamente para o código do servlet, o código que é executado está em uma forma diferente do código fornecido por você originalmente no JSP, tornando os JSPs um pouco mais difíceis de depurar. Contudo, se você apenas estiver fazendo com que o JSP execute as tarefas da apresentação, isso normalmente não será um problema.

A consideração do servlet versus JSP nem sempre é uma situação com alternativas no contexto de um sistema de software específico. É razoável ter uma mistura de ambos para conseguir um sistema equilibrado. Por exemplo, você poderá usar um servlet como um controlador de modo que as solicitações sejam lidadas pelo servlet. Assim que o servlet tiver cuidado do processamento das solicitações (diretamente ou trabalhando com outros elementos do software como os EJBs), ele poderá enviar os resultados para o JSP exibi-los para o usuário.

A anatomia de um JSP

Um JSP consiste em dois itens básicos: dados e elementos JSP. Os dados do gabarito fornecem os aspectos estáticos e os elementos JSP são usados para os aspectos dinâmicos de um JSP.

Dados do gabarito

Os dados do gabarito referem-se ao conteúdo estático da HTML ou da XML do JSP. Embora seja essencial para a apresentação JSP, é realmente desinteressante do ponto de vista da programação JSP.

Com exceção das substituições usuais, como as baseadas nas seqüências de aspas e de escape, os dados do gabarito são escritos por extenso como parte da resposta JSP.

Elementos JSP

Os elementos JSP representam a parte do JSP que é convertida e compilada em um servlet pelo compilador JSP. Na sintaxe, os elementos JSP são parecidos com os elementos HTML no sentido de que têm uma tag inicial e final (por exemplo, <B> texto em negrito </B>).

142 | *Desenvolvendo aplicações comerciais em Java com J2EE e UML*

Há três tipos de elementos JSP definidos na especificação JSP: elementos da diretiva, elementos da ação e elementos do script.

Elementos da diretiva

Os elementos da diretiva fornecem informação global para a fase de conversão. Essas diretivas são gerais por natureza, isto é, não são relacionadas com uma solicitação específica e assim não causam um impacto direto na saída para o cliente.

Os elementos da diretiva têm a seguinte forma:

```
<% @directive-name directive-attribute="attribute-value" other-
attribute-value-pairs ... %>
```

Um exemplo de elemento da diretiva é:

```
<% include file="Header.jsp" %>
```

Uma diretiva da página e seus atributos fornecem um mecanismo conveniente para instruir o ambiente na configuração de várias coisas, como as bibliotecas a serem importadas, o tipo de conteúdo da página, o tamanho do buffer etc. Com exceção do atributo de importação, outros atributos da página poderão ser definidos apenas uma vez no JSP.

Elementos da ação

Diferentes dos elementos da diretiva, os elementos da ação entram em cena durante a fase do processamento das solicitações. Os elementos das ações JSP são escritos usando uma sintaxe XML com um dos seguintes formatos:

```
<prefix: tag attribute=value attribute-value-list.../>
```

ou

```
<prefix: tag attribute=value attribute-value-list> body
</prefix:tag>
```

A idéia é estabelecer uma associação entre as tags e ter uma "sub-rotina de tags" definida para cada tag, que é chamada para lidar com a tag quando ela é encontrada. As sub-rotinas da tag são partes essenciais do código, por exemplo:

```
<jsp:forward page="/errorPage" />
```

Capítulo 11 - *JavaServer Pages* | 143

As ações prefixadas com "jsp" são ações-padrão. Algumas ações-padrão são:

- Incluir as respostas enviadas por outros JSPs
- Enviar as solicitações para outras pessoas
- Consultar e atualizar as propriedades de um JavaBean residente no servidor

As ações podem criar objetos que ficam disponíveis para os elementos do script através de certas variáveis.

Elementos do script

Os elementos do script reúnem tudo em um JSP. Esses elementos podem ser declarações usadas para definir as variáveis e os métodos, blocos de código chamados de scriptlets e expressões para a avaliação durante o processo de solicitação.

Declarações

As declarações definem as variáveis e os métodos. A sintaxe para as declarações é <%! Declaração %> onde declaração pode ser uma variável ou função, por exemplo:

```
<% private static MyLoginCount=0;          %>
```

Expressões

As expressões são avaliadas durante a fase de processamento das solicitações do JSP e os resultados são convertidos em uma string e intermisturados com os dados do gabarito. O resultado é colocado no mesmo lugar onde a expressão estava localizada na página JSP.

A sintaxe das expressões é <% = Alguma expressão %>.

Na sintaxe UML, o mesmo é expressado como:

```
<jsp:expression>Alguma expressão</jsp:expression>
```

Por exemplo:

```
Login Count: <%= results %>
```

Scriptlets

Um scriptlet é um "miniscript" de código incorporado no JSP. Pode conter, entre outras coisas, a declaração das variáveis e métodos, expressões e instruções. Como as expressões, os scriptlets são executados durante o processamento das solicitações e qualquer saída resultante é colocada no objeto de resposta.

A sintaxe para declarar os scriptlets é <% Código Java %>.

O equivalente XML é:

```
<jsp:scriptlet>Código Java</jsp:scriptlet>
```

Por exemplo:

```
:
<% int guessNum = request.getParameter("GUESS");
if (guessNum = = WinningNum) { %/>
<% }
else
{ %/>
Sorry, try again.
<% } %/>
:
```

Os objetos acessíveis para um JSP implicitamente

Cada JSP tem acesso a alguns objetos sem declará-los explicitamente. São criados pelo contêiner para serem usados nos JSPs e podem ser considerados como existentes pelos desenvolvedores JSP.

Estes objetos implícitos são

- request: representa a solicitação que entra e iniciou o processamento
- response: representa a resposta para a solicitação atual
- pageContext: fornece acesso para os atributos da página e os métodos de conveniência
- session: o objeto da sessão para o cliente atual
- application: identifica o ServletContext associado
- out: o objeto para escrever no fluxo da saída

Capítulo 11 - *JavaServer Pages* | 145

- config: identifica a configuração do servlet associado para o JSP
- page: parecido com this no contexto do JSP atual

  exception: identifica a exceção que levou à página de erro

Bibliotecas de tags

Um dos desafios ao satisfazer os objetivos da tecnologia JSP é minimizar a complexidade da lógica da programação à qual os desenvolvedores do conteúdo ficam expostos.

A especificação JSP 1.1 introduziu uma nova capacidade para criar bibliotecas de tags JSP personalizadas, que permitem a redução da complexidade. A idéia é o desenvolvedor fornecer simplicidade e facilidade para usar as tags personalizadas que poderão ser utilizadas pelos desenvolvedores do conteúdo para chamar a lógica complexa.

Classe da sub-rotina da tag

Uma tag personalizada é composta por uma classe da sub-rotina da tag. A classe da sub-rotina da tag é responsável por informar ao sistema o que deve ser feito quando uma tag específica é encontrada. O arquivo da classe contém o código Java real, executado durante a solicitação.

As tags podem ter opcionalmente um ou mais atributos e um corpo, mas nenhum dos dois é requerido. A tag mais simples é uma sem um corpo ou atributos; a mais complexa tem um corpo e um ou mais atributos.

A seguinte lista mostra os exemplos de uma tag sem um corpo, uma tag sem um corpo mas com atributos e uma tag com atributos e um corpo:

- Uma tag sem um corpo:

```
<mytaglib:MyTag/>
```

- Uma tag sem um corpo mas com um atributo:

```
<mytaglib:MyTag count="11"/>
```

- Uma tag com um corpo e um atributo:

```
<mytaglib:MyTag count="10">
This is the body. It can contain actions, directives and
other things
</mytaglib:MyTag>
```

Para as tags sem um corpo, a classe da sub-rotina da tag terá de implementar o método doStartTag. As tags sem um corpo são úteis quando você deseja apenas um conteúdo relativamente fixo (ou seja, algo que não é muito personalizável de uma referência na tag para outra) acessível para o desenvolvedor do conteúdo.

Os atributos podem ser usados com tags sem um corpo para facilitar a personalização dos resultados. Em tais casos, a classe da sub-rotina da tag terá também que implementar um método de definição correspondente ao nome do atributo e ser prefixado com "set". Isso permitirá a definição do(s) atributo(s) relevante(s) antes da chamada para o método doStartTag, permitindo, assim, resultados diferentes com base no valor dos atributos.

Para as tags com um corpo, a classe da sub-rotina da tag terá também de implementar o método doEndTag. O doEndTag geralmente não faz nada mais que instruir o sistema para prosseguir; porém, é possível que tome outras ações, como abortar a execução do JSP.

O exemplo de código na Figura 11-1 mostra uma classe da sub-rotina da tag para uma tag sem um corpo.

Descritor da biblioteca de tags

As tags são organizadas em bibliotecas de tags. O arquivo do descritor da biblioteca de tags (.tld) contém a lista dos nomes de tags e os nomes das classes da sub-rotina da tag associadas.

Um exemplo de descritor da biblioteca de tags é apresentado na Figura 11-2.

A Figura 11-3 mostra como uma tag personalizada é usada de dentro de um JSP.

```java
import java.io.*;
import javax.servlet.jsp.*;
import javax.servlet.jsp.tagext.*;

public class MyTag extends TagSupport
{
public int doStartTag( )
  {
  try {
        JspWriter out = pageContext.getOut( );
        out.print("A simple tag example");
        } catch IOException e)
            {
            //handle exception
            }
  return (SKIP_BODY);
  }
  }
```

Figura 11-1 Um exemplo de uma classe da sub-rotina da tag simples.

```
<?xml version="1.0" encoding="ISO-8859-1" ?>
<!DOCTYPE taglib PUBLIC "-//Sun Microsystems, Inc.//DTD JSP
Tag Library 1.2//EN" "http://java.sun.com/j2ee/dtd/web-
jsptaglibrary_1_2.dtd">

<taglib>
  <tlibversion>1.1</tlibversion>
  <jspversion>1.2</jspversion>
  <shortname>example</shortname>
<tag>
  <name>BlankLine</name>
  <tagclass>com.taglib.homedirect.BlankLine</tagclass>
  <bodycontent>EMPTY</bodycontent>

  <info>Inserts a blank line
  </info>
</tag>
</taglib>
```

Figura 11-2 O exemplo do descritor da biblioteca de tags.

```
<%@ taglib uri="MyUtils-taglib.tld">
<%<html>
...
<utils:BlankLine />
<!- - inserts a blank line- ->
...
</html>
```

Figura 11-3 Como usar uma tag personalizada de dentro de um JSP.

JSP e UML

A modelagem do JSP na UML é um pouco complicada pelo fato de que um JSP é realmente um híbrido entre uma página Web para o lado do cliente e alguma lógica executada no lado do servidor.

Os JSPs podem, claro, ser modelados como uma única classe na exibição lógica; porém, isso significa uma separação obscura das responsabilidades entre os lados do cliente e do servidor e resulta em alguma confusão. Por exemplo, como você estabelece se uma operação será executada no cliente ou no servidor? Você também não sabe qual tipo de relação faz sentido para tal classe e em qual contexto tem significado.

Modelar um JSP como uma única classe também frustra um objetivo da modelagem, a saber a identificação clara das partes significantes de modo arquitetural no modelo em seu devido contexto.

Para resolver esse limite, usamos mecanismos de extensão UML para a partição de cada JSP em dois elementos conceituais[2]:

- <<ClientPage>>: representa o comportamento do JSP no lado do cliente, isto é, os aspectos visíveis externamente da apresentação do JSP. As páginas do cliente têm associações com os recursos no lado do cliente, como, por exemplo, outras páginas do cliente, applets, JavaBeans e outros.

- <<ServerPage>>: representa o comportamento do JSP no lado do servidor. Concentra-se basicamente na lógica interna associada ao processamento de uma solicitação e ao fornecimento de uma resposta. As páginas do servidor têm relações com outros recursos no lado do servidor, como, por exemplo, os sistemas externos, os bancos de dados e os controladores no sistema.

A relação entre uma página do cliente e uma página do servidor também é especial e definida como uma relação <<Build>> quando a página do servidor constrói uma página do cliente. Quando a página do servidor constrói uma página do cliente, o resultado é um fluxo HTML ou XML enviado para o paginador através do qual a solicitação se originou. A relação de construção entre uma página do servidor e uma página do cliente está na Figura 11-4.

Um lembrete sobre os ícones usados no diagrama da Figura 11-4. Como você pode se lembrar de nossa análise no Capítulo 3, a UML permite o uso de estereótipos ou ícones para representar os elementos do modelo. Os ícones usados no diagrama[3] e nos capítulos subseqüentes aproveitam esse recurso.

Figura 11-4 As páginas do servidor e do cliente.

---
2. Originalmente proposto no Building Web Applications with UML [Connallen, 99].

3. Esses ícones são baseados nos ícones Web Application Extension como suportado no Rational Rose.

Como modelar as relações no lado do cliente

A página do cliente conceitual de um JSP pode ter relações com vários tipos de entidades além da página do servidor associada:

- Outras páginas do cliente: uma página do cliente pode ter relações de entrada ou de saída <<link>> com outras páginas do cliente no modelo.

- Applets: uma página do cliente pode ter applets associados. Um applet é modelado como uma classe com o estereótipo <<Java Applet>>. As relações entre uma página do cliente e um applet são modeladas como uma relação de agregação ou como uma associação comum.

- Formulários: os formulários são um mecanismo comum para aceitar a entrada através de um paginador. Um formulário é modelado como uma classe com o estereótipo <<Form>>. Os campos de entrada em um formulário mapeiam os atributos na classe. Os formulários realmente fazem parte da página do cliente, portanto essa relação é modelada como uma relação de agregação com a página do cliente. Os formulários não existem independentemente de uma página do cliente.

A Figura 11-5 mostra um exemplo de relações da página do cliente JSP.

Como modelar as relações no lado do servidor

As relações JSP no lado do servidor ficam nas seguintes categorias:

- Outras páginas do servidor: uma página do servidor pode ser associada a outras páginas do servidor. Tais relações são modeladas como relações <<forward>> ou <<include>>.

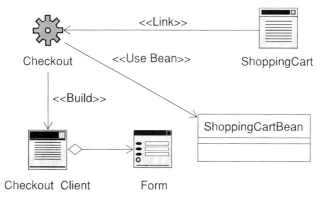

Figura 11-5 As relações da página do cliente.

- Servlets: os servlets são comparáveis com o comportamento JSP neste contexto. Como tais, são modelados pela abordagem usada para as outras páginas do servidor (descritas no item marcado anterior).

  Objetos implícitos acessíveis para a página do servidor: os objetos que são utilizados pela página do servidor se manifestam como associações unidirecionais entre a página do servidor e as classes de objetos implícitos.

- JavaBeans: uma página pode acessar ou usar os JavaBeans. Em tais situações, a relação é modelada como uma relação de associação estereotipada como <<Use Bean>>. Isso representa uma tag jsp:useBean no JSP. Existindo essa relação, o JavaBean poderá ser acessado de dentro do JSP.

- Outras classes: uma página do servidor pode ter outras classes que são importantes para mostrar o escopo total da página do servidor. As relações com tais classes são mostradas usando associações quando requerido.

- Dependência em outras classes ou bibliotecas: uma página do servidor pode importar outras classes e bibliotecas requeridas para conseguir sua funcionalidade. Tais relações são modeladas como relações de dependência usando a notação UML usual de uma linha tracejada com uma seta.

- Bibliotecas de tags: uma página do servidor pode usar bibliotecas de tags definidas e personalizadas. Você modela essa relação mostrando uma relação de dependência da página do servidor para o arquivo do descritor da biblioteca de tags. Opcionalmente, o descritor da biblioteca de tags pode mostrar a dependência nas classes da sub-rotina de tags associadas.

- Enterprise JavaBeans (EJBs): uma página do servidor chama métodos em um EJB. Essa relação é modelada como uma associação direcional da página do servidor para as interfaces EJB Home e Remote do subsistema que representa o EJB.

A Figura 11-6 mostra um exemplo das relações da página do servidor JSP. Neste exemplo, o usuário começa no JSP PayBills. Na entrada dos detalhes do pagamento de contas necessários, BillForm é enviado para BillServlet, que coordena com o componente do controle para de fato executar a transação de pagamento das contas. Note como o JSP BillPayer inclui os JSPs Banner e Footer. É um exemplo do que o RUP chama de componente da apresentação. Essa abordagem é útil porque fornece uma abordagem do tipo gabarito para a interface do usuário. As diretivas são usadas para incluir outros JSPs e páginas HTML para fornecer uma interface do usuário consistente porém dinâmica completamente.

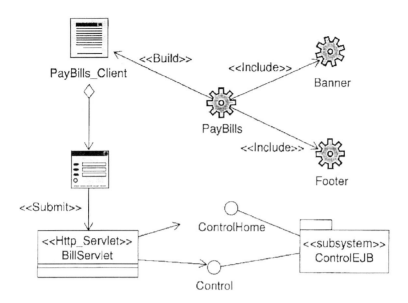

Figura 11-6 As relações da página do servidor.

JSP nas aplicações comerciais

No Capítulo 8, analisamos o uso dos objetos de limite para capturar e isolar a interação entre um caso de uso e as entidades externas como, por exemplo, com outros subsistemas e usuários. Os JSPs fornecem um veículo eficiente porém simples para a interação do último tipo, ou seja, com os usuários do sistema.

Por exemplo, considere os casos de uso HomeDirect identificados no Capítulo 16. Cada caso de uso que interage com o ator cliente significa que algum tipo de interface do usuário é requerida. Também há alguma forma de interface requerida para os casos de uso Conectar/Desconectar, que são incluídos por outros casos de uso.

Para compreender como os JSPs são usados nas aplicações comerciais, iremos começar com o caso de uso Conectar. Uma página Web de conexão, representando o objeto de limite da conexão, seria apropriada para a apresentação ao usuário quando ele tentar usar o sistema de banco primeiramente e iniciar o caso de uso Conectar. E mais, há uma necessidade de o usuário fornecer um nome e senha através da página Web para a validação feita pelo sistema.

Um controlador também é requerido para o caso de uso Conectar, como identificado através do objeto de controle da conexão durante a análise. Como queremos ter a capacidade de mudar a apresentação facilmente, escolhemos seguir a arquitetura Modelo 2 para nossa aplicação e usaremos os JSPs basicamente para a apresentação em vez de substitutos para os servlets.

Com essa decisão, iremos criar um servlet para lidar com o processamento do formulário de conexão. Embora os objetos de controle do caso de uso geralmente sejam mesclados durante a construção, esse caso de uso agirá como um tipo de "porteiro" no sentido de que nenhum dos outros casos de uso poderá ser executado até que este tenha sucesso. Dado esse pré-requisito, é adequado manter a validação da conexão isolada do resto da aplicação.

A Figura 11-7 mostra a estrutura geral do caso de uso Conectar.

Veremos rapidamente para esclarecer o que está ocorrendo na Figura 11-7. Login.jsp é o ponto de entrada no caso de uso. Ele constrói o cliente de conexão, que inclui um LoginForm para permitir ao usuário fornecer informações. Quando o formulário é preenchido e enviado pelo usuário, LoginServlet processa-o interagindo com os devidos objetos de entidade para verificar as informações fornecidas (iremos analisar os objetos de entidade que mapeiam o domínio da solução no Capítulo 13). Se a conexão falhar, o servlet de conexão exibirá uma mensagem de erro e irá reiniciar em Login.jsp. Se a conexão tiver sucesso, ela será enviada para outra entidade (não mostrada).

Note o uso de Banner.jsp e Footer.jsp. Embora possamos ter incluído as informações diretamente nos JSPs individuais, escolhemos essa abordagem pois ela permite uma melhor reutilização na aplicação inteira e também serve para manter esses detalhes isolados.

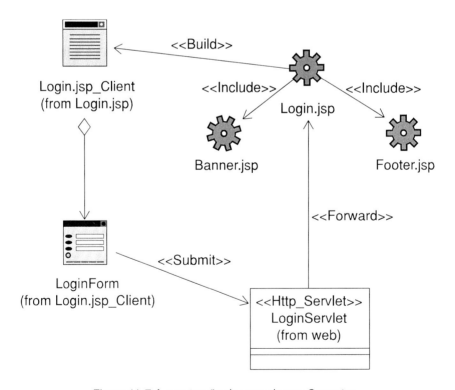

Figura 11-7 A construção do caso de uso Conectar.

Uma técnica comum no Modelo 2 é usar um JavaBean como um meio de transmitir informações entre um servlet e um JSP. A idéia é o servlet obter e definir as informações em um JavaBean e então enviar a solicitação no JSP. O JSP por sua vez usa o JavaBean para obter e publicar as informações para o usuário final. Usamos essa técnica para a comunicação entre o controlador centralizado para os casos de uso restantes e as várias páginas para exibir os resultados para o usuário final.

A Figura 11-8 mostra um exemplo dessa técnica no contexto do caso de uso Listar transações.

Na figura, Main.jsp fornece a página de âncora para chamar os vários comandos disponíveis para os usuários HomeDirect. Qualquer comando chamado pelo usuário é enviado para MainServlet, que coordena as atividades com os objetos de controle e de entidade (não mostrados mas analisados em detalhes no Capítulo 12 e Capítulo 13, respectivamente). Quando MainServlet tiver reunido todas as informações requeridas para a resposta, irá colocá-las no JavaBean e enviará a solicitação para o JSP. Então o JSP acessará o bean usando a tag jsp:useBean e irá publicá-lo para o usuário final.

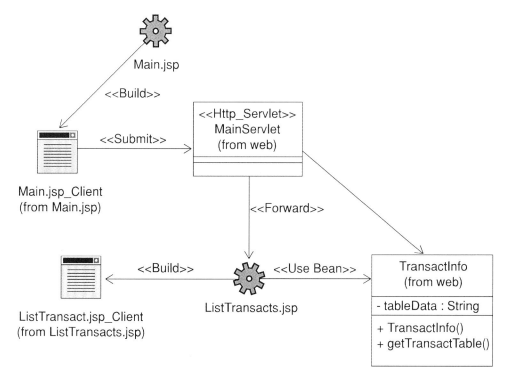

Figura 11-8 Como usar os JavaBeans para compartilhar informações.

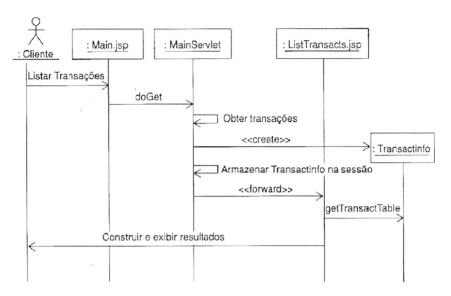

Figura 11-9 O diagrama de seqüência detalhando a situação da conexão.

A Figura 11-9 mostra a dinâmica associada a essa situação através de um diagrama de seqüência.

O fragmento de código associado à configuração do componente TransactInfo para ser usado por ListTransacts.jsp é apresentado na Figura 11-10.

```
// Get the user session
HttpSession session = request.getSession(true);
...
// Find collection of transacts
...
// Create bean to pass info to JSP page
TransactInfo transactInfo = new TransactInfo(transacts);
session.setAttribute("TransactInfo", transactInfo);
...
// Forward to next JSP page
RequestDispatcher dispatcher =
getServletContext( ).getRequestDispatcher("/ListTransacts.jsp");
dispatcher.forward(request, response);
```

Figura 11-10 Como usar um JavaBean para compartilhar informações com um JSP.

Resumo

Os JSPs são para separar o conteúdo da apresentação. Eles são muito parecidos conceitualmente com os servlets. Os JSPs são basicamente semelhantes a uma tecnologia de script no lado do servidor, com a principal diferença: os JSPs são compilados, ao passo que os scripts são interpretados.

Embora um JSP seja equivalente a um servlet, um JSP não é para ser um substituto de um servlet. Dois paradigmas de desenvolvimento, geralmente referidos como Modelo 1 e Modelo 2, fornecem as bases para o uso eficiente dos servlets e dos JSPs.

Um JSP consiste no código Java incorporado em um documento estruturado como HTML ou XML. As tags são usadas para marcar as partes específicas do código JSP. Os usuários podem também criar suas próprias bibliotecas de tags na forma de bibliotecas taglib.

Na UML, os JSPs e as relações da tecnologia associadas são modelados estereotipando as construções UML existentes. Um JSP é modelado como composto por dois elementos conceituais distintos: a página do cliente e a página do servidor. A relação entre a página do cliente e a página do servidor é modelada como uma relação de construção. As páginas do cliente e do servidor também podem ter relações com outras páginas do cliente e servidor.

Capítulo 12

Beans da sessão

Apresentação dos
Enterprise JavaBeans

Exibições EJB e UML

Beans da sessão

Tipos de beans da sessão
e estado de conversão

Passividade da instância

Transações

Tecnologia do bean da sessão

Como modelar o
comportamento da interface

Ciclo de vida
do bean da sessão

Situações comuns
do bean da sessão

Como modelar as relações
dos beans da sessão

Como gerenciar
o desempenho

Cliente local

Como identificar os bens das sessões
nas aplicações comerciais

Resumo

158 | *Desenvolvendo aplicações comerciais em Java com J2EE e UML*

Verificação do processo: Mais uma vez nosso foco estará na construção quando avançarmos na análise Rational Unified Process (RUP) e na disciplina da construção. Também analisaremos alguns aspectos da implementação no contexto da tecnologia EJB.

No Capítulo 10, decidimos desenvolver um objeto de controle em um par de servlets e fizemos com que outro objeto de controle se concentrasse na interação interna e na lógica comercial. Essa interação interna e a lógica comercial são o domínio de um tipo específico de Enterprise JavaBeans (EJB) conhecido como bean da sessão.

Neste capítulo, começaremos com uma análise geral do EJB e então veremos como os beans da sessão são modelados na Unified Modeling Language (UML). Mais tarde veremos os principais aspectos tecnológicos dos beans da sessão e terminaremos com uma análise de onde eles se encaixam em nosso exemplo de banco on-line HomeDirect em desenvolvimento.

Apresentação dos Enterprise JavaBeans

A especificação EJB está bem no centro da plataforma Java 2 Platform, Enterprise Edition (J2EE). Ela define um modelo de componente completo para construir componentes dimensionáveis e distribuídos da aplicação Java comercial baseada no servidor.

As principais idéia sob a especificação EJB são para:

■ Permitir que partes de terceiros, como os revendedores do servidor da aplicação, forneçam o máximo possível de infra-estrutura subjacente comumente requerida (como a comunicação distribuída, a segurança, transações etc.) de uma maneira uniforme, assim simplificando muito a tarefa do desenvolvedor da aplicação distribuída.

■ Fornecer meios para criar componentes reutilizáveis que possam ser compartilhados nas plataformas para reduzir o esforço de desenvolvimento geral.

■ Fornecer um projeto para a implementação das aplicações Java comerciais.

■ Fornecer um modelo para o desenvolvimento das aplicações Java comerciais de modo que os aspectos do desenvolvimento, da montagem e da distribuição sejam desacoplados.

Para expressar essa visão, os EJBs contam com vários conceitos-chave:

■ Contêiner: em vez de distribuir diretamente para o servidor da aplicação, os EJBs são distribuídos em um contêiner. Um contêiner fornece o ambiente de execução para os EJBs, gerencia seu ciclo de vida e fornece serviços adicionais. (Analisamos o conceito de contêiner no Capítulo 2.)

■ Padrão do proxy: em vez de um componente monolítico, os EJBs adotam uma abordagem baseada no padrão do proxy. A idéia é separar o componente nos objetos do cliente e remotos. Assim, um usuário EJB vê apenas o objeto do cliente representado pelas interfaces EJB e o objeto remoto fica livre para mudar os detalhes da implementação, como o local da rede, o transporte subjacente etc. como requerido.

- Descritor da distribuição: para facilitar um desacoplamento do desenvolvimento da distribuição, ou seja, para permitir a personalização do desenvolvimento posterior do componente, os EJBs usam o conceito de um descritor da distribuição. Ele age como um meio de personalização declarativa do EJB sem requerer a modificação do código EJB em si.

Usar os EJBs só porque você acha que eles são legais ou porque as outras pessoas estão usando-os poderá trazer problemas. Pode haver soluções perfeitamente boas para o problema que você está tentando atacar que não requerem os EJBs.

A lista seguinte contém algumas possíveis razões para considerar o uso dos EJBs:

- Você precisa suportar diversos tipos de cliente, por exemplo, uma aplicação Java e um front-end baseado no paginador. Nesta situação, o uso dos EJBs faz sentido porque você pode colocar a lógica comercial e os dados em um conjunto de componentes EJB que poderá ser acessado por diversos tipos de cliente.

- Diversas fontes precisam acessar e atualizar os dados de uma maneira simultânea. Os EJBs fornecem capacidades predefinidas para endereçar essa questão.

- Sua aplicação requer o uso de transações do banco de dados. Essa capacidade está predefinida nos EJBs e você pode esperar ver um suporte aperfeiçoado nesta área.

- Sua aplicação requer um refinamento como a capacidade de limitar o acesso no nível da operação da classe. Isso é novamente fornecido pelos EJBs.

- Sua aplicação tem de ser dimensionável para um número muito grande de usuários. Os EJBs são designados para construir sistemas distribuídos de grande escala, portanto usar os EJBs tornará muito mais fácil a tarefa de adicionar servidores extras.

- Uma alta disponibilidade é requerida ou será requerida para a aplicação. Se você antecipar a necessidade de zero ou muito pouco tempo de inatividade, provavelmente irá requerer algum tipo de mecanismo de redundância. Isso não é suportado diretamente assim pelos EJBs, mas junto com um bom servidor da aplicação, ficará mais fácil conseguir com a tecnologia EJB.

Há atualmente três tipos diferentes de EJBs. Agora iremos concentrar nossa atenção nos EJBs conhecidos como beans da sessão.

Exibições EJB e UML

Estruturalmente, os EJBs consistem em uma classe Java principal, geralmente chamada de classe de implementação ou classe do bean, e duas interfaces: Home e Remote. No caso dos beans da entidade (analisados no Capítulo 13), há também uma classe de chave primária. As relações entre esses itens, assim como os objetos de base J2EE em particular que esses itens estendem e implementam, dão ao EJB sua funcionalidade em particular e utilidade como um componente J2EE.

Todos os EJBs usam um descritor de distribuição para manter as informações adicionais pertinentes ao componente. Isso inclui informações como as definições da transação nos métodos comerciais, as definições para o tipo de bean, as definições de segurança e mais.

Os tipos de componente EJB são distribuídos em um contêiner EJB com a ajuda de um utilitário de distribuição. Um servidor EJB mantém o contêiner EJB. Um servidor EJB é geralmente referido como um servidor da aplicação comercial ou mais comumente como um servidor da aplicação. As determinadas capacidades e o nível de compatibilidade do servidor EJB determinam com qual versão da especificação EJB você precisa estar trabalhando.

Como representar um Enterprise JavaBean na UML

Dada a amplitude da UML, não deve ser uma surpresa que haja diversas maneiras, aparentemente em potencial, de representar um EJB na UML. Os candidatos óbvios parecem ser as duas construções UML: classe e componente.

Uma classe UML é deficiente no sentido que, diferente de um EJB, uma classe é geralmente refinada. E mais, uma classe não oferece uma representação muito independente de um EJB por si só e requer um suporte extra da modelagem (como o pacote) para conseguir isso.

Possivelmente você poderá mesclar os elementos diferentes que compõem um EJB e representá-los como uma única classe UML, por exemplo, de uma maneira parecida com a Figura 12-1. Nesse caso, a classe precisaria ter vários compartimentos diferentes, cada um contendo informações pertinentes a um aspecto diferente do EJB completo.

Essa abordagem parece apresentar à primeira vista um modelo EJB mais compacto, mas o grande número de compartimentos necessários pode tornar o trabalho com essa representação mais difícil de compreender e com mais tendência a erros. Também exibe muito mais informações para um cliente EJB do que é necessário ou desejável.

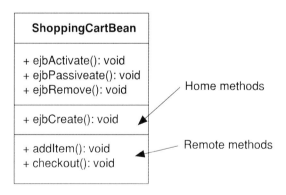

Figura 12-1 Um exemplo da representação EJB baseada na classe.

Do mesmo modo, embora a UML tenha a notação de componente, não é igual a um componente EJB. O componente UML é mais associado à implementação, por exemplo, representando um aspecto artificial físico como um arquivo do código-fonte. E mais, os componentes UML não são em geral modelados durante a análise e a construção[1].

Outra abordagem[2] é usar algo que combine as capacidades de uma classe (mais precisamente, um classificador em geral) assim como um pacote, a saber um subsistema. Como mencionado no Capítulo 4, um subsistema é basicamente um grupo de elementos UML que representam uma unidade de comportamento em um modelo. Pode ter interfaces assim como operações. Os subsistemas, diferentes dos componentes, são geralmente significantes da perspectiva da análise e da construção e não sofrem com a natureza refinada das classes.

Dada a grande razão para usar um subsistema para representar um EJB, as vantagens que ele oferece e o fato de que essa abordagem provavelmente se tornará o padrão de fato, escolhemos usar a construção do subsistema para representar os EJBs neste livro.

É melhor ver os EJBs de perspectivas diferentes relevantes para os papéis específicos (por exemplo, usuário, desenvolvedor etc.). Vejamos essas exibições diferentes de um EJB. Iremos analisar os componentes da sessão e os detalhes da tecnologia depois de elaboramos mais essas exibições.

Exibição do cliente

A exibição do cliente de um EJB inclui o que o cliente pode acessar, que consiste nas interfaces Home e Remote. Em um diagrama de classe UML, a exibição do cliente de um EJB é representada por um subsistema UML pelas razões analisadas anteriormente.

Uma vantagem de usar a abordagem do subsistema é a capacidade de exibir os aspectos que têm uma importância em particular ou ocultar os detalhes irrelevantes. A Figura 12-2 fornece um exemplo de exibição do cliente mostrando os elementos dentro do subsistema. Observe os estereótipos específicos mostrados nos elementos diferentes. Os estereótipos indicam que as construções UML foram estendidas em seu significado para suportar as necessidades especiais da arquitetura J2EE. Tal estereótipo também oferece um meio simples e compacto de identificar o papel específico desempenhado por um elemento específico do modelo que faz parte de um EJB.

Na prática, geralmente se usa apenas uma das representações mais compactas do subsistema UML para a exibição do cliente. Tem a vantagem de evitar um amontoamento desnecessário nos diagramas do modelo. Neste caso, a representação da exibição do cliente preferida é apresentada na Figura 12-3.

---

1. Note que a UML 1.4 mudará a noção de um componente UML a fim de trazê-lo mais para perto da definição J2EE de um componente.

2. Proposta pela equipe de mapeamento UML EJB em resposta ao JSR 26, Sun Community Process (disponível no java. sun.com). Para obter uma boa análise da razão para essa abordagem, veja o Modeling Components and Frameworks with UML de Cris Kobryn, Communications of the ACM, outubro de 2000.

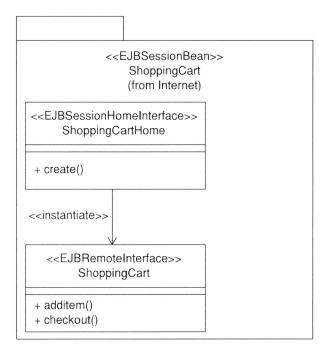

Figura 12-2 A representação da exibição do cliente completa de um bean da sessão em um diagrama da classe UML.

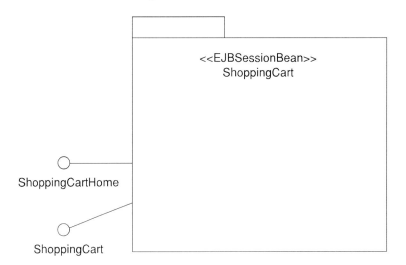

Figura 12-3 A representação da exibição do cliente compacta de um bean da sessão em um diagrama da classe UML.

Exibição interna

A exibição interna de um EJB inclui todos os componentes da exibição do cliente, da classe da implementação, suas relações associadas e de qualquer outra classe que o usuário possa ter adicionado à construção do EJB. Em um diagrama da classe UML, esses elementos aparecem como classes normais e interfaces.

A exibição do cliente é a fachada para um EJB. A exibição interna de um EJB é obtida exibindo o conteúdo do pacote UML completamente, como mostrado na Figura 12-4.

Beans da sessão

As áreas que analisamos até então aplicam-se igualmente bem a todos os EJBs. Agora iremos concentrar nossa atenção especificamente no tipo de EJB do bean da sessão.

Os beans da sessão foram o primeiro tipo EJB a receber uma grande adoção e uso geral. Em muitos projetos de desenvolvimento J2EE atualmente, os beans da sessão são o único tipo EJB realmente sendo usado. Provavelmente isso mudará no futuro quando a especificação EJB aprimorar as capacidades existentes, introduzir tipos de beans adicionais e quando os servidores da aplicação comercial melhorarem seu suporte para os tipos atualmente existentes e os recém-definidos.

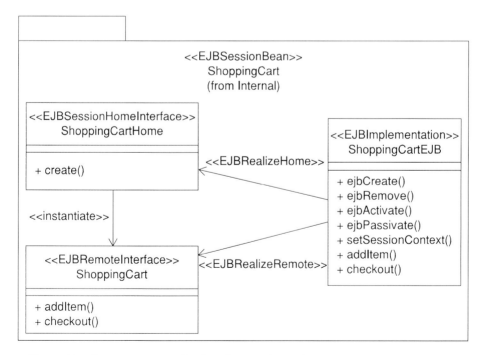

Figura 12-4 A representação da visão interna de um bean da sessão em um diagrama da classe UML.

Beans populares

Os beans populares são usados, hoje em dia, basicamente para lidar com as transações do cliente ou, como o nome implica, com as sessões do cliente.

As principais vantagens de usar os beans da sessão são:

- Capacidades do gerenciamento das transações predefinidas
- Capacidades do gerenciamento do estado predefinidas

O bom de usar os componentes EJB é que muitas vantagens adicionais, como o gerenciamento automatizado dos recursos, a simultaneidade e a segurança, também são fornecidas pelo contêiner EJB.

Sempre que você compra em um site Web predefinido na plataforma J2EE, há uma alta probabilidade de que um bean da sessão esteja lidando em grande parte com os aspectos do gerenciamento do estado e da transação de sua experiência de compra. Do mesmo modo, ao lidar com sua corretagem comercial on-line, com uma conta de banco da Internet ou com qualquer quantidade de serviços que você puder imaginar na Web, os beans da sessão estarão sendo usados com muita freqüência para lidar com suas transações.

Versões do J2EE

Os tópicos tratados neste capítulo aplicam-se igualmente bem aos beans da sessão que usam o J2EE 1.3 assim como o J2EE 1.2. Há muito poucas diferenças entre as duas especificações em relação aos beans da sessão e, do ponto de vista da modelagem UML, são basicamente idênticas. Como poderá ser visto nos capítulos posteriores, há outros tipos de componente EJB nos quais esse não é necessariamente o caso.

Tipos de beans da sessão e estado de conversão

Os beans da sessão são designados para lidar o máximo possível com os aspectos do estado de baixo nível e de transações de uma sessão do cliente. Porém, há vários níveis de controle que os desenvolvedores Web poderão escolher para determinar quanto das capacidades do contêiner EJB eles desejam usar e quanto ainda desejam codificar manualmente.

Os beans da sessão têm duas variedades maiores, com estado e sem estado. Isso determina se o componente pode ou não manter o que é conhecido como estado da conversão.

O estado da conversão é definido como os dados que descrevem a conversão representada por um cliente específico que se une a um objeto da sessão.

Se o bean da sessão mantiver esse estado, fornecerá ao cliente a capacidade de trabalhar com um determinado objeto da sessão, sair por alguma quantidade arbitrária de tempo (segundos, minutos, horas, dias etc.) e voltar mais tarde, recolocando-se exatamente onde saiu com o mesmo objeto da sessão. Isso é chamado de bean da sessão com estado.

quantidade aleatória de tempo. Imediatamente ao sair, o objeto da sessão é eliminado e nenhum estado da conversão é mantido. Se o cliente retornar, um novo objeto da sessão será criado e tudo começará a partir do início. Isso é chamado de bean da sessão sem estado.

Como os beans da sessão sem estado consomem menos recursos do sistema, eles tendem a ser distribuídos com mais freqüência do que a variedade com estado. Quando as exigências e as expectativas do cliente para um bean da sessão crescem e os contêiners EJB fornecem capacidades de gerenciamento dos recursos mais eficientes, torna-se mais atraente usar os beans da sessão com estado e colher as vantagens adicionais.

As características mais comuns para um bean da sessão com estado incluem:

- Criado para ser usado por um cliente apenas
- Chamado por um identificador exclusivo
- Mantém o estado nos métodos e transações
- Mantém o estado na passividade da instância
- Pode implementar a sincronização das sessões

As características mais comuns para um bean da sessão sem estado incluem:

- Criado para ser usado por muitos clientes, um de cada vez
- Não há nenhum identificar exclusivo; geralmente parte de um pool de componentes
- Não há nenhum estado mantido nos métodos e transações
- Não há nenhum estado mantido na passividade da instância
- Não pode implementar a sincronização das sessões

Como modelar o estado de conversão do bean da sessão

Os diagramas do gráfico do estado UML podem ser usados de modo eficiente para modelar o estado de conversão de um bean da sessão com estado. Tal modelagem é útil para compreender o fluxo geral da conversão e ajuda a simplificar a construção da lógica comercial do bean.

Um exemplo é apresentado na Figura 12-5.

Este exemplo mostra o estado de conversão para um bean TravelReservations, uma versão comumente encontrada na maioria dos portais de reservas de vôos baseados na Web.

Fazer reservas de vôos envolve várias etapas, inclusive configurar as preferências do usuário, como, por exemplo, o número de assentos requeridos, as horas de vôo desejadas, as preferências da linha aérea, a faixa de preços etc. Então o usuário geralmente fornece duas datas e as cidades de/para, que são usadas como os segmentos que sai (a cidade inicial para o destino) e de retorno (que chega).

O usuário é apresentado às seleções do vôo para o segmento que sai e solicitado a escolher um vôo. O processo continua até que ele tenha identificado os vôos adequados e decida ter o bilhete emitido ou comece com datas diferentes. Uma situação bem-sucedida levando à emissão de um bilhete está na Figura 12-6.

Como você pode ver neste diagrama de gráfico do estado e de seqüência, o uso do gráfico do estado para modelar o estado de conversão facilita para o bean TravelReservations compreender e implementar. Por exemplo, é fácil ver que o usuário pode configurar apenas a preferência antes de iniciar a solicitação de vôos adequados.

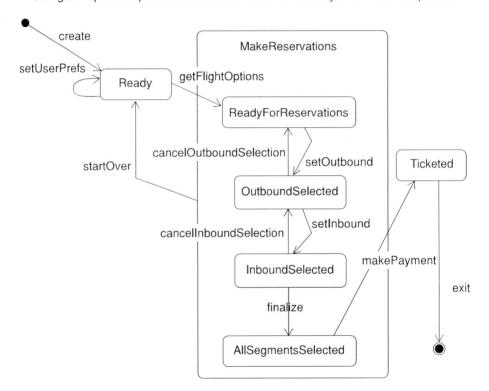

Figura 12-5 Como modelar o estado de conversão do bean da sessão.

Qualquer alteração nas preferências do usuário irá requerer que ele comece de novo. Pode ou não ter sido a intenção da construção, mas modelar o estado da conversão assim torna isso muito óbvio.

Cada um dos estados tem implicações específicas para os dados. Ou seja, os estados identificam explicitamente os dados requeridos pelo bean da sessão quando percorre os estados de conversão. Por exemplo, quando o bean da sessão está no estado Pronto, ele não tem nenhuma informação relacionada com os segmentos do vôo. Do mesmo modo, quando o bean da sessão está no estado AllSegmentsSelected, você sabe que tem de ter informações completas e válidas relacionadas com todos os segmentos do vôo.

Passividade da instância

A passividade é um recurso útil que o contêiner EJB fornece especificamente para os beans da sessão com estado. A passividade ocorre quando o EJB não está no meio de uma transação do cliente e o servidor EJB decide que precisa limpar o bean para liberar alguma memória ou outros recursos do sistema. O EJB limpo poderá então ser ativado de novo, em geral na próxima interação do cliente que o requeira.

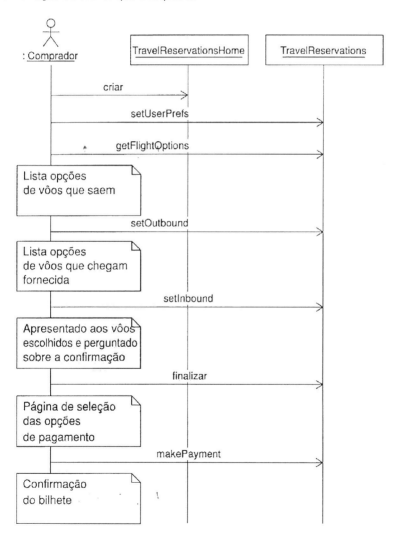

Figura 12-6 A situação de reserva do bean TravelReservation.

Para os beans da sessão com estado, o cliente sempre retorna para o mesmo objeto de sessão exclusivo assim que ativado de novo. Apenas um certo cliente, que criou inicialmente esse objeto da sessão, poderá fazer isso. É necessário para manter o estado de conversão, assim como para fornecer a segurança para as informações que o cliente colocou no determinado objeto da sessão.

No caso do sem estado, a passividade da instância não é especificamente necessária porque ela herda o modo como o contêiner EJB trabalha para os beans deste tipo. Quando o cliente termina com esse tipo de objeto da sessão, ele é limpo e liberado de volta para o pool de beans. Na próxima vez em que o objeto da sessão for ativado, será usado por qualquer sessão do cliente que precisar no momento, mas note que o objeto da sessão foi de fato reciclado para parecer tão bom quanto um novo a cada vez. No pool de beans, esses objetos estão ainda em um estado ativo e se o servidor EJB decidir que ele precisa liberar alguns recursos, simplesmente removerá alguns beans da sessão inativos do pool, destruindo-os realmente. Portanto a passividade nesse caso é de fato apenas uma destruição, que é bom porque realmente não há nenhum estado de conversão para manter.

Usar o conceito de pool de beans permite que muitos mais clientes sejam lidados do que há beans da sessão disponíveis; porém, lembre-se dos limites que esse caso pode impor, especialmente para as transações Web mais demoradas e complicadas. Você não desejará escolher beans sem estado apenas para descobrir que a quantidade do tempo de reiniciação requerido pelo bean da sessão tem muito mais peso que qualquer benefício do recurso ganho de outro modo.

Limpeza e remoção

Há limites para a quantidade de tempo que um bean da sessão pode manter para os recursos no servidor EJB sem fazer qualquer trabalho útil. Por exemplo, caso o cliente saia do site Web para fazer algo mais e esqueça de retornar, a rede poderá estar desativada ou o objeto da sessão mantendo informações para o carrinho de compras a que o cliente nunca retornou para comprar depois de um dado número de dias. Para tais casos, o contêiner EJB usa um mecanismo de remoção do bean.

A remoção pode ocorrer para todos os tipos de bean da sessão. Isso é geralmente resultado da permanência de um bean da sessão no estado passivo por mais tempo que a definição do intervalo EJB permite, ou que o servidor EJB esteja ansiando pelos recursos e precise destruir alguns beans inativos. Nos casos muitos estranhos, isso poderá ser também resultado de uma falha do servidor EJB ou paralisação, portanto os desenvolvedores Web precisarão construir seus beans da sessão para serem capazes de suportar essa situação.

Para as sessões com estado, as situações do cliente Web, como as descritas anteriormente, geralmente resultarão na remoção. Se o cliente Web, que criou o objeto da sessão, nunca retornar, a sessão terá de ser destruída porque ninguém mais poderá usá-la.

Para as sessões sem estado, as razões para a remoção estão mais ligadas à implementação do servidor EJB em particular. Neste caso, o servidor poderá notar que o pool de beans da sessão é mal usado e que alguns outros componentes sendo mantidos precisam de mais recursos do sistema. Portanto, neste caso, o tamanho do pool de beans da sessão seria condensado quando requerido.

É importante notar que a remoção de um objeto da sessão nunca poderá ocorrer enquanto um cliente está no meio de seu uso. A remoção poderá ocorrer apenas durante o estado de passividade ou de inatividade. Naturalmente que uma paralisação do servidor ou outra falha catastrófica poderá fornecer um equivalente aproximado da remoção, mas isso é claramente indesejável.

Transações

Considere o caso de uso Transferir fundos analisado nos capítulos anteriores. O caso de uso se resume a debitar uma conta e a creditar a quantia equivalente na outra.

Um problema surge quando uma falha ocorre depois dos fundos terem sido debitados da primeira conta mas não creditados ainda na segunda. Isso é problemático porque, em geral, você desejaria que o débito e o crédito ocorressem ou, se um falhasse, nenhum ocorreria. Em outras palavras, o conjunto de atividades está intimamente ligado entre si e você desejará que sejam executados como se fossem uma única unidade de trabalho[3]. Essa unidade de trabalho é comumente referida como uma transação comercial ou simplesmente transação.

Outra razão para as transações é a natureza distribuída inerente do software comercial e a necessidade de não minimizar apenas a lógica do tratamento de exceções no cliente, mas também fazer com que seja aplicada consistentemente sem um código repetido nos diversos níveis. Por exemplo, as exceções não oferecem muitas informações sobre o estado da atividade solicitada. O uso das transações evita contar com o tratamento das exceções para determinar o futuro curso da ação.

Espera-se em geral que os sistemas usem as transações que seguem os princípios ACID:

- Atômico: as transações têm de ser executadas completamente ou não serão. As transações completadas com sucesso são aceitas (dados atualizados); do contrário a transação inteira é retornada.

- Consistente: asseguram proativamente que o sistema esteja em um estado consistente. Por exemplo, no caso do caso de uso Transferir fundos, se a transação falhar por qualquer ação, o sistema manterá a consistência voltando para o estado anterior ao início da transação falha. Se a transação se completar com sucesso, a verificação da consistência irá requerer que o saldo da conta debitada e o saldo da quantia creditada sejam ajustados exatamente pela quantia da transferência.

- Isolado: enquanto a transação está sendo executada, os dados acessados pela transação não poderão sofrer interferência ou ser acessados por outro processo ou transação até depois da transação estar completa.

---

3. Do Enterprise JavaBeans de Richard Monson-Haefel, O'Reilly Press, 1999. Leitura recomendada.

- Durável: as alterações feitas como resultado da transação são gravadas no armazenamento de dados permanentes. Isso permite a recuperação do sistema sem a perda das transações aceitas no caso das paralisações do sistema.

Os princípios ACID podem servir como um guia na construção dos beans da sessão. Um bean devidamente construído deverá satisfazer o teste ACID. Você pode comparar uma construção do bean da sessão com cada um dos princípios para ver se ela está de acordo.

Demarcação da transação

Os beans da sessão são basicamente designados para serem de transação por natureza. Os métodos comerciais definidos no bean da sessão são executados como métodos de transação ou não, dependendo dos atributos definidos no descritor da distribuição para o bean. Quando um método é definido como sendo de transação, ele tem de ser chamado com um contexto de transação, que é fornecido pelo cliente usando a sessão ou o próprio contêiner EJB.

Um contexto da transação fornece acesso para as chamadas específicas usadas para indicar os pontos críticos no processamento de uma transação. Dependendo do tipo de demarcação usado, essas chamadas serão feitas manualmente pelo desenvolvedor do EJB ou automaticamente pelo contêiner EJB. São geralmente denominados de delimitadores ou métodos de demarcação da transação:

- begin: indica que a transação está para começar o processamento.
- commit: indica que a transação completou com sucesso e agora deve ser aceita no banco de dados.
- rollback: indica que a transação falhou por alguma razão e não deve ser aceita. Um rollback efetivo implica que o objeto da sessão será retornado para o estado em que estava antes do processamento da transação ter iniciado.

O contexto da transação pode ser usado em um único método comercial ou em qualquer quantidade de chamadas do bean da sessão. Observe que as transações têm de ser planas, significando que uma transação não poder estar aninhada na outra em um bean da sessão.

Transações gerenciadas pelo bean

O primeiro tipo de demarcação da transação é referido como demarcação da transação gerenciada pelo bean. Isso também é comumente referido como transações gerenciadas pelo cliente ou pelo bean. Em qualquer caso, essa definição no descritor da distribuição implica que um cliente escreverá seu próprio código de tratamento das transações, possivelmente usando a interface javax.transaction.UserTransaction e demarcará a transação fazendo as devidas chamadas begin, commit e rollback quando necessário.

Esse tipo de demarcação fornece um maior controle para o usuário, mas em muitos casos em que as necessidades da transação são bem padrões, isso poderá fazer com que o desenvolvedor EJB trabalhe mais do que é necessário. Na verdade, poderia eliminar um dos benefícios básicos de usar um bean da sessão em primeiro lugar.

Ter limites da transação que cruzam mais de um único método comercial poderá ser uma razão para usar as transações gerenciadas pelo bean.

Transações gerenciadas pelo contêiner

Na maioria dos casos, os clientes preferem deixar que o contêiner EJB cuide dessas chamadas de demarcação da transação. No caso das transações gerenciadas pelo contêiner, o contêiner saberá como e quando chamar as solicitações begin e commit assim como quando executar algum processamento padrão para de fato fazer uma operação rollback caso se torne necessário.

Usar esse método fará com que o desenvolvedor EJB tenha menos controle sobre o que de fato é feito em pontos diferente durante a transação. Mas a maior vantagem é que os detalhes da transação de baixo nível são cuidados para você, e isso em si é geralmente uma razão suficiente para usar os beans da sessão nesse modo de operação.

Em alguns casos, o desenvolvedor EJB poderá determinar que há ainda algum processamento especial que precise ser feito apenas quando a transação estiver para começar ou logo depois de completada. Neste caso, o desenvolvedor poderá ainda escolher usar as transações gerenciadas pelo contêiner enquanto utiliza ao mesmo tempo os métodos especiais chamados pela interface SessionSynchronization.

Interface SessionSynchronization

Com a demarcação da transação gerenciada pelo contêiner, o desenvolvedor EJB tem a escolha adicional de implementar a interface SessionSynchronization. Essa opção é válida apenas para os beans da sessão. Nesse caso, o contêiner EJB ainda fará as chamadas da demarcação para você, mas também fornecerá acesso para sobrecarregar os três métodos a seguir em sua classe do bean:

- afterBegin: enviado imediatamente depois da chamada begin para a transação sendo feita e antes de qualquer parte do método comercial de fato ser executado.

- beforeCompletion: enviado imediatamente depois de uma chamada commit para a transação sendo feita e antes de commit ser de fato executado na transação. Este é o último ponto onde uma sessão pode decidir aplicar rollback na transação logo antes de ser completada.

- afterCompletion: enviado depois de uma chamada commit ser feita e imediatamente depois de commit ser de fato executado na transação. Esse método fornece um argumento booleano que determina se a chamada commit de fato teve sucesso ou não.

Assim, o bean da sessão pode usar as vantagens fornecidas pelo contêiner EJB de já saber como fazer as chamadas da demarcação da transação, mas, ao mesmo tempo, permite que o bean da sessão lide com situações específicas de uma maneira não padrão. Todos os três métodos apresentados na Figura 12-7 são tratados como qualquer outro método do ciclo de vida do bean da sessão.

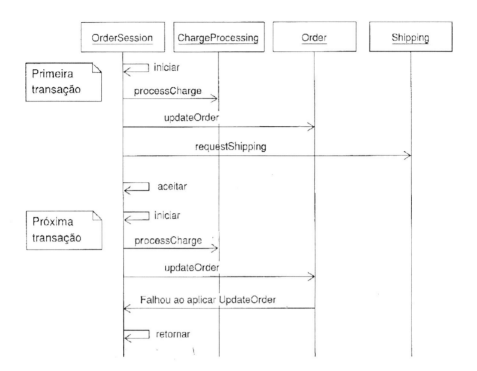

Figura 12-7 O diagrama de seqüência mostrando algumas transações do bean da sessão típicas.

Note que, na Figura 12-7, as operações begin/commit/rollback não são chamadas no EJB OrderSession em si, mas mostradas como tais para abreviar. Os métodos são de fato definidos pelo objeto userTransaction obtido no objeto ejbContext. O objeto ejbContext fornece métodos que podem ser usados por um EJB para acessar os detalhes do ambiente de execução a partir do contêiner no qual está sendo executado.

Limites para os applets da sessão sem estado

Note que para os beans da sessão sem estado, as demarcações da transação gerenciada pelo bean e pelo contêiner são possíveis, mas implementar a interface SessionSynchronization não é permitido especificamente neste caso. E mais, há um limite inerente onde os objetos da sessão, que não mantenham o estado da conversão, não poderão possivelmente permitir que as transações se estendam em mais de um método comercial. Por essas razões, achamos, na prática, que os beans da sessão sem estado poderão apenas ser realmente usados com sucesso quando as transações envolvidas forem relativamente pequenas e simples. As transações que são mais complicadas demandam a capacidade total de um bean da sessão com estado.

Atributos da transação

Como mencionado anteriormente, para a demarcação gerenciada pelo contêiner, um atributo da transação é associado a cada método EJB e indicado no descritor da distribuição para o EJB. Esses valores instruem o contêiner EJB sobre como ele deve gerenciar a transação do cliente sempre que um dado método EJB é chamado. Praticamente todos os métodos definidos pelo usuário no EJB requerem esse valor, ao passo que os vários métodos herdados, que são sempre encontrados em um EJB, não podem usar essa definição.

As definições do atributo da transação basicamente informam ao contêiner EJB se você deseja executar o método na transação do cliente, criar uma nova transação ou executar o método sem transação. Executar em uma transação implica que você está executando com um contexto da transação. Esse contexto é especificamente requerido para os casos em que seu método EJB requeira acesso para os gerenciadores de recursos ou em que o estado permanente do EJB também esteja envolvido.

Para os beans da sessão, os atributos da transação são usados com todos os métodos comerciais adicionados à interface Remote. A seguinte lista contém os valores relevantes e seu significado:

- NotSupported: este método é executado sem um contexto da transação. Se um tiver sido transmitido, será ignorado na duração da chamada do método e restaurado ao completar.

- Required: este método é executado com um contexto da transação. Se nenhum foi fornecido, um novo será criado para usar durante a chamada do método.

- Supported: se o método for chamado sem um contexto, funcionará exatamente como NotSupported. Se chamado com um contexto, será executado exatamente como o caso Required.

- RequiresNew: este método é executado com um novo contexto da transação criado e usado durante a chamada. Se um tiver sido transmitido, será ignorado na duração da chamada do método e o novo contexto será usado e restaurado ao completar.

- Mandatory: este método é executado com um contexto da transação. Se nenhum tiver sido transmitido, uma exceção será enviada.

- Never: este método é executado sem um contexto da transação. Se um for fornecido, uma exceção será emitida.

Como modelar as transações

As transações EJB podem ser gerenciadas pelo bean ou pelo contêiner. Embora ambos utilizem a mesma abordagem em um nível micro, ou seja, da perspectiva do que está ocorrendo internamente, a visibilidade e o controle no nível do desenvolvedor do bean serão diferentes.

No caso das transações gerenciadas pelo bean, os limites da transação poderão ficar óbvios mostrando o uso das devidas operações em um diagrama de seqüência ou de colaboração. Para obter um exemplo, veja a Figura 12-7.

Mas tal possibilidade não existe para as transações gerenciadas pelo contêiner, pois a identificação de uma transação tem uma natureza declarativa.

Uma possível abordagem que pode ser usada de modo consistente em ambos os tipos de transações é usar as mensagens do diagrama de seqüência com os devidos estereótipos para identificar as exigências da transação.

Tecnologia do bean da sessão

Para o cliente, um bean da sessão é visto como um objeto que implementa alguma lógica comercial em particular que o cliente precisa e geralmente está envolvido com algum tipo de exigências de transação ou de gerenciamento do estado. Qualquer objeto da sessão dado está apenas disponível para um único cliente; porém, como você já viu, os objetos da sessão poderão ser reciclados e reutilizados se forem sem estado.

Interface Home

Todo bean da sessão precisa fornecer uma interface Home. É a interface usada pelo programa do cliente para chamar os métodos básicos do ciclo de vida do bean. A interface Home de todo bean da sessão precisa definir pelo menos um método, create<METHOD>, que crie uma instância do objeto da sessão, em que <METHOD> possa ser qualquer nome do método, usando create como o prefixo mais qualquer combinação de argumentos.

Para os beans da sessão com estado, qualquer número desses métodos create poderá ser definido com qualquer número válido de combinações de argumentos. Para as sessões sem estado, poderá haver apenas um único método create com nada mais adicionado ao nome e ele não deverá ter nenhum argumento.

Para os dois tipos de beans da sessão, também há os métodos do ciclo de vida remove que já estão presentes nas interfaces EJB básicas; portanto, não precisam ser definidos de novo.

Um exemplo de código da interface Home do bean da sessão é dado a seguir:

```
package com.homedirect.ejb.control;

import java.rmi.RemoteException;
import javax.ejb.*;

import com.homedirect.ejb.profile.Profile;

public interface ControlHome extends javax.ejb.EJBHome
{
        public com.homedirect.ejb.control.Control create( )
                throws java.rmi.RemoteException,
                javax.ejb.CreateException;
}
```

Interface Remote

Todo bean da sessão também precisa fornecer uma interface Remote. É a interface usada pelo programa do cliente para chamar todos os métodos comerciais específicos que o bean da sessão foi construído para suportar. Praticamente qualquer nome do método e argumento poderá ser usado, mas, claro, é uma boa idéia ficar longe dos nomes que já têm um significado alternativo na classe da implementação.

Ambos os tipos de beans da sessão requerem uma interface Remote e os detalhes para os dois são parecidos.

Um exemplo de código da interface Remote do bean da sessão é dado a seguir:

```
package com.homedirect.ejb.control;

import java.rmi.RemoteException;
import javax.ejb.*;
...
public interface Control extends javax.ejb.EJBObject
{
      public Profile getProfile( ) throws java.rmi.RemoteExcep-
tion;
      public void setProfile(Profile profile) throws
java.rmi.RemoteException;
...
      public String TransferFunds(    String fromAccount,
                               String to Account,
                               long lAmount)
      throws java.rmi.RemoteException, AccountException,
GeneratorException;
...
}
```

Classe de implementação

E mais, cada bean da sessão tem uma classe de implementação ou classe do bean da sessão. Consiste nas implementações reais para todos os métodos chamados na interface Home e na interface Remote, assim como os métodos do ciclo de vida do bean da sessão requeridos.

A classe de implementação tem de conter estes métodos:

- ejbCreate<METHOD>: para todo método create chamado na interface Home, precisa haver um método coincidente na classe da implementação que difira apenas no sentido do prefixo usado no nome do método ser ejbCreate em vez de create. Os argumentos também terão de coincidir, mas note que os tipos de retorno são diferentes. Esse método é geralmente mínimo no tamanho, talvez executando apenas algumas etapas simples da iniciação para o EJB.

- ejbRemove: este método tem de existir sem argumentos e ser chamado quando um dos métodos remove da interface for chamado ou quando o contêiner EJB iniciar uma ação remota por si só. Esse método faz qualquer limpeza final do EJB – o oposto das etapas da iniciação.

- setSessionContext: este método tem de existir e é chamado pelo contêiner EJB para permitir que o bean da sessão armazene as informações do contexto da sessão em uma variável da instância local. Na maioria dos casos, esse método consiste em apenas uma linha para armazenar o contexto.

- Métodos comerciais: todos os métodos comerciais definidos na interface Remote têm de ter uma coincidência exata na classe do bean em termos do nome do método e dos argumentos. O tamanho da lógica para o EJB existirá nesses métodos. Os métodos de acesso, como os gets e os sets simples, também ficam nessa categoria.

- ejbPassivate/ejbActivate: como são herdados de uma interface, estes métodos têm sempre de estar presentes para todos os beans da sessão, mas devem de fato ser implementados apenas para os beans da sessão com estado. São chamados durante as ações de passividade/ativação da instância. Geralmente esses métodos serão deixados vazios a menos que alguma rotina especial de iniciação/limpeza seja necessária para quando o EJB for passivo ou ativado posteriormente.

Poderá haver métodos adicionais na classe do bean da sessão que existam simplesmente como utilitários para ajudar a suportar todos os outros métodos do bean presentes. A classe do bean da sessão também é o lugar onde você geralmente armazenaria todas as suas variáveis de instância para manter informações específicas sobre o objeto da sessão. E mais, a classe da implementação também é onde o campo SessionContext é mantido. Um exemplo de classe da implementação do bean da sessão é dado a seguir:

```
package com.home direct.ejb.control;

import java.rmi.RemoteException;
...
public class ControlEJB implements javax.ejb.SessionBean
{
        // EJB context
        public javax.ejb.SessionContext EJB_Context;

        // Private fields
        private Profile profile = null;
        ...
        // Lifecycle methods
        public void ejbCreate( )
        {
                accountHome = LookupHome.getAccountHome( );
```

```
            ...
        }
        // Other lifecycle methods

        // Business methods
        public Profile getProfile( )
        {
            return profile;
        }
    public String TransferFunds(String fromAccount,
                    String toAccount;
                    long lAmount)
                throws AccountException, GeneratorException
        { // logic for TransferFunds
        }
    ...
    }
```

Como modelar o comportamento da interface

Um dos desafios no desenvolvimento baseado em componentes é compreender como usar devidamente o componente. Embora as interfaces dos componentes, como os EJBs, definam os serviços fornecidos pelo componente exibindo os métodos relevantes, nem toda combinação ou ordem dos métodos é válida.

Por exemplo, considere a interface Remote definida para um componente da sessão ShoppingCart como apresentado na Figura 12-8.

Agora observe o diagrama de seqüência na Figura 12-9.

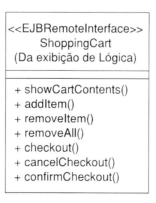

Figura 12-8 A interface Remote do bean da sessão ShoppingCart.

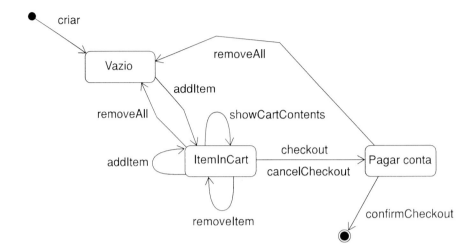

Figura 12-10 O diagrama do gráfico do estado para a interface remota ShoppingCart.

O diagrama de seqüência mostra como o bean da sessão será usado. Mas, para confirmar se o bean pode de fato ser usado assim, você precisaria ler a documentação escrita para o bean, talvez percorrer todas as situações de uso para o bean ou examinar a fonte do código em si.

Uma maneira simples de comunicar como o bean será usado é usar um diagrama do gráfico do estado para modelar e documentar a interface[4]. Um gráfico do estado para a interface Remote ShoppingCart é apresentado na Figura 12-10.

Esse gráfico do estado especifica todas as seqüências válidas nas quais esse bean da sessão pode ser usado. Se você avaliar o diagrama da seqüência na Figura 12-9 com o gráfico do estado, será fácil ver que o diagrama de seqüência contém uma situação válida. Por outro lado, será também fácil ver que, se o mesmo diagrama de seqüência fosse modificado para que contivesse uma mensagem addItem( ) entre as mensagens checkout( ) e confirmCheckout ( ), seria uma situação inválida com base nessa implementação específica do ShoppingCart.

Ciclo de vida do bean da sessão

O ciclo de vida do bean da sessão inclui todos os conceitos analisados até então neste capítulo. A Figura 12-11 mostra um diagrama do estado UML para o ciclo de vida do bean da sessão com estado. A Figura 12-12 apresenta um ciclo de vida muito diferente (e simples) para um bean da sessão sem estado.

---

4. Baseado em [Selic 1994].

Capítulo 12 - *Beans da sessão* | 179

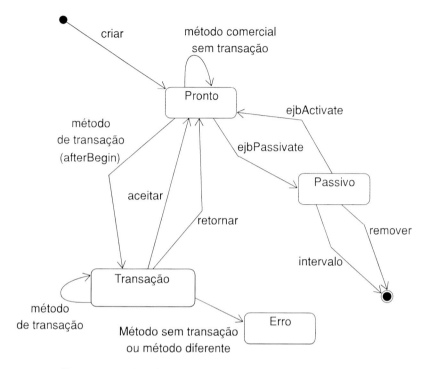

Figura 12-11 O ciclo de vida do bean da sessão com estado.

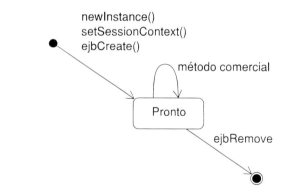

Figura 12-12 O ciclo de vida do bean da sessão sem estado.

Situações comuns do bean da sessão

1. Chame o método javax.rmi.PortableRemoteObject.narrow(...) para obter uma referência para a interface Home.

2. Usando a referência da interface Home, chame o método create para o objeto da sessão. Uma referência para a interface Remote para a sessão retorna.

3. Chame qualquer quantidade de métodos comerciais usando a referência da interface Remove.

4. Chame remove na interface Home ou na interface Remote.

Alguns diagramas de seqüência UML mostrando o uso típico para alguns beans da sessão diferentes são apresentados nas figuras seguintes. A Figura 12-13 mostra uma situação comum para um bean da sessão sem estado. A Figura 12-14 apresenta uma situação mais complicada inerente em um bean da sessão com estado. Ambas estão usando a demarcação da transação gerenciada pelo contêiner.

O exemplo na Figura 12-13 mostra uma transação bem-sucedida com limites em um único método comercial. Note também que o cliente neste caso lida apenas com as interfaces e não conhece ou precisa conhecer nenhum detalhe da classe de implementação. O local físico da classe de implementação não tem nenhum impacto no cliente. Isso fornece uma ótima flexibilidade no sentido de que a implementação pode ser atualizada posteriormente sem afetar o cliente. O cliente sofrerá impacto apenas se as próprias interfaces mudarem.

O exemplo na Figura 12-14 mostra duas transações bem-sucedidas na sessão, cada uma com limites em um único método comercial. Observe também que está implícito que o cliente aguardou muito tempo sem nenhuma chamada depois do primeiro resultado, fazendo com que uma seqüência de passividade ocorresse.

Como modelar as relações dos beans da sessão

Um bean da sessão pode ter relações com outros componentes e classes, por exemplo, JavaBeans, outros beans da sessão, servlets etc. A modelagem de tais relações é analisada nesta seção.

Beans da sessão e classes Java simples

Um bean da sessão é apenas uma aplicação padrão para um conjunto de classes Java e não há nada inerentemente exclusivo sobre os elementos individuais que compõem coletivamente um bean da sessão. Como tal, as relações entre um elemento do bean da sessão e as outras classes Java são bem comuns. Por exemplo, uma classe de implementação EJB poderia utilizar várias classes Java para cumprir suas necessidades, em tais casos, um bean da sessão chamaria os métodos em uma classe Java exatamente como outra classe Java faria.

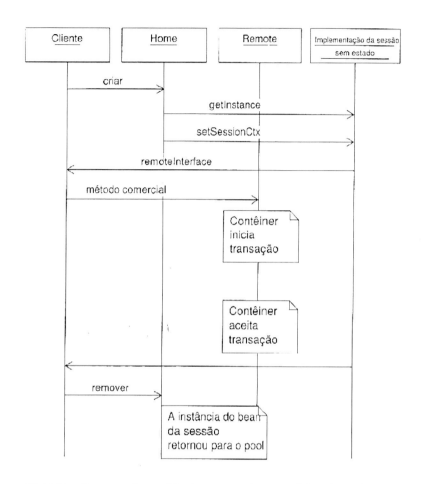

Figura 12-13 Um diagrama de seqüência mostrando o uso típico de um bean da sessão sem estado.

A Figura 12-15 mostra um exemplo de como modelar um bean da sessão e outras classes Java.

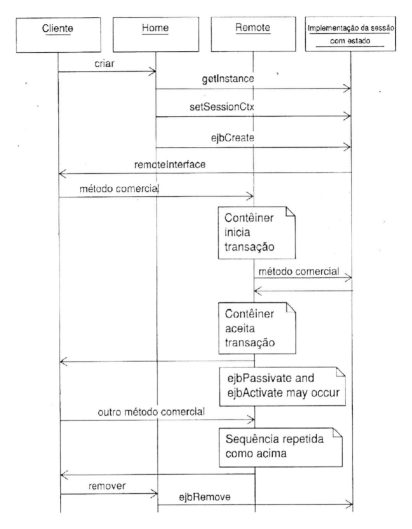

Figura 12-14 Um diagrama de seqüência mostrando o uso típico de um bean da sessão com estado.

Capítulo 12 - *Beans da sessão* | 183

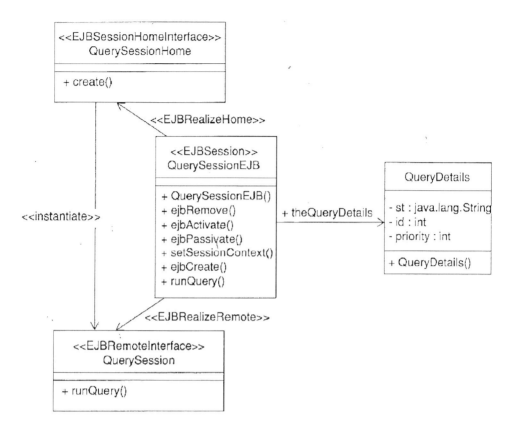

Figura 12-15 O bean da sessão e as classes Java.

Beans da sessão e JavaBeans

Os beans da sessão e os JavaBeans podem ser utilizados juntos de várias maneiras. Por exemplo, um JavaBean pode ser usado como um modo de trocar informações entre os bean da sessão e outros JavaBeans em uma aplicação comercial.

Um padrão[5] interessante é usar um JavaBean como um acesso para um bean da sessão. Tem a vantagem de fornecer uma interface muito simples para o cliente, porém oculta a capacidade total da arquitetura EJB sob o JavaBean simples.

---

5. Descrito no Using JavaBeans as Accessors to Enterprise JavaBeans de Andre Tost, outubro de 1999, publicado pela IBM Developerworks.

Beans da sessão e servlets

Os servlets são geralmente usados como intermediários entre os beans da sessão e a interface do usuário. Por exemplo, um servlet é chamado para lidar com a solicitação HTTP que chega. O servlet por sua vez é chamado em um bean da sessão para executar algumas tarefas específicas.

Em tal situação, é o servlet que chama o bean da sessão. Assim, o servlet pode também ser responsável por localizar o bean da sessão em nome do cliente e instanciar o bean para lidar com as solicitações que chegam.

Em um diagrama da classe, essas relações são mostradas como dependências ou associações unidirecionais de um servlet para um bean da sessão. Se o servlet não precisar ser associado ao mesmo bean da sessão com o tempo (por exemplo, uma instância do bean da sessão sem estado que é diferente sempre), uma dependência será apropriada para modelar a relação. Do contrário, uma associação unidirecional serviria melhor para a modelagem.

Um exemplo é mostrado na Figura 12-16. Opcionalmente, um servlet para a associação do bean da sessão poderá ser estereotipado como <<instantiates>> para identificar claramente que o servlet usa a interface Home da sessão para criar o bean da sessão.

Alguns profissionais J2EE argumentaram[6] que os servlets, em vez de processarem a solicitação e a resposta, deveriam basicamente se concentrar em identificar e instanciar os devidos beans da sessão adequados para a tarefa em mãos e, então, simplesmente enviar os objetos de solicitação e resposta para o bean da sessão para o processamento. O argumento é que faz sentido usar os servlets quando você está lidando com um paginador Web, mas quando os clientes ficam diversos, faz sentido tornar a lógica da apresentação ignorada pelo cliente e independente.

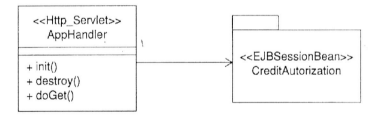

Figura 12-16 As relações do servlet e do bean da sessão.

Bean da sessão e JavaServer Pages (JSP)

Uma relação JSP com um bean da sessão é basicamente parecida com a de um servlet e de um bean da sessão. Um exemplo está na Figura 12-17.

---

6. Veja, por exemplo, o Presention Logic and EJBs: Using session beans to help bridge the Java-HTML gap", de Michael Lacy, Java Developers Journal, maio de 2000.

Contudo, mesmo que um JSP seja compilado em um servlet, geralmente será preferível usar um JSP para os aspectos da apresentação e não incorporar a lógica detalhada no JSP como você faria em um servlet. Uma bordagem é usar um JSP para chamar em um servlet, que então é responsável por interagir com os beans da sessão e/ou da entidade.

Relações entre as sessões

Um bean da sessão pode interagir com outros beans da sessão para cumprir suas responsabilidades. Por exemplo, você poderá usar um bean da sessão com estado para gerenciar a sessão de colocação de pedidos dos subcontratantes e o bean da sessão com estado poderá precisar interagir com um bean da sessão sem estado para obter autorização para aceitar o pedido.

Como outro exemplo, considere uma possível implementação de uma sessão de compras. A sessão de compras do usuário poderá ser gerenciada por um bean da sessão, que tem uma relação de um para um com um bean do carrinho.

Tais relações são modeladas como associação ou dependências entre os beans da sessão. Se um bean da sessão precisar manter informações sobre o outro bean por um período estendido de tempo, isto é, entre os métodos comerciais, o método apropriado será usar uma associação. Do contrário, uma dependência será suficiente.

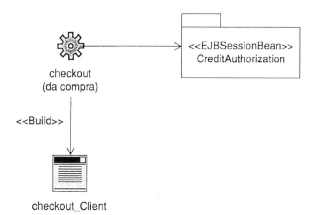

Figura 12-17 A relação do JSP e do bean da sessão.

Usar relações entre os beans deste tipo é algumas vezes referido como cadeia de beans da sessão. A cadeia dos beans da sessão envolvendo um único bean da sessão com estado e diversos beans da sessão sem estado é razoável; porém, um cuidado será justificado se você estiver encadeando vários beans da sessão com estado. Devido à natureza com estado dos beans da sessão, poderá exigir um esforço significante configurar a cadeia. Portanto, se recuperar da falha na cadeia poderá levar muito tempo.

A Figura 12-18 mostra um exemplo de relação entre os beans da sessão.

Herança do bean da sessão

A versão atual da especificação EJB não especifica um mecanismo para a herança dos componentes EJB. Ou seja, a subclassificação de um EJB inteiro de uma só vez, como a que você aproveita nas interfaces assim como na classe de implementação. Alguns revendedores do servidor podem suportar tal herança EJB, mas tenha cuidado se a portabilidade for uma consideração.

A recomendação atual é subclassificar as interfaces Home e Remote e a classe de implementação separadamente e então usá-las como base para criar novos beans da sessão.

Como gerenciar o desempenho

A decisão de usar os componentes EJB em uma aplicação comercial traz muitas vantagens, como descrito anteriormente. Porém, uma área na qual você sempre precisará manter um olho ao lidar com os EJBs é seu efeito no desempenho geral da aplicação comercial.

Os EJBs usam em geral o Remote Method Invocation (RMI) internamente para de fato chegar na separação da interface e da implementação. A vantagem é um desenvolvimento mais fácil das aplicações distribuídas e a capacidade de dividir o trabalho EJB em qualquer quantidade de máquinas diferentes. Sua aplicação comercial poderá ter uma instância EJB da sessão sendo executada em uma máquina, ao passo que os objetos da entidade e os bancos de dados estão em algum outro lugar. Usando os EJBs com essa capacidade remota predefinida automaticamente, o desenvolvedor não precisará saber como tudo finalmente será distribuído.

A desvantagem nesse esquema é que uma chamada remota é sempre mais cara, em tempo e recursos, em comparação com uma chamada para um objeto local. No que diz respeito ao J2EE 1.2, não há nenhuma alternativa para o acesso remoto. Contudo, espera-se que o J2EE 1.3 suporte o conceito de um cliente local, que iremos analisar na seção "Cliente local" abaixo.

Como minimizar as chamadas remotas

E se as chamadas remotas forem caras e não houver nenhuma maneira de usá-las, como você irá maximizar seu desempenho?

A regra básica é manter o número de chamadas EJB que você precise fazer em um mínimo absoluto. Por exemplo, se seu bean da sessão tiver três tarefas diferentes que precise lidar para suportar uma solicitação de um servlet, elas deverão ser colocadas juntas em um único método comercial no bean da sessão para o servlet chamar. Geralmente isso significa que, internamente, tudo que esse novo método comercial faz é chamar os outros três métodos diretamente. O ponto é que você agora reduziu para dois o número de chamadas remotas necessárias para suportar essa tarefa.

O uso dos JavaBeans, como descrito anteriormente, pode ajudar a reduzir o número total das chamadas remotas necessárias também.

E mais, diferentes servidores da aplicação também oferecem mecanismos diferentes para alocar previamente e colocar em pool os recursos, ajustar as definições e equilibrar os carregamentos do servidor para tentar maximizar o desempenho geral de sua aplicação.

Cliente local

Até este ponto, foi suposto que sempre estamos lidando com um cliente remoto. O J2EE 1.3 introduz o conceito do cliente local para os beans da sessão e os da entidade.

O cliente local foi introduzido como uma maneira de melhorar o desempenho quando os componentes EJB requeridos são conhecidos por existirem localmente, sendo executados na mesma Java Virtual Machine. Ao se referir ao cliente local, há várias diferenças que se aplicam:

- O cliente remoto torna-se o cliente local
- A interface remota torna-se a interface local
- A interface Home torna-se a interface Home local
- Os objetos que implementam essas duas interfaces têm de ser objetos Java que são locais para o cliente
- Os argumentos e os resultados de todos os métodos nessas interfaces são agora transmitidos pela referência em vez do valor

Escolhendo implementar usando a abordagem do cliente local, você está limitando potencialmente a capacidade de dividir o processamento das partes significantes de sua aplicação comercial em diversos servidores. Na maioria dos casos, essa desvantagem é muito suplantada pelo ganho no desempenho que essa abordagem pode ter. Essa abordagem pode ser adequada como um ponto de partida. Porém, se você escolher seguir a abordagem do cliente local, será uma boa idéia minimizar o número de chamadas feitas aos componentes EJB locais na preparação para o dia em que eles precisarão ser transformados nos componentes EJB remotos.

O cliente local também é recomendado para a maioria dos casos que envolvem as relações entre os EJBs. Contudo, o cliente local não será válido para usar nos casos onde os EJBs de destino existem em arquivos de armazenamento Java diferentes ou onde um mecanismo de transporte diferente é usado para se comunicar com uma implementação não Java.

188 | *Desenvolvendo aplicações comerciais em Java com J2EE e UML*

Lembre-se de que, na época da composição deste livro, a abordagem do cliente local ainda não estava finalizada. Porém, geralmente é esperado que esse novo recurso seja adiado para a versão final da especificação J2EE 1.3.

Como identificar os beans da sessão nas aplicações comerciais

No capítulo anterior, dividimos o comportamento do objeto de controle em servlets concentrados externamente e em um objeto de controle concentrado internamente com a principal responsabilidade para a lógica comercial e o tratamento das interações com os objetos de entidade.

Com base na análise até então, você provavelmente já pode ter visto que o conceito do bean da sessão é bem adequado para ser esse objeto de controle concentrado internamente.

No contexto do uso do bean da sessão para o objeto de controle concentrado internamente na situação Transferir fundos, há vários detalhes a classificar:

- O bean da sessão é responsável por um único ato, ou seja, transferir fundos, ou tem outras responsabilidades?
- É um bean da sessão com ou sem estado?
- Qual tipo de transações ele tem?
- Deve utilizar transações gerenciadas pelo contêiner ou pelo bean?

Poderíamos torná-lo um EJB com uma finalidade, concentrado em apenas transferir os fundos, mas lembre-se de nossas análises anteriores: os EJBs são menos granulares por natureza do que uma única operação. Uma maneira de determinar isso é perguntar se faria sentido comprar ou vender o EJB como um componente para que ele possa ser usado por outra aplicação Java comercial parecida. Claramente, Transferir fundos não se manteria sozinho como um componente inteiro, mas se você considerar um bean da sessão que lida com a lógica comercial requerida para suportar as solicitações de um cliente do banco, enviar a funcionalidade como um componente fará mais sentido. Portanto, durante esse primeiro passo, decidimos que Transferir fundos, pelo menos neste caso, é uma das várias responsabilidades de um bean da sessão que lida com uma sessão do banco.

A decisão com estado versus sem estado nem sempre é fácil. Como regra geral, se o bean da sessão precisar se lembrar de um número significativo de itens durante o curso de uma transação completa e esses itens já não estiverem sendo mantidos em um objeto do banco de dados, ele precisará ter o estado de conversão e deverá ser um bean da sessão com estado.

Neste caso específico, a solicitação para Transferir fundos envolve apenas algumas partes dos dados, a saber a quantia a transferir e as contas envolvidas. Algumas pessoas poderão argumentar que todos os dados da conta devem ser mantidos no bean da sessão também para evitar ter de reunir essas informações sempre. Na verdade, isso geralmente não é necessário ou mesmo desejável porque esses dados são prontamente acessíveis através dos objetos de entidade. Você correria o risco de usar os dados que estão desatualizados se fizesse isso ou estaria lidando com as questões da sincronização dos dados que eram desnecessárias.

Portanto neste caso, usaremos o bean da sessão sem estado.

A próxima pergunta é se as transações gerenciadas pelo bean ou pelo contêiner são desejadas. A resposta geral é a gerenciada pelo contêiner a menos que o determinado servidor da aplicação com o qual está trabalhando impeça-o de alguma maneira de realizar o que você precisa ou se suas necessidades ficarem fora de qualquer processamento da transação normal. Não iremos fazer nada estranho ou incomum nesta situação, portanto usaremos as transações gerenciadas pelo contêiner.

Também lembre-se de que cada chamada para um EJB é potencialmente uma chamada da rede remota, que é muito mais cara do que apenas uma chamada da função. Queremos minimizar o número de chamadas requeridas para realizar cada solicitação do cliente para obter o melhor desempenho. Na situação Transferir fundos, não é prático ter várias interações com o bean da sessão para transferir os fundos. Ao contrário, isso deve ser limitado a uma única solicitação para transferir fundos.

Com base na análise anterior e escolhas, o diagrama de seqüência revisado para o caso de uso Transferir fundos é mostrado na Figura 12-19.

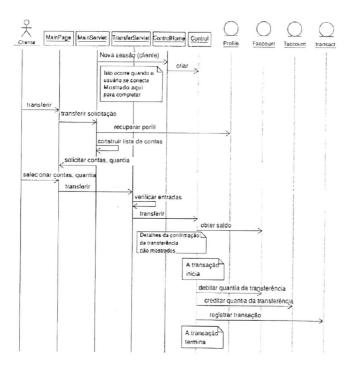

Figura 12-19 A transferência dos fundos revisada com os detalhes EJB de controle.

Resumo

A especificação EJB é uma parte importante da plataforma J2EE e define um modelo de componentes completo para construir beans da aplicação Java comercial baseada em servidores dimensionáveis e distribuídos.

O EJB pode ser representado potencialmente de várias maneiras na UML. A abordagem adotada neste livro é modelar um EJB como um subsistema porque um subsistema oferece o melhor de uma classe e de um pacote. Há três tipos de EJBs suportados na última versão da especificação EJB.

Os beans da sessão são atualmente o tipo EJB mais distribuído. O estado de conversão e a passividade da instância são conceitos importantes para os beans da sessão. Há dois tipos de beans da sessão: com e sem estado. Eles têm várias diferenças principais em sua estrutura e comportamento. Os beans da sessão também suportam as transações que podem ser gerenciadas pelo bean e pelo contêiner.

Existem várias considerações ao desenvolver os EJBs em geral e os beans da sessão em particular. O uso da modelagem UML ajuda a identificar as questões e a esclarecer as soluções em potencial.

Capítulo 13

Beans da entidade

- Apresentação dos Beans da entidade

- Exibições do bean da identidade e a UML

- Permanência

- Permanência abstrata

- Relações gerenciadas pelo contêiner

- Tecnologia do bean da entidade

- Ciclo de vida do bean da entidade

- Situações comuns do bean da entidade

- Como modelar as relações do bean da entidade

- Como identificar os beans da entidade nas aplicações comerciais

- Resumo

192 | *Desenvolvendo aplicações comerciais em Java com J2EE e UML*

Verificação do processo: Continuaremos com nossa construção quando avançarmos na análise Rational Unified Process (RUP) e na disciplina da construção. Também iremos analisar algumas particularidades da implementação no contexto da tecnologia Enterprise JavaBeans (EJB).

No Capítulo 12, analisamos como modelar e construir os beans da sessão usando a Unified Modeling Language (UML) e fornecemos uma visão geral dos beans da sessão no nível da tecnologia. Completamos o capítulo mostrando onde eles se encaixam em nosso exemplo de banco on-line HomeDirect em desenvolvimento.

Neste capítulo, iremos nos concentrar unicamente nos beans da entidade usando uma abordagem parecida, novamente vendo os aspectos UML assim como o nível da tecnologia.

Apresentação dos beans da entidade

Os beans da entidade são os componentes Java 2 Platform, Enterprise Edition (J2EE) que foram construídos especificamente para apresentar os dados em um armazenamento permanente, que é, em geral, um banco de dados. Esses objetos comerciais estão basicamente envolvidos na manipulação desses dados para melhor satisfazer as necessidades de seus clientes, portanto há mais em um bean da entidade típico do que apenas fornecer métodos de acesso do banco de dados.

Geralmente falando, os dados requeridos pelo cliente devem vir dos beans da entidade em vez de construir objetos de acesso dos dados separados. Usando esses EJBs, o acesso e a sincronização com o banco de dados já são fornecidos para você. Como um acréscimo valioso, os beans da entidade fornecem automaticamente a capacidade de compartilhar o estado e o comportamento em diversos clientes simultaneamente. Também fornecem outros recursos predefinidos, como mecanismos para se recuperar de uma paralisação do sistema.

Objetos comerciais comuns

Os beans da entidade podem fornecer muito valor adicionado às aplicações comerciais, especialmente nos sistemas que lidam com manipulações complexas dos dados. Porém, exatamente como os outros EJBs, há uma certa quantidade de overhead associado ao usar os beans da entidade. Como tais, eles são mais adequados para apresentar o que chamaremos de objetos comerciais comuns.

Os objetos comuns são geralmente aqueles que representam um único registro lógico em um banco de dados, geralmente envolvendo os dados que podem existir completamente por si só e ainda fazem sentido. Por exemplo, um pedido do cliente provavelmente seria algo bem adequado para ser representado por bean da entidade. Um item individual no pedido provavelmente será identificado como um objeto mais refinado porque as informações fornecidas pelo item individual possivelmente têm pouco valor quando obtidas fora do contexto de um pedido do cliente.

Identificar se um objeto é comum ou refinado depende realmente do tipo de dados com os quais você está lidando e com a aplicação comercial que está tentando construir.

Por exemplo, até um único pedido do cliente poderia ser refinado demais para você considerar. Você poderá estar mais interessado na coleção de todos os pedidos que um certo cliente fez num determinado período. Talvez os itens específicos em um pedido sejam mais importantes para você, e seu bean da entidade será usado para controlar os detalhes complicados do envio ou para retornar informações para esse item sozinho.

A Figura 13-1 mostra um exemplo onde faz mais sentido para os itens sozinhos serem identificados no contexto do pedido do cliente completo, portanto eles são colocados como parte dele.

Como aumentar a popularidade

Historicamente, os beans da entidade têm sido menos utilizados na indústria do que os beans da sessão. Há várias razões para isso:

- Os métodos de acesso dos dados são geralmente mais fáceis de escrever do que um bom código de gerenciamento da transação, portanto os beans da entidade são algumas vezes vistos como menos críticos para usar do que os beans da sessão.

- Como qualquer tecnologia nova, o valor adicionado percebido tem muito mais peso no custo de aprender como usá-lo com eficiência. Pode ser questionado que os beans da entidade são mais difíceis de implementar corretamente do que os outros tipos EJB e oferecem menos vantagens diretas.

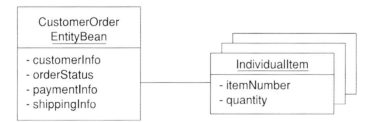

Figura 13-1 O bean da entidade do pedido do cliente com os itens individuais incluídos.

- O suporte do bean da entidade feito por alguns servidores da aplicação foi problemático ou documentado de modo fraco no passado.

- Os beans da entidade podem ter um impacto significativo no desempenho, especialmente quando são usados indevidamente na construção (por exemplo, refinados).

- Os detalhes finais do banco de dados a ser usado com uma aplicação comercial geralmente não são conhecidos até posteriormente no ciclo do desenvolvimento.

A maioria dessas questões está sendo superada gradualmente por uma melhor compreensão de como utilizar os beans da entidade, por um suporte geral melhor agora sendo oferecido pelos servidores da aplicação compatíveis com o J2EE e por algumas melhorias da tecnologia sendo incorporadas na versão J2EE 1.3.

O uso do bean da entidade estará aumentando gradualmente quando essas questões estiverem sendo endereçadas e uma maior compreensão geral das estratégias adequadas e inadequadas da construção do bean da entidade estiver sendo desenvolvida.

Versões do J2EE

Como é o caso com todos os tipos de componentes EJB, os beans da entidade são distribuídos com a ajuda de um contêiner EJB que, por sua vez, é mantido por um servidor da aplicação. As capacidades em particular e o nível de compatibilidade do J2EE com o servidor determinam com qual versão da especificação EJB você precisará estar trabalhando.

Para o resto deste capítulo, todos os pontos pertencem igualmente bem ao J2EE 1.2 e ao J2EE 1.3, exceto onde for observado.

Exibições do bean da entidade e a UML

Estruturalmente, os beans da entidade consistem em uma classe Java principal, geralmente chamada de classe da implementação ou a classe do bean da entidade e duas interfaces: Home e Remote. Também tem uma classe da chave primária que contém métodos para operar na chave primária de uma única tabela do banco de dados ou algum conjunto composto, dependendo dos dados que o EJB pretenda representar. As relações entre esses itens, assim como os determinados objetos de base J2EE, que esses itens estendem e implementam, fornecem ao bean da entidade sua funcionalidade em particular e utilidade como um componente EJB.

Os beans da entidade, como todos os EJBs, usam um descritor de distribuição para manter as informações adicionais pertinentes ao bean. Isso inclui as definições da transação nos métodos comerciais, as relações com outros beans da entidade, as definições permanentes do campo etc.

Vejamos as diferentes exibições que um bean da entidade tem. Entraremos nos detalhes da tecnologia depois de explicar mais essas exibições.

Exibição do cliente

A exibição do cliente de um bean da entidade inclui tudo que o cliente pode chamar diretamente, que consiste na interface Home e Remote e na classe da chave primária. Como analisado no capítulo anterior, em um diagrama da classe UML, representamos a exibição do cliente de um bean da entidade através de um subsistema UML. Um exemplo é mostrado na Figura 13-2.

Capítulo 13 - *Beans da entidade* | 195

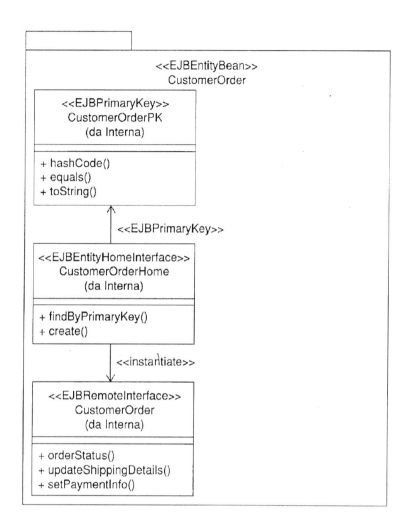

Figura 13-2 A representação da exibição do cliente completa de um bean da entidade em um diagrama da classe UML

Uma vantagem de usar a abordagem do subsistema é a capacidade de exibir os aspectos que têm uma certa relevância em uma situação específica ou ocultar os detalhes irrelevantes. A Figura 13-2 fornece um exemplo dos elementos da exibição do cliente dentro do subsistema. Note os estereótipos específicos mostrados nos diferentes elementos. Os estereótipos indicam que as construções da UML foram estendidas em seu significado para suportarem as necessidades especiais da arquitetura J2EE. Tal estereótipo também oferece um meio simples e compacto de identificar o papel específico desempenhado por um elemento do modelo específico que faz parte de um EJB. A representação compacta da exibição do cliente é apresentada na Figura 13-3.

Exibição interna

A exibição interna de um bean da entidade inclui todos os componentes da exibição do cliente, a classe de implementação, suas relações associadas e qualquer classe adicional que os usuários adicionam à construção de seu bean da entidade. Em um diagrama da classe UML, esses componentes aparecerem como classes e interfaces normais.

A exibição interna será útil se você estiver interessado nos detalhes da implementação. Por exemplo, o desenvolvedor do bean da entidade poderá achar a exibição interna apropriada. Contudo, com exceção dos detalhes adicionais visíveis, a exibição interna é basicamente equivalente à exibição do cliente do bean da entidade, como mostrado na Figura 13-4.

Agora, iremos passar algum tempo compreendendo os aspectos da tecnologia dos beans da entidade.

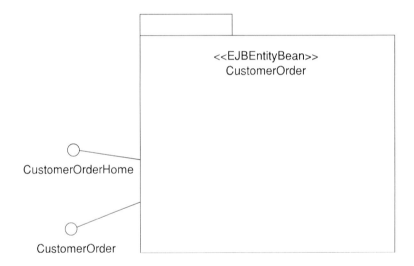

Figura 13-3 A representação compacta da exibição do cliente de um bean da entidade em um diagrama da classe UML.

Capítulo 13 - Beans da entidade

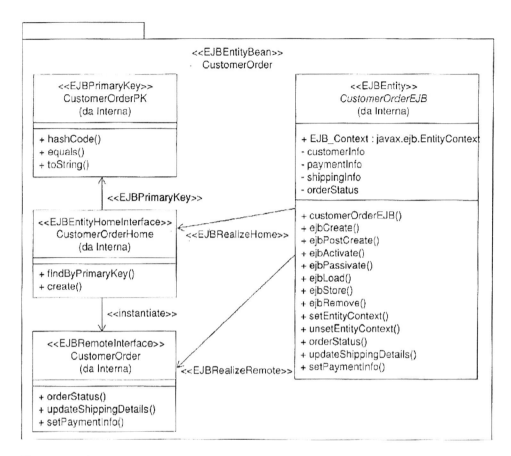

Figura 13-4 A representação da exibição interna de um bean da entidade em um diagrama da classe UML.

Permanência

Sempre que uma aplicação está manipulando os dados, uma de suas considerações é assegurar a longevidade dos dados para além da operação imediata. A permanência refere-se à atividade de assegurar que as alterações nos dados sejam gravadas de modo adequado.

Os serviços permanentes são tudo sobre os beans da entidade, portanto é importante compreender as diferenças entre os dois mecanismos permanentes que esses EJBs podem usar.

Um mecanismo é a permanência gerenciada pelo contêiner. O objetivo da maioria dos beans da entidade que você distribui deve ser usar esse modo de operação com a maior freqüência possível. Deixando o contêiner EJB gerenciar a permanência, todo o acesso do banco de dados e a sincronização serão lidados automaticamente. Como isso é feito usando capacidades do contêiner predefinidas e testadas, você obterá um suporte da permanência com alta qualidade sem ter de implementar e testar todo o código da infra-estrutura associado.

O outro mecanismo é a permanência gerenciada pelo bean. Neste modo, você ainda está usando um bean da entidade, mas também tem que codificar seu próprio acesso dos dados e chamadas da sincronização. Se decidir usar essa abordagem, recomenda-se que use um objeto separado, geralmente referido como objeto de acesso dos dados. Você ligaria os métodos em tal objeto aos métodos ejbLoad/ejbStore que existem na implementação do bean da entidade. Assim, quando decidir ir para a permanência gerenciada pelo contêiner, a migração se tornará muito mais fácil porque você poderá simplesmente descartar o objeto do acesso dos dados encapsulado em vez de tentar retirar o código que está potencialmente espalhado em seu bean da entidade.

A pergunta surge sobre o motivo de alguém ainda querer usar a permanência gerenciada pelo bean. A resposta mais comum é exatamente o que acabamos de descrever – a saber, permitir uma maneira mais fácil de fazer a transição de simplesmente escrever o código do acesso dos dados para usar beans da entidade cheios de recursos.

Também deve ser mencionado que os beans da entidade não devem ser a resposta para toda exigência da permanência. Se você precisar apenas de chamadas simples do acesso para os dados que não mudarão com muita freqüência e de fato não se preocupar com qualquer questão da simultaneidade, então continuar simplesmente a escrever seus próprios objetos de acesso dos dados provavelmente será a melhor maneira de prosseguir. A Figura 13-5 mostra o uso típico das diferentes abordagens recém-descritas.

Transações e simultaneidade

Todos os beans da entidade usam a demarcação da transação gerenciada pelo contêiner, permitindo que os recursos da simultaneidade funcionem devidamente. Como tal, qualquer instância do bean da entidade dada estará disponível para qualquer quantidade de clientes em um momento contanto que os clientes saibam como localizá-la e tenham o devido esclarecimento da segurança.

Como nos beans da sessão, os atributos da transação são definidos nos métodos que um cliente pode chamar para assegurar a integridade do bean da entidade e dos dados que ele perdura. Para esse tipo de EJB, isso inclui todos os métodos definidos pelo usuário nas interfaces Home e Remote. As definições válidas do atributo são exatamente iguais às usadas para os beans da sessão.

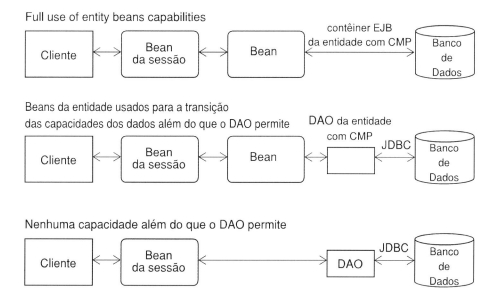

Figura 13-5 A comparação das opções de permanência disponíveis.

Permanência abstrata

O J2EE 1.3 introduz uma nova abordagem emocionante para o gerenciamento da permanência do bean da entidade. Aplica-se apenas ao usar o mecanismo de permanência gerenciada pelo contêiner. A maioria das alterações sobre as quais estamos falando gira em torno da separação completa da implementação do bean de sua apresentação permanente. As alterações resultam na introdução dos dois conceitos que não vimos antes: Abstract Persistence Schema (Esquema da permanência abstrata) e Persistence Manager (Gerenciador da permanência).

Abstract Persistence Schema

Uma das questões que as pessoas tinham com o código de acesso dos dados em geral era que geralmente os detalhes do banco de dados envolvido não eram completamente conhecidos até ser muito tarde no ciclo do desenvolvimento. Isso se originava do fato de que a construção do banco de dados e a construção EJB eram em geral feitas por dois grupos muito separados. Ou talvez a construção do banco de dados estivesse sendo atualizada para uma nova versão e os desenvolvedores queriam evitar completamente a adequação com todos os EJBs existentes que eles distribuíram no passado para trabalhar.

Essas são apenas algumas razões atraentes para adotar os campos da permanência gerenciada pelo contêiner (CMP), também simplesmente conhecidos como campos permanentes e abstraí-los completamente da implementação para um EJB. Fazendo isso, você irá separar efetivamente as duas partes maiores de seu sistema em geral que têm uma tendência de se alterar de modo um pouco independente uma da outra. É uma separação muito útil.

No contrato de permanência do J2EE 1.2, você precisará adicionar campos Java normais à classe de implementação para obter um bean da entidade, identificá-los como campos CMP no descritor de distribuição e então fornecer os métodos get e set com o código necessário para esses métodos. Um exemplo dessa abordagem é apresentado na Figura 13-6.

Com o novo contrato, você não irá adicionar mais campos ao EJB diretamente, mas indicará no Abstract Persistence Schema os nomes dos campos que gostaria que o contêiner EJB criasse e gerenciasse para você. Também criará os métodos de acesso get e set, mas irá marcá-los como abstratos e, portanto, não precisará fornecer nenhum código. O Abstract Persistence Schema reside no descritor de distribuição para esses EJBs. As informações são então transmitidas para o Persistence Manager. Um exemplo dessa abordagem está na Figura 13-7.

```
Attributes declared in EntityBean class
:
public class AccountEJB implements EntityBean {
       /*
               Attributes declaration
       */
       public String AccountNum;
       public String AccountType;
       public BigDecimal Balance;
:
public String getAccountNum( ) throws RemoteException
       {
               return AccountNum;
       }
public String setAccountNum(int account) throws RemoteException
       {
               AccountNum = account;
       }
:
CMP field declaration in the Deployment Descriptor
:
<cmp-field>
       <description>bank account number</description>
       <field-name>AccountNum</field-name>
</cmp-field>
<cmp-field>
       <description>account type can be one of S, C, or
           I</description>
       <field-name>AccountType</field-name>
</cmp-field>
</cmp-field>
       <description>bank balance</description>
       <field-name>Balance</field-name>
</cmp-field>
:
```

Figura 13-6 O contrato do gerenciamento da permanência do J2EE 1.2.

```
Abstract get and set methods and no attribute declaration in EJB
public class AccountEJB implements javax.ejb.EntityBean
{
:

        public abstract String getAccountNum( );
        public abstract void setAccountNum(String newAccountNum);
        public abstract String getAccountType( );
        public abstract void setAccountType(String newAccount-
Type);
        public abstract BigDecimal getBalance( );
        public abstract void setBalance(BigDecimal newBalance);
:

:
CMP Field Declaration in the deployment descriptor
:
<cmp-field>
        <field-name>AccountNum</field-name>
</cmp-field>
<cmp-field>
        <field-name>AccountType</field-name>
</cmp-field>
</cmp-field>
        <field-name>Balance</field-name>
</cmp-field>
```

Figura 13-7 O contrato do gerenciamento da permanência do J2EE 1.3.

EJB Query Language (EJB QL)

A EJB QL é uma versão muito reduzida da SQL típica usada para as chamadas de acesso do banco de dados. É pretendida para abstrair completamente a definição dos métodos finder e select do banco de dados subjacente. A EJB QL é definida no J2EE 1.3 com os beans da entidade a serem usados para certos métodos requeridos, como os métodos finder e select. A EJB QL é usada pelo Persistence Manager e as ferramentas de distribuição para criar o código de acesso do banco de dados para você internamente durante o processo de distribuição. Isso significa que você declara os métodos finder e então especifica as instruções EJB QL para eles como parte do processo de distribuição; porém, você não escreve diretamente o código para sua implementação.

As instruções EJB QL são escritas usando nomes correspondentes ao Abstract Persistence Schema, campos CMP e outros nomes EJB afins. Então as ferramentas de distribuição trabalham para converter essas instruções nas consultas SQL equivalentes, usando a tabela do banco de dados real e os nomes da coluna. Nesse ponto, as ferramentas então geram o código necessário internamente para executar essas instruções SQL durante a execução.

No J2EE 1.2, a EJB QL não existe. Neste caso, as instruções SQL são fornecidas para as ferramentas de distribuição, que executam a etapa final onde o código para executar essas instruções é gerado para você.

Para o resto deste capítulo, usaremos a EJB QL. Contudo, se você tiver o J2EE 1.2, poderá substituir a EJB QL pela SQL.

Persistence Manager

O Persistence Manager é uma nova ferramenta no J2EE 1.3 e é geralmente enviado como parte do pacote do servidor da aplicação geral. Sua finalidade é processar as informações do Abstract Persistence Schema para os beans da entidade e fornecer um mecanismo para mapear os campos permanentes solicitados para o banco de dados subjacente.

Assim que o mapeamento estiver completo, o contêiner EJB chamará o Persistence Manager de novo durante da distribuição para de fato criar os campos permanentes necessários, o código de acesso para eles e as chamadas do banco de dados requeridas para manter as coisas devidamente sincronizadas. Essas capacidades por si só são um ótimo bônus ao ajudar a tornar os beans da entidade mais fáceis de construir e manter, levando-nos para a próxima área que veremos – as relações.

Relações gerenciadas pelo contêiner

As relações gerenciadas pelo contêiner são também novas no J2EE 1.3 e fornecem uma função na qual a UML tem aplicação. O Abstract Persistence Schema analisado anteriormente tem a capacidade adicional de manter informações sobre as relações entre os beans da entidade gerenciada pelo contêiner usando o que é referido como campos da relação gerenciada pelo contêiner (CMR). Parecido com os campos CMP, eles também usam os métodos de acesso get e set que você define como abstratos e permite que Persistence Manager crie e gerencie o código necessário para eles.

Em um projeto J2EE real, é comum que os conjuntos de tipos diferentes de beans da entidade sejam relacionados entre si e assim requeiram o uso dessas relações. Continuando com nosso exemplo do bean da entidade que representa um pedido do cliente, é bem possível que um bean da entidade adicional possa ser usado para representar o cliente. O cliente, portanto, iria se referir a uma coleção de pedidos, que poderia ser qualquer número, inclusive zero.

Na UML, a visualização dessa relação do bean da entidade pode ser desenhada como se vê na Figura 13-8.

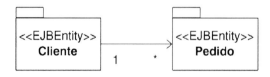

Figura 13-8 Um exemplo de uma relação gerenciada pelo contêiner.

Multiplicidade

Em nosso exemplo, mostramos uma situação em que um cliente se referiu a qualquer quantidade de pedidos. Isso foi refletido na UML mostrando a relação entre os beans da entidade de uma multiplicidade "*" no lado do pedido. Note que uma multiplicidade de um será adotada se nada específico for marcado. No exemplo anterior, temos o que é conhecido como uma relação de um para muitos. Há quatro possíveis combinações de multiplicidade:

- Um para um
- Um para muitos
- Muitos para um
- Muitos para muitos

A indicação de "um" significa que se um método de acesso for fornecido, transmitirá de volta apenas uma única instância do bean da entidade à qual se refere. Do mesmo modo se "muitos" for usado, transmitirá de volta uma "coleção" de instâncias do bean da entidade referida. Na verdade, a "coleção" pode ser baseada em qualquer um dos tipos comuns a seguir:

- java.util.Collection
- java.util.Set
- java.util.List
- java.util.Map

Observe que os dois últimos não precisam ser especificamente suportados por um servidor da aplicação para serem compatíveis com o J2EE 1.3. Portanto, dependendo do servidor de sua aplicação, você poderá ou não ser capaz de usá-los.

O Persistence Manager cuida da criação do código necessário para você lidar com a transmissão das referências entre os beans da entidade. Isso simplifica muito a tarefa de desenvolver sistemas complexos com diversos beans da entidade.

Direcionamento

Você pode ter notado no exemplo da Figura 13-8 que a relação foi mostrada com uma seta do cliente para o pedido. Isso indica que a relação é unidirecional. Os métodos de acesso para o EJB do cliente não são gerados de modo que esse cruzamento entre os EJBs é permitido apenas em uma direção. Por exemplo, poderíamos querer que o EJB do cliente fosse capaz de acessar as instâncias EJB do pedido afim, mas, por razões de segurança, não poderíamos querer que as informações confidenciais do cliente fossem acessíveis diretamente a partir da própria instância do pedido.

Você também pode designar uma relação gerenciada pelo contêiner como sendo bidirecional através de setas em ambas as direções. Isso significa que métodos de acesso serão criados para ambos os processos. Nesta situação, o cliente poderá acessar a coleção de pedidos que foram feitos e você poderá navegar a partir de qualquer dado pedido para o cliente coincidente para acessar as informações mantidas.

Como duplicar as relações gerenciadas pelo contêiner no J2EE 1.2

No J2EE 1.2, as relações gerenciadas pelo contêiner são possíveis de implementar e na verdade geralmente são. A única diferença no J2EE 1.2 é que os métodos de acesso que fornecem as referências para todas essas instâncias do bean da entidade têm de ser codificados manualmente. Não há nenhum Persistence Manager para lidar automaticamente com isso no J2EE 1.2.

Relações locais

Note que as relações EJB descritas na referência para as relações gerenciadas pelo contêiner implicam o uso da abordagem do cliente local, como foi apresentado no final do Capítulo 12. Para simplificar, se você quiser aproveitar o trabalho que o Persistence Manager pode fazer por você, os beans da entidade envolvidos terão de coexistir no mesmo arquivo de armazenamento Java e terão que estar sendo executados na mesma Java Virtual Machine (JVM).

Se você tiver casos em isso não seja verdadeiro, as relações com as entidades remotas ainda serão possíveis; porém, o código de acesso a elas precisaria ser feito manualmente, como é o caso no J2EE 1.2.

Agora vejamos o resto dos detalhes da tecnologia dos beans da entidade.

Tecnologia do bean da entidade

Para o cliente, um bean da entidade é visto como um componente que fornece métodos para recuperar facilmente os dados comerciais em qualquer formato que o cliente precisar. O nível de tecnologia desses componentes J2EE envolve classes específicas, interfaces, métodos e campos que têm de existir para suportar as interfaces do cliente e o ciclo de vida do bean da entidade.

Interface Home

Todo bean da entidade precisa fornecer uma interface Home. É a interface usada pelo cliente para chamar os métodos básicos do ciclo de vida do EJB. Durante a execução, o contêiner EJB cria apenas uma única cópia dessa interface por bean da entidade distribuído. Através dessa interface, todas as instâncias de um certo EJB poderão ser criadas, encontradas e destruídas.

A interface Home de um bean da entidade suporta quatro tipos diferentes de método:

os métodos create (criar), finder (localizador), remove (remover) e home. Note que o último tipo se aplica ao J2EE 1.3 apenas.

Métodos create

Os métodos create são usados para criar uma instância de um bean da entidade, e zero ou mais desses métodos podem existir. O tipo de retorno tem sempre que ser a interface Remote do bean da entidade. Note que o contêiner EJB também pode criar instâncias do bean da entidade automaticamente em resposta aos eventos que ocorrem no banco de dados, sendo por isso possível construir um componente válido sem métodos create.

Um create<METHOD> cria uma instância do bean da entidade, onde <METHOD> pode ser um nome ou estar vazio, contanto que create seja o prefixo. Qualquer argumento desejado poderá ser usado.

Métodos finder

Os métodos finder são usados para localizar uma instância de um bean da entidade através da interface Home, e pelo menos um desses métodos, chamado findByPrimaryKey (primaryKey), tem sempre que existir. O tipo de retorno é a interface Remote do bean da entidade, que o método finder requerido tem sempre que retornar ou pode também ser uma coleção de interfaces Remote de diversas instâncias do bean da entidade.

Um find<METHOD> localiza uma única instância ou coleção de instâncias do bean da entidade, onde <METHOD> pode ser um nome ou estar vazio, contanto que find seja o prefixo. Qualquer argumento desejado poderá ser usado. O código real para executar esse método finder não será criado diretamente pelo desenvolvedor, mas gerado automaticamente durante a distribuição através da interpretação de uma devida instrução EJB QL.

Métodos remove

Os métodos remove são usados pelos clientes para destruir sua referência para o bean da entidade. Os métodos remove necessários já estão definidos nas interfaces EJB básicas para nossos beans da entidade e portanto não precisam ser definidos novamente. Esses métodos, claro, têm o nome remove.

Métodos Home

Os métodos Home são usados para especificar a lógica comercial que não se aplica a nenhuma instância específica do bean da entidade. O conceito dos métodos home foi introduzido no J2EE 1.3.

Qualquer nome do método poderá ser usado para os métodos home, contanto que não comecem com create, find ou remove. Você poderá considerar esses métodos como um tipo de método estático a usar nos beans da entidade. Eles têm uma dupla finalidade: suportar os dados estáticos, que todas as instâncias do bean da entidade precisariam, e fornecer uma maneira de ajudar a reduzir os recursos necessários para os métodos comerciais, que são mais estáticos por natureza, porque apenas uma cópia de um método home estará sempre disponível em vez de uma cópia por instância do bean da entidade.

A Figura 13-9 mostra um exemplo de interface Home do bean da entidade.

Interface Remote

Todo bean da entidade também precisa fornecer uma interface Remote. É a interface usada pelo cliente para chamar os métodos comerciais que são específicos de uma certa instância do bean da entidade. A maioria de seus métodos comerciais requeridos será especificada por essa interface ao invés dos métodos home, com tipo mais estático, analisados anteriormente. Praticamente qualquer nome do método e argumento poderá ser usado, mas você deve evitar os nomes que possam implicar um significado alternativo na classe do bean.

```
package com.homedirect.ejb.account;
import java.rmi.RemoteException;
import javax.ejb.*;
import java.util.Collection;

public interface AccountHome extends javax.ejb.EJBHome
{
    public Account create(String accountid,
            String accounttype,
            float balance,
            int customerid,
            float limit,
            float userfee)
        throws java.rmi.RemoteException,
        javax.ejb.CreateException;
    public Account findByPrimaryKey(java.lang.String primaryKey)
        throws java.rmi.RemoteException,
        javax.ejb.FinderException;
    public Collection findAccounts(int customerid)
        throws java.rmi.RemoteException,
        javax.ejb.FinderException;
}
```

Figura 13-9 Uma interface Home do bean da entidade.

Para os beans da entidade, a lógica comercial geralmente envolve algum tipo de manipulação, verificação e validação dos dados mantidos, geralmente formatando-os para estarem prontamente adequados às necessidades do cliente.

A Figura 13-10 mostra uma classe da interface Remote do bean da entidade.

Classe da chave primária

Para localizar um bean da entidade no armazenamento de dados subjacente, cada bean da entidade precisa ser identificado com uma chave exclusiva, conhecida como chave primária. Cada bean da entidade tem de ter uma classe da chave primária identificada para manter os métodos requeridos a fim de processar as pesquisas usando a chave primária. É essa classe da chave primária que é usada no método finder findByPrimaryKey( ) para localizar o bean da entidade.

A classe pode ser uma classe Java predefinida que já fornece os métodos necessários requeridos para suportar as chaves primárias, como String ou Integer, ou pode ser uma classe definida pelo usuário, útil para os casos em que a chave primária é um objeto composto não representado facilmente por uma classe Java padrão. Em qualquer caso, os métodos que essa classe tem de suportar são, no mínimo, hashCode e equals. Uma olhada rápida no código-fonte usado para esses métodos nas classes como String ou Integer mostrará melhor o que esses métodos precisam realizar. Observe que a mesma classe da chave primária poderá ser compartilhada em diversos beans da entidade se você escolher isso.

```
package com.homedirect.ejb.Account;

import java.rmi.RemoteException;
import javax.ejb.*;

public interface Account extends javax.ejb.EJBObject
{
public String getAccountid          ( ) throws java.rmi.RemoteExcep-
tion;
      public void setAccountid    (String newAccountid) throws
                              java.rmi.RemoteException;
      public String getAccounttype            ( ) throws
                              java.rmi.RemoteException;
      public void setAccounttype        (String new Accounttype)
                              throws java.rmi.RemoteException;
  :
  :
}
```

Figura 13-10 Uma interface Remote do bean da entidade.

```
import java.io.Serializable;
:
public class AccountPK implements java.io.Seralizable
{
        public int hashCode( )
        {
                // implementation of hashcode function here
        }
        public boolean equals( )
        {
                // perform the comparison to determine return value
        }
        public String toString( )
        {
                // convert to string
        }
        public AccountPK    ( )    { }
}
```

Figura 13-11 Um exemplo de uma classe da chave primária.

A classe da chave primária é um membro pequeno mas vital do bean da entidade. Um exemplo de uma classe da chave primária é apresentado na Figura 13-11.

Classe de implementação

E mais, há a classe de implementação, também referida como classe do bean da entidade. Tem as implementações reais para todos os métodos declarados na interface Home e na interface Remote assim como os métodos do ciclo de vida do bean da entidade requeridos.

A classe de implementação tem algumas diferenças significativas dependendo do tipo de permanência e da versão J2EE usada. Para a permanência gerenciada pelo bean com todas as versões J2EE ou para a permanência gerenciada pelo contêiner que usa apenas o J2EE 1.2, a classe de implementação terá de conter todos os métodos a seguir:

- setEntityContext/unsetEntityContext: esses métodos têm de existir e são chamados pelo contêiner EJB. O definido permite que o bean da entidade armazene as informações do contexto em uma variável da instância local. O indefinido é chamado logo antes de terminar o bean da entidade e permite liberar qualquer recurso necessário.

- ejbCreate<METHOD>: para todo método create chamado na interface Home, tem de haver um método coincidente na classe do bean que difira apenas no prefixo usado no nome do método sendo ejbCreate em vez de create. Os argumentos têm também de coincidir, mas note que os tipos de retorno são diferentes. Esses métodos geralmente executam etapas da iniciação simples para o EJB.

Capítulo 13 - *Beans da entidade* | 209

- ejbPostCreate<METHOD>: para todo método ejbCreate usado, deve haver um método ejbPostCreate coincidente na classe do bean. O contêiner EJB chama esse método depois do create normal como uma maneira de transmitir os argumentos que, do contrário, não estariam disponíveis até que o método create fosse completado. Em geral, isso significa que o bean da entidade precisa fazer mais iniciação, possivelmente requerendo a interface Remote para a instância recém-criada. Geralmente, esses métodos estão simplesmente vazios.

- ejbRemove: este método tem de existir sem argumentos e é chamado quando um dos métodos remove da interface é chamado ou quando o contêiner EJB inicia uma ação remove por si só. Para os beans da entidade, esse método é equivalente a chamar ejbPassivate.

- ejbHome<METHOD>: para todo método home chamado na interface Home, precisa haver um método coincidente na classe do bean que difira apenas no prefixo usado no nome do método sendo ejbHome em vez de home. Os argumentos têm também que coincidir. Note que esse tipo de método não existe no J2EE 1.2.

- ejbPassivate/ejbActivate: estes métodos são chamados durante as ações de passividade/ativação da instância. Geralmente eles serão deixados vazios a menos que alguma rotina de iniciação/limpeza especial seja necessária quando o EJB sofrer a passividade ou for ativado posteriormente.

- ejbLoad/ejbStore: estes métodos têm de estar presentes e são chamados pelo contêiner EJB várias vezes para assegurar que os campos permanentes no bean da entidade e os dados no banco de dados sejam mantidos sincronizados. Para a permanência gerenciada pelo contêiner, esses métodos permitem basicamente que você ligue o processo de sincronização para fazer algo especial sempre que os eventos de carregamento e armazenamento ocorrerem. Para a permanência gerenciada pelo bean, você escreverá seu código de sincronização do banco de dados nesses métodos. Esses métodos em particular também são muito importantes ao desempenho.

- Métodos comerciais: todos os métodos comerciais definidos na interface Remote exigem uma coincidência exata na classe do bean em termos de nome do método e argumentos. O código de implementação real para esses métodos comerciais é feito na classe da implementação.

Além dessa lista de métodos, a permanência gerenciada pelo contêiner que usa o J2EE 1.3 introduz métodos adicionais. Os métodos ejbSelect<METHOD>, conhecidos como métodos select, não são exibidos para o cliente através de nenhuma interface, mas residem apenas na classe da implementação. São geralmente chamados de dentro de outros métodos comerciais do bean da entidade e são sempre declarados como abstratos. Suas implementações são feitas usando uma instrução EJB QL que é interpretada durante a distribuição, resultando no código necessário, gerado automaticamente para você.

Pode haver métodos adicionais na classe da implementação que existem simplesmente como utilitários para ajudar no suporte de todos os outros métodos presentes ou pode haver outras classes presentes na construção interna do bean da entidade que a classe da implementação pode usar também.

Campos permanentes

A classe de implementação também é onde o campo EntityContext é mantido assim como qualquer campo de dados permanente. Os campos permanentes são geralmente colocados na classe de implementação junto com os métodos de acesso get e set desejados. A permanência é indicada para cada campo desejado por meio de uma definição no descritor da distribuição.

Para a permanência gerenciada pelo contêiner que usa o J2EE 1.3, você não criará de fato os campos permanentes, mas, como analisado anteriormente neste capítulo, simplesmente criará métodos de acesso abstratos para eles e irá declará-los na área do campo CMP do descritor de distribuição. O resto é cuidado posteriormente usando o Persistence Manager. O mesmo ocorre para os campos CMR para lidar com as relações gerenciadas pelo contêiner.

A Figura 13-12 mostra um exemplo de uma classe de implementação do bean da entidade.

```
import java.rmi.RemoteException;
import javax.ejb.*;
:
:
public abstract class AccountEJB implements javax.ejb.EntityBe-
an
{
      public javax.ejb.EntityContext EJB_Context;

            public AccountEJB( )
      {
      }

      public AccountPK ejbCreate( ) throws javax.ejb.CreateEx-
ception
      {
return null;
      }

      public void ejbPostCreate  ( ) throws javax.ejb.Create-
Exception
      {
      }

      public void ejbActivate    ( )
      {
      }
```

Figura 13-12 A classe de implementação do bean da entidade do J2EE 1.3.

Capítulo 13 - *Beans da entidade* | 211

```
public void ejbPassivate   ( )
      }
      {

      public void ejbLoad ( )
      {
      }

      public void ejbStore       ( )
      }
      {
      public void ejbRemove       ( ) throws javax.ejb.Remove-
Exception
            {
            }
public void setEntityContext                (javax.ejb.Enti-
tyContext ctx)
      {
      }


      public void unsetEntityContext    ( )
      {
      }

      public abstract String getAccountid     ( );
      public abstract void setAccountid (String newAccountid);
      public abstract String getAccounttype    ( );
      public abstract void setAccounttype (String newAccounttype);
      public abstract float getBalance   ( );
      public abstract void setBalance    (float newBalance);
      public abstract int getCustomerid ( );
      public abstract void setCustomerid (int newCustomerid);
      public abstract float getLimit     ( );
      public abstract void setLimit      (float newLimit);
:
:
      }
```

Figura 13-12 Continuação

Ciclo de vida do bean da entidade

O ciclo de vida de um bean da entidade usa basicamente os mesmos conceitos dos analisados no Capítulo 12 no que diz respeito ao ciclo de vida do bean da sessão, embora os detalhes sejam um pouco diferentes. Há algumas diferenças principais a destacar.

A primeira é que o contêiner EJB desempenha um papel ao criar inicialmente um pool de instâncias para cada bean da entidade distribuído. O tamanho e o comportamento do pool são controlados por várias definições do servidor. Neste ponto, a interface Home para o EJB existe, portanto é possível que os métodos home ou finder sejam chamados. As instâncias permanecem nesse estado até que sejam criadas ou ativadas, pelo cliente ou pelo contêiner EJB.

O segundo ponto a notar é que as várias transições do estado pelas quais um bean da entidade passa podem ser resultado de ações diretas do banco de dados, inclusive a criação e a remoção das instâncias do EJB. Isso é muito importante lembrar para que você não obtenha resultados inesperados quando construir sua aplicação comercial.

Um diagrama do estado UML é muito descritivo ao mostrar esse ciclo de vida. A Figura 13-13 mostra um ciclo de vida do bean da entidade quando se aplica à permanência gerenciada pelo bean para todas as versões J2EE e à permanência gerenciada pelo contêiner para o J2EE 1.2 apenas.

A Figura 13-14 mostra o ciclo de vida do bean da entidade quando se aplica à permanência gerenciada pelo contêiner usando o J2EE 1.3. O acréscimo dos métodos select é basicamente a única diferença.

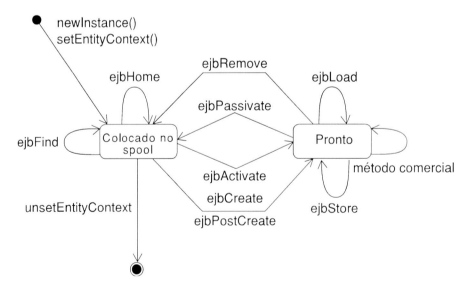

Figura 13-13 O ciclo de vida do bean da entidade para o J2EE 1.2 e toda a permanência gerenciada pelo bean.

Capítulo 13 - *Beans da entidade* | 213

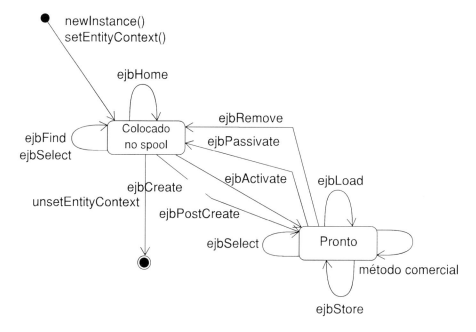

Figura 13-14 O ciclo de vida do bean da entidade para o J2EE 1.3 com a permanência gerenciada pelo contêiner.

Situações comuns do bean da entidade

Em uma situação padrão para usar um bean da entidade, o cliente deverá agir como a seguir:

1. Chame o método javax.rmi.PortableRemoteObject.narrow(...) para obter uma referência para a interface Home.

2. Qualquer método home ou finder pode ser chamado neste ponto. Se você estiver tentando acessar os dados existentes, o método finder transmitirá de volta a interface Remote para a instância EJB desejada. Neste caso, a instância desejada seria criada automaticamente para você pelo servidor da aplicação, portanto a próxima etapa seria pulada.

3. Se a instância requerida for para novos dados que você pretende adicionar ao banco de dados, usando a referência da interface Home, chame o método create desejado para o bean da entidade. Ambos os métodos ejbCreate e ejbPostScript serão executados. Uma referência para a interface Remote para a entidade será retornada.

4. Chame qualquer quantidade de métodos comerciais usando a referência da interface Remote.

5. Chame remove na interface Home ou na interface Remote.

A Figura 13-15 mostra o código envolvido na situação anterior.

```
:
InitialContext initCtx = new InitialContext( );
            Object objRef =
initCtx.lookup("java:comp/env/ejb/Profile");
ProfileHome profileHome = (ProfileHome)PortableRemoteObject.
Narrow(objRef, ProfileHome.class);
Profile profileRemote = profileHome.findByPrimaryKey(username);
```

Figura 13-15 Uma situação de uso do bean da entidade.

Como modelar as relações do bean da entidade

Os beans da entidade podem requerer outras classes Java como os JavaBeans para cumprir suas responsabilidades e podem interagir com outras tecnologias J2EE como as JavaServer Pages (JSP), os servlets e os beans da sessão para fornecer uma funcionalidade da aplicação comercial. Esta seção analisa os detalhes de modelar tais relações para os beans da entidade.

Bean da entidade e outras classes Java

Uma situação comum envolve um bean da entidade que tem outros objetos Java como objetos de dados dependentes. Um bom exemplo é um bean da entidade Account, que tem um ou mais endereços associados (refletindo os endereços de vários proprietários da conta).

Como um objeto de dados dependentes não pode existir independentemente do bean da entidade, uma maneira adequada de modelar tal relacionamento é pela relação de agregação entre a classe de implementação do bean da entidade e o objeto de dados dependentes. Um exemplo é apresentado na Figura 13-16.

Outra situação que requer uma relação entre um bean da entidade e as outras classes Java é a noção de um objeto de acesso dos dados analisada anteriormente. A idéia é facilitar um caminho melhor para o CMP encapsulando a lógica de acesso dos dados em uma classe em si. Isso poderá ser modelado como apresentado na Figura 13-17.

Bean da entidade e JavaBeans

Um dos desafios de usar os beans da entidade é que há um overhead significante associado a cada acesso para o bean da entidade devido à sua natureza remota. Mesmo que o bean não esteja localizado na rede, o overhead ainda é complicado, pois a chamada para acessar os dados a partir do bean da entidade tem que passar pelo contêiner. Como descrito no capítulo anterior, o J2EE 1.3 deverá introduzir a abordagem do cliente local, que eliminará essas chamadas remotas e melhorará muito o desempenho nessa área.

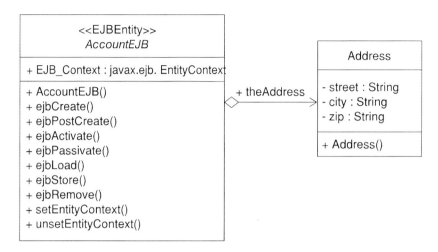

Figura 13-16 O bean da entidade e o objeto de dados dependentes.

Apesar dessa melhoria, há ainda outro mecanismo fundamental que causa um overhead significativo para os beans da entidade, que é o número de chamadas de sincronização feitas para manter a integridade dos dados na instância EJB com o banco de dados subjacente. Para ilustrar esse problema, imagine o bean da entidade mantendo 20 partes diferentes de informações. Sempre que qualquer um dos 20 gets ou sets for chamado, o contêiner EJB terá de assegurar que a entidade e o banco de dados ficarão em sincronia, portanto uma chamada ejbLoad ou ejbStore necessária será feita. Muitas dessas chamadas seriam feitas para uma quantidade típica de dados solicitados a partir desse bean da entidade.

Uma estratégia para endereçar essa questão é usar a mesma abordagem que fizemos com os beans da sessão. Isto é, minimize o número de chamadas a serem feitas para o bean da entidade para uma determinada ação. Poderia ser uma boa abordagem para alguns casos; contudo, se você tiver muitos pontos em sua aplicação comercial em que os dados de um certo EJB sejam necessários, a melhoria do desempenho obtida não seria tão substancial.

Abordagem do objeto de valor

Se sua aplicação comercial for mais complicada por natureza, outra estratégia mais dimensionável para endereçar essa questão será usar os JavaBeans para encapsular os dados e utilizar um esquema de transmissão pelo valor usando os JavaBeans como um objeto de valor. O JavaBean é serializado e transmitido na rede onde poderá ser acessado de modo repetido localmente. Como não há nenhuma sincronização dos dados entre o objeto de valor e o bean da entidade, uma estratégia comum é tornar o JavaBean imutável fornecendo apenas as operações get nos dados.

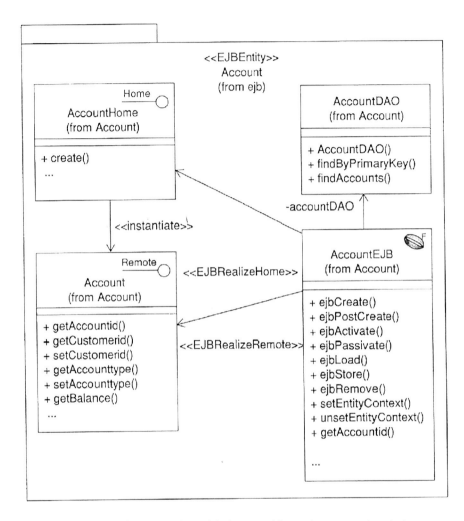

Figura 13-17 Os beans da entidade e os objetos de acesso dos dados.

Essa abordagem do objeto de valor tem uma desvantagem maior. Permite basicamente que você faça um "curto circuito" no processo de sincronização dos dados normal que ocorre automaticamente no bean da entidade. É por que você não está de fato acessando o bean da entidade diretamente, mas outro objeto que representa os dados nessa instância EJB em um determinado ponto no tempo. Você deverá ter cuidado para que o objeto de valor não fique fora de sincronização sem querer com os dados reais no banco de dados. Porém em muitos casos, essa abordagem funciona bem.

Em nosso exemplo HomeDirect, usamos essa abordagem do objeto de valor; porém, iremos uma etapa além. Em vez de introduzir um JavaBean para toda instância de um bean da entidade, iremos introduzir um JavaBean por ação iniciada pelo usuário.

Faremos isso porque queremos que todos os dados sejam atuais no ponto específico no tempo quando um usuário iniciar qualquer determinada ação no site Web. Qualquer coisa mantida por mais tempo que uma ação do usuário individual, trataremos como sendo potencialmente fora de sincronização com o banco de dados.

Essa abordagem nos permite evitar as questões relativas à perda de sincronização e também tende a concentrar grande parte do processamento do código da apresentação no próprio JavaBean. Basicamente, o JavaBean age como a coleção e o agente de processamento para os dados que iremos exibir. O JavaBean vai para cada instância do bean da entidade que precisamos acessar e reúne os dados de exibição requeridos para cada linha por meio de um único método comercial. Assim que o JavaBean tiver reunido e processado todas as informações da instância EJB das quais ele precisa, transmitirá os resultados finais de volta para uma página JSP.

Lembre-se de que essa abordagem funciona bem para este exemplo, mas poderá não funcionar para os casos mais complicados em que os dados que os JavaBeans estão mantendo de fato têm de ser acessados muitas vezes durante uma certa transação ou têm de ser mantidos por períodos mais longos de tempo por alguma razão. O ponto mais importante a notar nesta situação é compreender totalmente suas exigências para que você possa tomar as melhores decisões de construção e trocas para sua determinada aplicação comercial.

Um exemplo é apresentado na Figura 13-18.

Outra pequena variação na abordagem do objeto de valor é o padrão do objeto de detalhes. No padrão do objeto de detalhes, o bean da entidade inteiro é colocado no objeto Java e também fornece operações get associadas. As operações set também poderão ser fornecidas para permitir que o usuário "atualize o bean da entidade" localmente e então use o objeto atualizado para atualizar o bean da entidade real. Você poderá ainda estender o objeto de detalhes para chegar à classe do bean da entidade. Porém, essa abordagem traz algumas complicações, parecidas com as analisadas para a abordagem do objeto de valor na seção anterior.

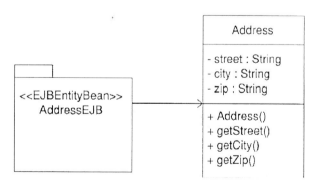

Figura 13-18 O bean da entidade com dependência em um JavaBean sendo usado como um objeto de valor.

Bean da entidade, servlets e JSPs

Para as aplicações comerciais que não têm muita lógica da aplicação, poderá fazer sentido usar um servlet para acessar um bean da entidade diretamente em vez de usar um bean da sessão como um intermediário. Nesses tipos de situação, um servlet pode ter uma relação com um bean da entidade de modo que crie o bean da entidade usando a interface Home e acesse ou atualize posteriormente os dados representados pelo bean da entidade.

Tais relações são modeladas como associações. Um exemplo é mostrado na Figura 13-19.

Embora o mesmo poderia ser argumentado para os JSPs (afinal, eles são compilados nos servlets), ainda é preferível usar os JSPs para a lógica da apresentação e usar um servlet intermediário para acessar os beans da entidade quando requerido. Isso mantém uma partição mais clara entre a apresentação e a lógica da aplicação. E diferente de usar um bean da sessão como um intermediário entre um servlet e um bean da entidade, essa abordagem não tem um impacto do desempenho associado, pois os servlets requerem menos recursos do sistema.

Um exemplo é apresentado na Figura 13-20.

Embora não haja nenhuma restrição no J2EE ao acessar os beans da entidade diretamente a partir de um servlet ou JSP, na maioria dos casos faz mais sentido acessá-los por um bean da sessão, pois os beans da sessão são responsáveis por gerenciar o fluxo de trabalho geral na aplicação. Tais relações do bean da sessão com o bean da entidade são facilmente representadas na UML como dependências ou como associações unidirecionais do bean da sessão para o bean da entidade. Se o bean da sessão não mantiver informações sobre o bean da entidade de uma chamada do método para outra, poderá ser modelado como uma dependência. Por outro lado, se precisar conhecer o bean da entidade em um período extenso de tempo, a relação será modelada como uma associação.

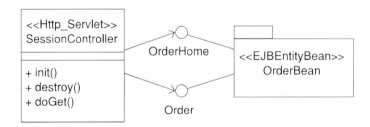

Figura 13-19 Os beans da entidade e os servlets.

Capítulo 13 - *Beans da entidade* | 219

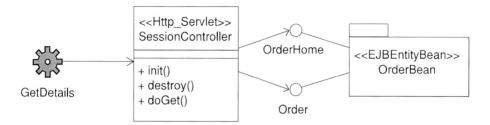

Figura 13-20 O JSP acessando um bean da entidade por meio de um servlet.

Um exemplo é apresentado na Figura 13-21.

Um padrão comum é usar os beans da sessão como fachadas para os beans da entidade[1]. A idéia é simplificar a interface do cliente fornecendo um ponto singular de entrada na forma de interfaces granulares baseadas no fluxo de trabalho através dos beans da sessão e ocultar os detalhes dos vários beans da entidade sob o bean da sessão. Assim, uma pessoa que faz um pedido em um site Web e um administrador que controla o inventário poderão estar trabalhando com os mesmos dados subjacentes, mas trabalharão com beans da sessão diferentes encapsulando seus respectivos fluxos de trabalho.

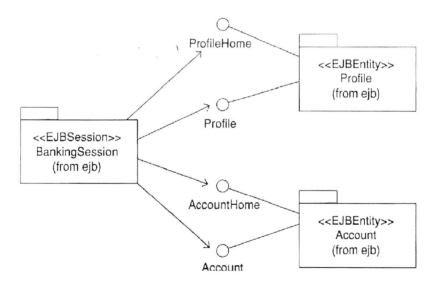

Figura 13-21 A relação entre o bean da sessão e da entidade.

---

1. Analisados no Designing Enterprise Applications with the Java 2 Platform, Enterprise Edition de Nicholas Kassem, Addison-Wesley, 2000.

Relações entre os beans da entidade

A maioria das relações entre os beans da entidade foi analisada no contexto da seção "Abstract Persistence Schema" anteriormente neste capítulo. O principal fato a lembrar é usar os beans da entidade para os dados comuns e evitar usar os beans da entidade para manter dados refinados.

Como identificar os beans da entidade nas aplicações comerciais

Geralmente falando, as classes da entidade identificadas durante a fase de análise devem ser usadas como pontos de partida para determinar os beans da entidade que você irá requerer para o sistema.

Lembrando o estudo do caso de banco on-line HomeDirect, você pode lembrar que identificamos uma ou mais classes da entidade quando vimos os casos de uso específicos. Por exemplo, as classes da entidade envolvidas no caso de uso Transferir fundos incluíam Account e CustomerProfile, entre outras. Ambas são boas candidatas para os beans da entidade porque cada uma é bem granular e independente.

Naturalmente, Profile também contém o nome do usuário e o identificador do cliente. Faria sentido então criar beans da entidade distintos para cada Profile? Mesmo que seja tecnicamente possível, não é aconselhável por duas razões. Primeiro, há um overhead associado a cada EJB, portanto seria preferível manter menos EJBs em geral. Segundo, os beans da entidade geralmente representam um registro (lógico) em um banco de dados e dividir o registro Profile entre diversos EJBs seria improdutivo.

A Figura 13-22 mostra um diagrama da classe revisado parcial para o estudo do caso Home-Direct envolvendo todas as tecnologias que analisamos até então.

Observe que os beans da entidade não estão sendo acessados diretamente pelos clientes. O acesso é por meio de um servlet no caso da conexão ou, mais comumente, por um bean da sessão que age como um controlador da sessão. É um padrão comum. A técnica é geralmente referida como integrar os beans da entidade em um bean da sessão. A idéia é reduzir o número de chamadas da rede que são requeridas e conseguir uma separação mais clara das responsabilidades. Note que algumas interações do bean da entidade não são mostradas no diagrama devido aos limites de espaço.

Outra abordagem, que pode também ser usada em conjunto com a abordagem anterior, é colocar as informações do bean da entidade em um JavaBean e retornar isso em uma resposta para uma chamada. A principal vantagem, novamente, é a redução nas chamadas da rede. As informações poderão ser acessadas e ainda manipuladas localmente e então o bean da entidade poderá ser atualizado seguindo uma estratégia predeterminada.

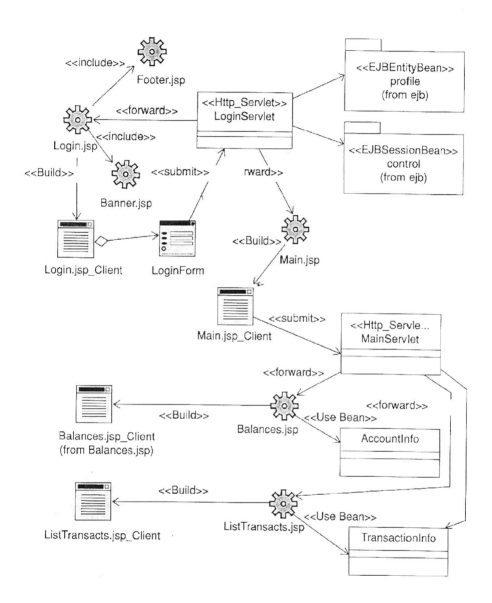

Figura 13-22 O diagrama da classe HomeDirect parcial usando as tecnologias J2EE.

Faz sentido usar beans da entidade para obter uma exibição baseada em objetos de cada parte dos dados que é requerida por uma aplicação? A resposta é não.

Lembre-se de que os beans da entidade são caros. Em algumas situações, pode ser apropriado usar um JavaBean e colocar o código de acesso do banco de dados diretamente no JavaBean. Isso pode ser adequado para as situações em que você está lendo apenas os dados e não precisa se preocupar com as transações e as atualizações nas informações. A maior desvantagem dessa abordagem é que ela viola a estratégia baseada nos beans da entidade prevista pelo J2EE. Portanto, poderá ser apropriado começar com uma estratégia baseada no EJB e considerar tais abordagens como otimizações da implementação se necessário.

Camada

Como analisado no Capítulo 6, a camada está relacionada à organização lógica dos pacotes e subsistemas para conseguir uma decomposição funcional do sistema.

Para o estudo do caso, seguimos as recomendações RUP para organizar um projeto J2EE em camadas. Especificamente. O RUP propõe o uso de um esquema de camadas baseado na reutilização. As seguintes camadas são usadas:

- Camada da aplicação: esta camada concentra-se na funcionalidade específica da aplicação. Os servlets associados à aplicação são colocados nessa camada. Uma subcamada "Interface do Usuário" (UI) na camada da aplicação contém classes UI como, por exemplo, as páginas JSP e HTML desenvolvidas para o estudo do caso.

- Camada comercial: esta camada contém duas subcamadas: "Entidades comerciais" e "Serviços comerciais". A camada Entidades comerciais contém os subsistemas do bean da entidade e a camada Serviços comerciais contém os subsistemas do bean da sessão. Se tivéssemos usado qualquer objeto dependente ou JavaBeans para encapsular as interações do banco de dados (por exemplo, para usar com um bean da entidade BMP ou diretamente por um servlet), essas classes teriam sido colocadas em uma subcamada "Permanente" separada.

- Camada do middleware: esta camada contém as Application Programming Interfaces (APIs) de terceiros etc. Não é usada no estudo do caso.

Essa abordagem de camada é mostrada graficamente na Figura 13-23.

A distinção entre a camada versus pacote pode alguma vezes ser confusa. A camada está relacionada com a estruturação lógica da aplicação, ao passo que o pacote está relacionado com a estrutura física.

Considere a estrutura do pacote que as aplicações Java geralmente seguem, por exemplo, a hierarquia de pacotes com.awp.homedirect etc. Embora tal pacote sirva para decompor uma aplicação de software em pacotes bem definidos, não fornece uma boa representação da organização lógica de uma aplicação. Por exemplo, uma hierarquia de pacotes físicos não pode comunicar que uma aplicação pode ser estruturada de modo que você poderia facilmente estender a aplicação construindo sobre ela ou substituindo uma "camada" de componentes.

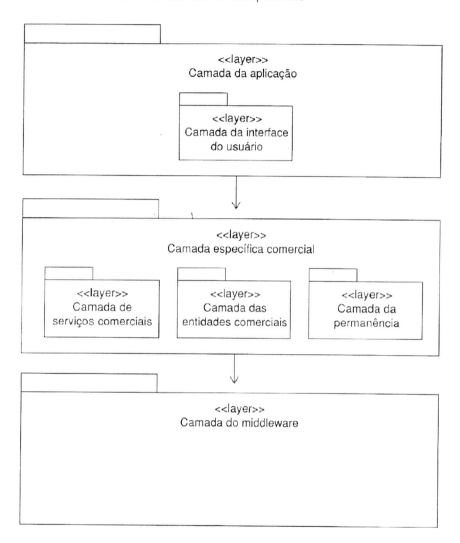

Figura 13-23 Camada.

Porém, isso não significa que o pacote físico e a camada sejam exclusivos mutualmente. Você poderá usar o pacote como um mecanismo de baixo nível para separar ou agrupar detalhes específicos e mapeá-los para as camadas em seu modelo.

Por exemplo, na aplicação HomeDirect, com.awp.homedirect.web, que contém todos os servlets, é colocado na camada da aplicação. Do mesmo modo, o pacote docroot que contém os JSPs está na camada da aplicação. O com.awp.homedirect.ejb.control, que contém o subsistema do bean da sessão de controle, está na subcamada de Serviços comerciais na camada específica Comercial. Os pacotes restantes em com.awl.homedirect. ejb são mapeados para a subcamada das Entidades comerciais etc.

Com tal camada representada no modelo, seria fácil estabelecer que se um novo formato da apresentação fosse desejado ou uma aplicação precisasse ser personalizada para um cliente específico, a atividade poderia ser conseguida facilmente substituindo a camada da aplicação.

Resumo

Embora os beans da entidade não tenham sido adotados tão largamente quanto os beans da sessão, as melhorias recentes devem encorajar seu uso. A modelagem dos beans da entidade é parecida com a dos beans da sessão e é feita usando os subsistemas UML, classes, interfaces, métodos, campos e estereótipos, com as relações desenhadas entre os diferentes itens.

Um bean da entidade consiste em uma interface Home, uma interface Remote, uma classe de implementação e uma classe da chave primária. A interface Home define os métodos create, finder e home. A interface Remote define os métodos comerciais. A classe da chave primária tem de ser incluída, mas também pode ser compartilhada entre os beans da entidade. A classe da implementação implementa todo os métodos do ciclo de vida, finder, select e comerciais.

Os beans da entidade são todos sobre a permanência. Os beans da entidade J2EE 1.3 com a permanência gerenciada pelo contêiner diferem muito das versões anteriores dos tipos de bean da entidade em termos de capacidade, comportamento e como os campos permanentes são especificados.

Capítulo 14

Componentes baseados em mensagens

■
Apresentação dos componentes
baseados em mensagens

■
Exibição dos componentes baseados
em mesagens e a UML

■
A tecnologia do componente
baseado em mensagens

■
O ciclo de vida do componente
baseado em mensagens

■
Uma situação comum do componente
baseado em mensagens

■
Como modelar as relações do componente
baseado em mensagens

■
Como identificar os componentes
baseados em mensagens nas aplicações comerciais

■
Resumo

Verificação do processo: Continuaremos com a construção quando avançarmos na análise Rational Unified Process (RUP) e na disciplina da construção. Também iremos analisar alguns aspectos da implementação no contexto da tecnologia EJB.

Os Enterprise JavaBeans (EJBs) sobre os quais falamos até então – componentes da sessão e componentes da entidade – são baseados no paradigma de chamada do método síncrono. Ou seja, se um componente da sessão A quiser obter algumas informações do componente da entidade B, chamará um método no componente da entidade B (indiretamente através da interface remota) e então quem chama aguardará que o resultado seja computado e comunicado de volta a partir do componente chamado.

Neste capítulo, veremos um paradigma muito diferente recentemente adicionado à especificação EJB formal para o lançamento no J2EE 1.3 na forma de componentes baseados em mensagens ou mais simplesmente componentes da mensagem.

Apresentação dos componentes baseados em mensagens

A idéia sob a mensagem é enviar mensagens, basicamente unidades de dados, de um processo para outro. As mensagens podem ser sobre os eventos que ocorreram, as solicitações para dados ou as respostas para as consultas.

Os componentes baseados em mensagens são componentes J2EE que foram designados para serem consumidores de mensagens assíncronos. Em outras palavras, outra entidade J2EE, como um componente da sessão, pode simplesmente enviar uma mensagem para o componente baseado em mensagens e então prosseguir em seu negócio enquanto o componente baseado em mensagens descobre como processar a mensagem recebida.

O paradigma da mensagem oferece diversas vantagens sobre o paradigma da chamada da operação síncrona convencional.

Por exemplo, pode ser usado como uma solução relativamente simples para comunicar um grande volume de eventos e/ou dados. No J2EE, a mensagem e os componentes baseados em mensagens requerem o uso do Java Message Service (JMS).

Java Message Service

O JMS é uma das J2EE Application Programming Interfaces (APIs). Ele fornece uma API para os sistemas baseados em mensagens, assim permitindo que os sistemas baseados em mensagens existentes sejam usados com o J2EE. Os componentes baseados em mensagens no J2EE 1.3 têm de usar o JMS para as finalidades da mensagem.

O JMS suporta dois tipos de mensagem:

- Ponto a ponto: na mensagem de ponto a ponto, um cliente age como o emissor da mensagem e o outro como o receptor. As mensagens que chegam pretendidas para um receptor são colocadas em uma fila e processadas pelo receptor na ordem que chegam. Um sistema de e-mail ou sistema postal tradicional é parecido com um paradigma de ponto a ponto.

- Publicar-assinar: no paradigma de publicar-assinar, diversas aplicações podem enviar mensagens e diversas aplicações podem receber as mensagens. Elas são enviadas para um tópico por um ou mais publicadores e recebidas por todos aqueles que assinaram o tópico. Um fórum de discussão baseado na Web é conceitualmente parecido com um paradigma de publicar-assinar.

O papel do JMS e os componentes baseados em mensagens no EJB

Como mencionado anteriormente, os componentes baseados em mensagens aproveitam o JMS. Note que a especificação EJB não é muito clara sobre a possibilidade de usar serviços de mensagem diferentes do JMS neste ponto. Não tem uma regra, mas não é suportado de fato explicitamente. Os componentes baseados em mensagens são basicamente construídos como JMS MessageListeners e são acessados fazendo com que o cliente localize o devido destino JMS, ou seja, uma fila ou tópico. Isso torna seu uso bem simples.

Por que usar a mensagem e componentes baseados em mensagens?

Há várias razões pelas quais é vantajoso usar a mensagem e os componentes baseados em mensagens em uma definição da aplicação comercial:

- Desacoplamento: as partes diferentes de uma aplicação podem ser desenvolvidas de modo que não estejam intimamente ligadas entre si. Isso permite melhores oportunidades de reutilização porque o único componente comum é o destino.

- Integração flexível: de modo inverso, os sistemas acoplados de modo solto podem ser reunidos facilmente usando os componentes baseados em mensagens para "integrar" os sistemas existentes.

- Eficiência: a mensagem pode ser usada para separar os elementos da lógica comercial que pode ser processada de modo independente da linha do tempo principal (por exemplo, registrar as ocorrências específicas do evento, enviar mensagens informativas por e-mail). Fazer isso aumenta a eficiência geral porque o mesmo recurso crítico (por exemplo, um componente da sessão) está gastando menos tempo aguardando que as operações não essenciais sejam completadas e pode concluir sua tarefa e lidar com as novas solicitações que chegam.

O uso do JMS não vem sem desvantagens em potencial. Primeiro, há o overhead adicional da mensagem e do tratamento das mensagens associado. Segundo, tal mensagem pode levar a obstruções. Terceiro, um sistema baseado em mensagens tem o potencial de ser um único ponto de falha. Estratégias apropriadas existem para endereçar cada uma dessas desvantagens. Portanto, no todo, um sistema baseado em mensagens oferece vantagens significativas quando usado pelas razões certas.

Quando usar os componentes baseados em mensagens

Há algumas situações em que faz sentido utilizar os componentes baseados em mensagens:

- Você tem uma aplicação de herança que precisa ser integrada na aplicação comercial baseada no J2EE. Ao invés de rescrever uma aplicação inteira, você poderá usar um componente baseado em mensagens para integrar a aplicação de herança para que ela aja como a intermediária para a aplicação de herança.

- Sua aplicação requer serviços de baixo nível que podem ser enviados off-line. Ou seja, embora o serviço tenha de ser fornecido, o fluxo de trabalho principal não tem necessariamente que aguardar seu término. Um exemplo disso é um servidor de conexão que registra todos os pedidos feitos.

- Os componentes baseados em mensagens também fornecem um mecanismo conveniente para permitir o envio das mesmas informações para diversas partes. Isso é feito por meio do paradigma do publicador-assinante. Cada mensagem de um publicador é enviada para cada assinante. Por exemplo, se um publicador enviar uma mensagem e o tópico tiver três assinantes, cada um deles receberá a mensagem sem nenhum trabalho por parte dos publicadores. Os detalhes do publicador/assinante poderão ser alterados facilmente sem afetar as outras partes do sistema.

Versão do J2EE

Como é o caso com todos os tipos de componentes EJB, os componentes baseados em mensagens são distribuídos com a ajuda de um contêiner EJB que, por sua vez, é mantido por um servidor da aplicação. As capacidades em particular e o nível de compatibilidade do J2EE do servidor determinam com qual versão da especificação EJB você precisará estar trabalhando.

Grande parte deste capítulo aplica-se ao J2EE 1.3 apenas porque os componentes baseados em mensagens não existiam nas versões anteriores da plataforma J2EE.

A análise do JMS é aplicável às outras versões também.

Exibições do componente baseado em mensagens e a UML

Estruturalmente, os componentes baseados em mensagens consistem em uma classe Java principal, geralmente chamada de classe da implementação ou classe do componente baseado em mensagens. É tudo neste ponto. Não há nenhuma interface nem outras classes, a menos que sua construção exija que algumas classes de ajuda adicionais sejam acrescentadas ao EJB para ajudar a suportar sua lógica comercial.

Como há de fato apenas uma classe para mencionar, também não há nenhuma relação entre os elementos a considerar. Como você pode ver, isso torna os componentes baseados em mensagens geralmente menores e muito mais fáceis de criar e usar do que os outros tipos EJB.

Exibição do cliente

A interface primária entre o cliente e o componente baseado em mensagens consiste nas mensagens que o cliente pode enviar para o componente baseado em mensagens. O cliente não pode se referir diretamente ao componente baseado em mensagens.

Como tal, não há nenhuma exibição específica do cliente do componente baseado em mensagens análoga às exibições do cliente do componente da sessão e da entidade.

O cliente entra em contato com um destino JMS que o contêiner EJB fornece para cada componente distribuído. Com exceção disso, não há nenhuma interface exibida para o cliente.

Em termos de representação UML, o componente baseado em mensagens é simplesmente representado como uma classe UML estereotipada como <<EJBMessage>> como apresentado na Figura 14-1. Um componente baseado em mensagens poderia ser representado da mesma maneira que os componentes da sessão e da entidade; porém, um componente baseado em mensagens não tem a mesma complexidade e, portanto, uma abordagem de classe simples é mais clara e mais consistente.

Note que, neste caso, mostramos o componente baseado em mensagens com as interfaces que ele realiza. Como um componente baseado em mensagens tem sempre de implementar essas interfaces, seria adequado simplesmente mostrar a classe do componente baseado em mensagens em si. A presença do estereótipo identifica implicitamente as interfaces sendo implementadas pelo componente baseado em mensagens.

As vantagens da UML para os componentes baseados em mensagens

Os componentes baseados em mensagens contam com o destino e as mensagens para a comunicação que entra e sai. Você poderá usar a modelagem UML para ver claramente e comunicar como o componente baseado em mensagens se encaixa no sistema geral.

Especificamente, você poderá:

- Modelar o conjunto de mensagens que podem ser enviadas ou recebidas por um determinado componente baseado em mensagens
- Modelar como os destinos em seu sistema estão sendo utilizados
- Mostrar as relações entre as classes do componente baseado em mensagens e seus usuários

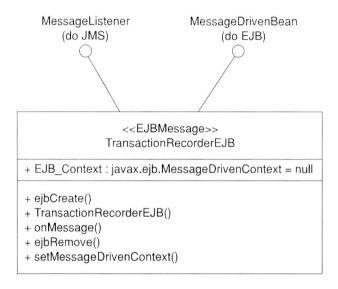

Figura 14-1 A representação da exibição do cliente de um componente baseado em mensagens na UML.

Como modelar as mensagens

Toda a comunicação com os componentes baseados em mensagens é através das mensagens assíncronas. Essas mensagens têm de pertencer a javax.jms.message ou a um de seus descendentes.

Claramente, há necessidade de o cliente saber quais mensagens o componente baseado em mensagens espera. Mas não há nenhum mecanismo formalizado no componente baseado em mensagens em si para comunicar essas informações para seus usuários.

No modelo UML de um componente baseado em mensagens, a devida mensagem pode ser comunicada facilmente por meio de uma dependência entre os tipos da mensagem e o subsistema do componente baseado em mensagens. A dependência pode ser usada pelo cliente para identificar e se comunicar com o componente baseado em mensagens devidamente, pois o cliente precisaria ter as mesmas dependências no lado do cliente para ser capaz de criar e enviar com sucesso as devidas mensagens para o componente baseado em mensagens.

A Figura 14-2 mostra um exemplo dessa abordagem.

Como modelar os destinos

Um cliente não vê o componente baseado em mensagens em si. Assim, não pode endereçar as mensagens para um componente baseado em mensagens específico. Ao contrário, simplesmente localiza e envia as mensagens para um destino específico. Um componente baseado em mensagens recupera as mensagens do destino com o qual está associado e processa-o.

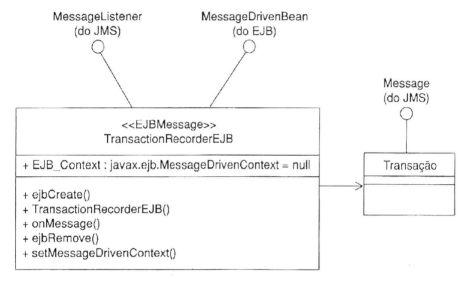

Figura 14-2 Como modelar mensagens válidas para um componente baseado em mensagens específico.

O JMS suporta dois tipos de destinos da mensagem:

- Tópico: um tópico permite o que é algumas vezes referido como paradigma da mensagem do publicador-assinante. Um tópico pode ser publicado por diversos clientes e por sua vez diversos componentes baseados em mensagens podem assinar um tópico para receber as mensagens que chegam. Um tópico pode ser assinado de uma maneira durável ou não. A assinatura durável requer que as mensagens enviadas para o tópico sejam enviadas mesmo que o próprio componente baseado em mensagens não exista. As assinaturas duráveis são úteis quando você está construindo sistemas confiáveis e disponíveis.
- Fila: uma fila difere de um tópico no sentido que, embora possa haver diversos publicadores para uma fila, ela pode ter apenas um único componente baseado em mensagens na extremidade que recebe. As mensagens enviadas pelos emissores são colocadas na fila na ordem recebida e processadas pelo com-

ponente baseado em mensagens quando ele as recupera na fila. No caso mais simples, uma fila pode ter apenas um único emissor e receptor. Isso algumas vezes é conhecido como mensagem de ponto a ponto.

De modo interessante, não há nenhuma relação programática direta entre o destino escolhido para o componente baseado em mensagens e o próprio componente baseado em mensagens.

<<EJBMessage>> TransactionRecorderEJB {Destination = Queue}
+ EJB_Context : javax.ejb.MessageDrivenContext = null
+ ejbCreate() + TransactionRecorderEJB() + onMessage() + ejbRemove() + setMessageDrivenContext()

Figura 14-3 Como usar um valor marcado para modelar o destino.

O provedor do componente fornece essas informações de modo declarativo através do descritor de distribuição. Porém, ainda é valioso que o desenvolvedor identifique essas informações no nível do modelo UML para identificar claramente a intenção da construção e a abordagem se for material para a construção. Um valor marcado {Destination=Queue} ou {Destination=Topic} poderá ser usado para essa finalidade. Isso é apresentado na Figura 14-3.

A tecnologia do componente baseado em mensagens

Para o cliente, um componente baseado em mensagens é o que fornece a lógica comercial para lidar com qualquer mensagem JMS enviada para ele. O nível da tecnologia desses componentes J2EE envolve classes específicas, métodos e campos que têm de existir para manter o ciclo de vida EJB.

Transações

Como os componentes da sessão, os componentes baseados em mensagens podem usar a demarcação da transação gerenciada pelo contêiner ou a demarcação da transação gerenciada pelo componente. As razões para usar qualquer demarcação são iguais às descritas para os componentes da sessão no Capítulo 12.

Como é o caso de todos os outros EJBs, os atributos transacionais são definidos nos métodos que um cliente pode chamar. No caso dos componentes baseados em mensagens, o método onMessage é o único que tem essas definições e o cliente chama-o apenas indiretamente.

Classe de implementação

A classe de implementação contém as implementações para todos os métodos requeridos pelo EJB, inclusive os métodos do ciclo de vida. A classe de implementação tem de conter o seguinte:

- setMessageDrivenContext: este método tem de existir e é chamado pelo contêiner EJB. Permite que o EJB armazene as informações do contexto em uma variável de instância local.

- ejbCreate: apenas um deste método tem de existir com exatamente este nome, nenhum argumento e o tipo de retorno tem de ser void. O contêiner EJB usa esse método para criar novas instâncias do componente baseado em mensagens.

- ejbRemove: apenas um deste método tem de existir com exatamente este nome, nenhum argumento e o tipo de retorno tem de ser void. O contêiner EJB usa esse método para remover as instâncias do componente baseado em mensagens.

- onMessage: apenas um deste método tem de existir com exatamente este nome, um único argumento que é a mensagem JMS e o tipo de retorno têm de ser void. O contêiner EJB usa esse método para processar todas as mensagens JMS. A lógica comercial para o EJB reside nesse método ou pelo menos é chamada a partir dele.

Pode haver métodos adicionais na classe de implementação que existem simplesmente como utilitários para ajudar no suporte da lógica comercial no método onMessage. Também pode haver outras classes presentes na construção interna do EJB que a classe de implementação pode usar. E mais, o campo MessageDrivenContext faz parte da classe de implementação também.

A Figura 14-4 mostra um exemplo de implementação de um componente baseado em mensagens.

O ciclo de vida do componente baseado em mensagens

O ciclo de vida de um componente baseado em mensagens usa os mesmos conceitos utilizados pelos outros EJBs e é o mais simples de descrever. O contêiner EJB cria inicialmente um pool de instâncias para cada componente baseado em mensagens distribuído. O tamanho e o comportamento do pool são controlados pelas várias definições do servidor. Quando uma mensagem JMS entra, o contêiner EJB simplesmente a envia para uma instância disponível no pool e chama o método onMessage. Quando esse método termina, a instância retorna para o pool.

O diagrama de estado na Figura 14-5 mostra com precisão esse ciclo de vida.

```
import javax.jms.Message;
import javax.jms.MessageListener;
import javax.jms.TextMessage;

public class LogBean implements javax.ejb.MessageDrivenBean,
javax.jms.MessageListener {
      private javax.ejb.MessageDrivenContext ctx;
      public LogBean( ) { }
      public void setMessageDrivenContext(javax.ejb.MessageDriven
      Context context) {
           Ctx = context;
      }
      public void ejbCreate( ) throws javax.ejb.EJBException,
      javax.ejb.CreateException {          }
      public void ejbRemove( ) throws javax.ejb.EJBException{
}

      public void onMessage(javax.jms.Message msg) {
           try {
                 TextMessage tm = (TextMessage)msg;
                 String text = tm.getText( );
                 // logging specific code here
           }
           catch (Exception ex) {
                 // exception handling code here
           }
      }
```

Figura 14-4 O código de implementação para um componente baseado em mensagens simples.

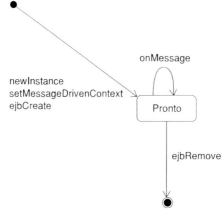

Figura 14-5 O ciclo de vida do componente baseado em mensagens.

Uma situação comum do componente baseado em mensagens

Uma situação padrão para usar um componente baseado em mensagens é o cliente agir como a seguir:

1. O cliente localiza o destino JMS para o componente baseado em mensagens

2. O cliente envia mensagens JMS para o destino

Um diagrama de seqüência UML mostrando um uso típico de um componente baseado em mensagens é fornecido na Figura 14-6.

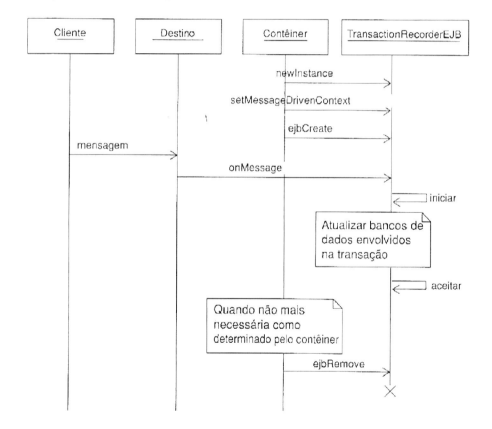

Figura 14-6 Um diagrama de seqüência mostrando o uso típico de um componente baseado em mensagens.

Como modelar as relações do componente baseado em mensagens

Os componentes baseados em mensagens podem utilizar outras classes Java para cumprir suas responsabilidades e podem ser utilizados eles mesmos por outros. Esta seção analisa como modelar tais aspectos.

Como modelar as relações dos componentes baseados em mensagens com outras classes

Como qualquer outra classe Java, um componente baseado em mensagens pode utilizar outras classes Java para executar suas responsabilidades. Essas relações são modeladas como sempre.

Componente baseado em mensagens e outras tecnologias J2EE

A relação entre um componente baseado em mensagens e cada uma das outras tecnologias J2EE é parecida. Cada um (servlet, componente da sessão, componente da entidade etc.) tem de usar um destino para se comunicar com um componente baseado em mensagens. Como tal, não há nenhum aspecto de modelagem distinto.

Como identificar os componentes baseados em mensagens nas aplicações comerciais

A comunicação baseada no Remote Procedure Call (RPC), como a utilizada pelos componentes da sessão, tem a desvantagem de que o emissor tem de aguardar uma resposta. Por exemplo, imagine que você chame um método comercial em outro componente da sessão. Então, precisará aguardar que o método retorne para que possa empreender a próxima atividade. E se a tarefa que você queria realizar levasse muito tempo e não fosse particularmente crítica? Obviamente, caberia uma decisão sobre a importância que a tarefa realmente tem e se o impacto do desempenho é justificável.

Um sistema baseado em mensagens, por outro lado, não tem essa desvantagem. Portanto, na mesma situação, se o componente da sessão estivesse se comunicando com um componente baseado em mensagens, poderia simplesmente enviar a mensagem de modo assíncrono para ser processada pelo componente baseado em mensagens de uma maneira independente.

No estudo do caso HomeDirect, poderemos usar o componente baseado em mensagens para registrar qualquer informação operacional interessante e informar os problemas. Os componentes HomeDirect simplesmente enviariam a mensagem para o tópico predeterminado e então continuariam o seu trabalho. Quando o componente baseado em mensagens recebesse a solicitação baseada em mensagens, simplesmente lidaria com a mensagem de acordo com seu tipo. Os componentes baseados em mensagens podem também ser usados para integrar as aplicações de herança para tornar o esforço da integração mais fácil

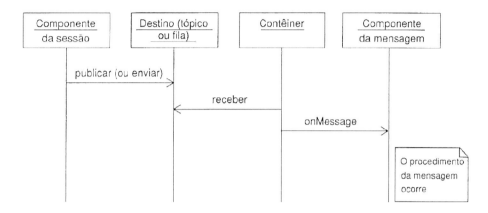

Figura 14-7 O exemplo de uma interação entre um componente da sessão e um componente baseado em mensagens.

Um exemplo de interação de um componente da sessão e um componente baseado em mensagens é mostrado na Figura 14-7. Nesta situação, um componente da sessão (depois de pesquisar um destino Java Naming and Directory Interface [JNDI]) publica uma mensagem para um destino. A mensagem é recuperada pelo contêiner e leva a um método onMessage no componente baseado em mensagens. Nesse momento, o componente baseado em mensagens pode processar a mensagem como indicado no método onMessage.

O problema de como enviar uma resposta de volta para a parte que envia geralmente aparece. Não há nenhum mecanismo definido formalmente na versão atual da especificação EJB 2.0. As estratégias típicas para lidar com isso envolvem alguma variação na configuração de um destino de resposta temporário ou permanente e no fornecimento de informações sobre o destino da resposta para o componente baseado em mensagens na própria mensagem.

Outra coisa para se ter cuidado, durante o desenvolvimento de um componente baseado em mensagens, é o tipo da mensagem. Um componente baseado em mensagens deve ser preparado para lidar com qualquer tipo que suporte as mensagens que são enviadas para ele. Por exemplo, um componente baseado em mensagens deve ser capaz de receber e processar um TextMessage enquanto espera um ObjectMessage. É por que qualquer objeto que suporta a interface da mensagem pode ser uma mensagem válida.

Resumo

Os componentes baseados em mensagens são novos no J2EE 1.3. Eles são designados para processar as mensagens JMS e são úteis para as situações em que a sincronização não é requerida, nem desejada. Um bom exemplo é usar os componentes baseados em mensagens para integrar os sistemas de modo solto.

Os diagramas de classe UML são usados para modelar as exibições do cliente e internas, mesmo que não haja nenhuma interface exibida para o cliente. A modelagem é feita usando os subsistemas UML, classes, métodos, campos e estereótipos. A comunicação com os componentes baseados em mensagens ocorre de modo assíncrono através das mensagens enviadas para um tópico ou fila.

Os componentes baseados em mensagens usam o conceito da transação como os outros EJBs. Como nos outros EJBs, a classe de implementação dos componentes baseados em mensagens implementa os métodos do ciclo de vida e a lógica comercial.

Capítulo 15

Montagem
e distribuição

■
Modelagem dos componentes

■
Modelagem dos componentes
das tecnologiasJ2EE

■
Modelagem da distribuição

■
Rastreamento revisado

■
Montagem e distribuição
das aplicações Java comerciais

■
Resumo

Independentemente das particularidades de sua aplicação comercial e apesar da abordagem usada para analisar, construir e desenvolver o software, chegará um momento em que você precisará identificar como o código de seu software se manifestará no mundo físico dos arquivos, binários, executáveis e bibliotecas. Você precisará ainda determinar como o código do software será distribuído para obter melhores resultados.

É onde a modelagem dos componentes e da distribuição entra. Você usará a modelagem dos componentes para estabelecer como as várias partes de seu software são reunidas fisicamente e a modelagem da distribuição para mapear o layout geral de sua aplicação comercial distribuída.

A modelagem dos componentes e da distribuição das tecnologias do Java 2 Platform, Enterprise Edition (J2EE) e a aplicação comercial é a parte central da análise deste capítulo.

Iremos concluir o capítulo com uma análise da montagem e da distribuição no contexto das aplicações Java comerciais.

Modelagem dos componentes

Em nossas discussões com os desenvolvedores Java, que usam a Unified Modeling Language (UML), normalmente achamos que a modelagem dos componentes em geral não é predominante. Há várias razões que asseguram o contrário e sugerem um foco aumentado na modelagem da implementação:

- Complexidade: para uma aplicação simples, o modo como os diferentes elementos do modelo se reúnem no mundo físico para formar a aplicação é bem comum. Mas, quando as aplicações ficam maiores, torna-se cada vez mais importante modelar o mundo da implementação física para gerenciar a complexidade geral de sua aplicação. A modelagem dos componentes poderá ajudar neste sentido mostrando de forma não ambígua as dependências entre os diferentes elementos do modelo.

- Reutilização: a reutilização pode ocorrer no nível da construção quando você reutiliza uma definição da classe existente ou interface em sua aplicação. Mas uma força mais poderosa para a utilidade é a reutilização dos componentes independentes e enviados. Os diagramas dos componentes fornecem o veículo perfeito para identificar tais oportunidades de reutilização.

Modelagem dos componentes das tecnologias J2EE

Um diagrama do componente é basicamente composto por componentes UML. Porém neste contexto, o termo componente é ligeiramente mais amplo do que o termo comumente usado na indústria do software, pois um componente UML pode ser um componente do código-fonte, um componente binário, um componente executável ou ainda um arquivo de texto.

Um diagrama do componente fornece uma exibição estática dos componentes e suas relações.

Os componentes em um diagrama de componentes podem existir durante o desenvolvimento ou podem começar a existir depois da compilação, ligação etc.

Os estereótipos são usados para distinguir os tipos diferentes de componentes Java em um diagrama de componentes:

- Um arquivo de classe Java (extensão do arquivo .class) é representado especializando o estereótipo UML padrão <<file>> e criando um estereótipo para um componente com o estereótipo <<javaClassFile>>.

- Um arquivo que contenha uma JavaServer Page (JSP; extensão do arquivo .jsp) é representado especializando o estereótipo <<file>> e aplicando <<JSPFile>> em um componente.

- Um descritor de distribuição é representado especializando o estereótipo UML padrão <<file>> e criando o estereótipo de um componente com um dos seguintes estereótipos:

- <<WebDescriptor>> para os componentes Web compostos por servlets e JSPs.

- <<EJBDescriptor>> para os componentes Enterprise JavaBean (EJB).

- Um arquivo Java Archive File (JAR) é representado estereotipando um pacote UML com o estereótipo <<JavaArchiveFile>>. Os tipos diferentes de arquivos JAR são distinguidos pelo uso de um dos seguintes:

- Os arquivos JAR (extensão do arquivo .jar) que contêm EJBs são identificados com o estereótipo de um pacote com <<EJBArchiveFile>>.

- Os arquivos de armazenamento Web (extensão do arquivo .jar) que contêm JSPs, servlets e páginas HTML são representados através de um pacote estereotipado como <<WebArchiveFile>>.

- Os arquivos de armazenamento comercial (extensão do arquivo .ear) que contêm aplicações Java comerciais inteiras são identificados estereotipando um pacote com <<EnterpriseArchiveFile>>.

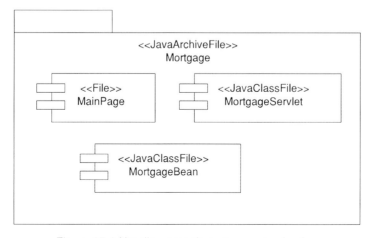

Figura 15-1 Um diagrama do componente simples.

Como representar os componentes Web

Os componentes Web podem ser compostos por um servlet ou JSP, páginas estáticas como as páginas HTML e um descritor de distribuição. Um exemplo de componente Web em um diagrama do componente é apresentado na Figura 15-2.

Como representar os EJBs

Os componentes EJB são enviados em arquivos de armazenamento que contêm os arquivos da classe compilados para o próprio EJB, qualquer arquivo da classe Java de suporte requerido e um descritor de distribuição EJB.

A Figura 15-3 mostra um diagrama do componente UML para um componente EJB.

Note que vários EJBs podem existir no mesmo arquivo de armazenamento EJB e, na verdade, é o modo mais comum de agrupá-los. O agrupamento no mesmo arquivo permite que as relações entre os EJBs locais sejam possíveis, portanto é um ponto muito importante.

Ao agrupar assim, os campos do descritor para cada EJB são geralmente mesclados em um único arquivo do descritor, que também é o caso para um descritor Web em um arquivo de armazenamento Web.

A Figura 15-4 mostra um exemplo de diversos EJBs agrupados em um único armazenamento EJB. Note como ambos os EJBs compartilham uma classe da chave primária comum neste exemplo.

Modelagem dos componentes das aplicações comerciais

As aplicações Java comerciais representam todas as diferentes partes que compõem uma aplicação comercial. Dependendo da aplicação, isso pode significar alguns componentes Web assim como componentes EJB.

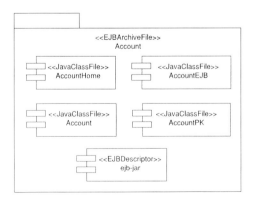

Figura 15-3 Os EJBs e os diagramas dos componentes.

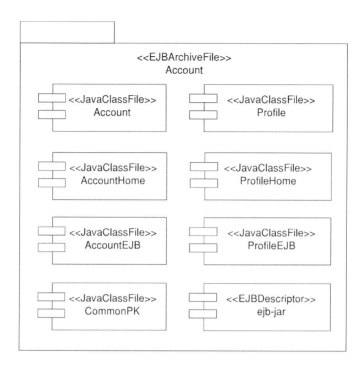

Figura 15-4 Os diversos EJBs agrupados em um único arquivo de armazenamento.

A Figura 15-5 mostra um exemplo de aplicação Java comercial por meio de um diagrama de componentes.

Também é possível para uma aplicação consistir em apenas componentes EJB que são acessados diretamente por uma aplicação do cliente pequeno. Se a aplicação HomeDirect tivesse uma interface da aplicação baseada no cliente, essa relação poderia ter sido mostrada usando o estereótipo <<EJB ClientJar>> para uma relação de uso como apresentado na Figura 15-6.

Modelagem da distribuição

A distribuição é um aspecto essencial das aplicações comerciais. A modelagem da distribuição é útil para modelar como as diferentes partes que compõem a aplicação comercial são distribuídas nos diversos processadores e processos.

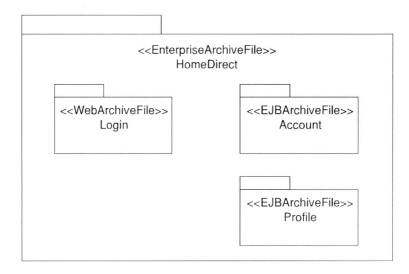

Figura 15-5 Um componente comercial.

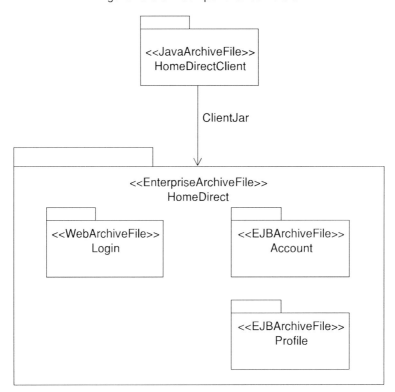

Figura 15-6 Como exibir as relações do cliente para os EJBs.

Apenas os elementos da aplicação comercial que existem durante a execução são modelados para a distribuição. No caso do J2EE, isso inclui os vários arquivos de armazenamento, mas exclui os arquivos-fonte Java comuns.

O conceito central da modelagem no diagrama de distribuição é o nó. Em geral, um nó geralmente representa um processador ou algum conceito de hardware parecido. Estereótipos podem ser usados para distinguir os diferentes tipos de nós. Os nós podem ter associações entre eles, que representam os caminhos de comunicação entre os nós. Novamente, o estereótipo é usado para distinguir os diferentes tipos de caminhos da comunicação. As instâncias dos componentes durante a execução são mapeados para os nós a fim de exibir a distribuição durante a execução.

No mundo J2EE, você terá também que lidar com os diferentes tipos de servidores. Esta lista inclui os servidores Web, os servidores da aplicação, os servidores do banco de dados etc. Para modelar a aplicação comercial de uma maneira genérica, usaremos os seguintes estereótipos para distinguir os vários tipos:

- <<WebServer>>
- <<ApplicationServer>>
- <<DatabaseServer>>

A Figura 15-7 mostra um diagrama de distribuição para uma aplicação comercial simples.

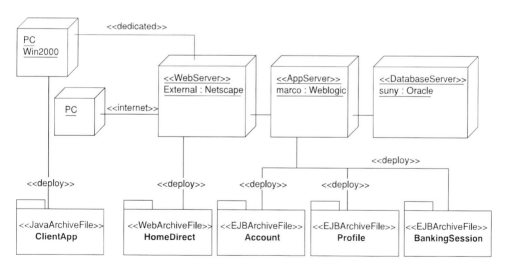

Figura 15-7 Como modelar a distribuição das aplicações J2EE.

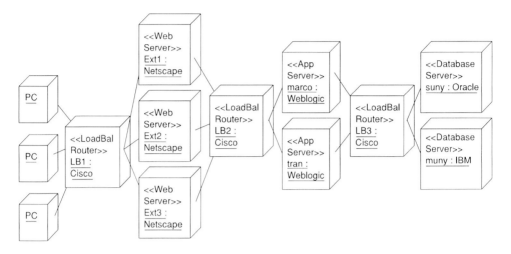

Figura 15-8: A modelagem da redundância através de um diagrama de distribuição.

E mais, uma aplicação comercial com missão crítica pode chamar servidores redundantes para assegurar que os serviços continuarão a ser fornecidos sem interrupção no caso de falhas. Os diagramas de distribuição podem ser usados para identificar tais configurações.

A Figura 15-8 mostra um diagrama de distribuição com uma configuração de carregamento equilibrado.

Rastreamento revisado

Como analisado nos capítulos anteriores, o rastreamento é uma vantagem importante do Rational Unified Process (RUP) e da abordagem do desenvolvimento baseado em casos de uso. Agora que cobrimos as exigências textuais completamente para a manifestação física do software, é adequado revisar o rastreamento e concluir com um exemplo concreto para mostrar seu conceito no modelo UML inteiro.

A Figura 15-9 apresenta o rastreamento graficamente para TransferServlet. Ela mostra claramente que podemos justificar com facilidade a existência do componente TransferServlet com base nas exigências do componente. Podemos fazer isso porque as exigências textuais levam diretamente ao caso de uso no modelo do caso de uso que, por sua vez, resulta no objeto de controle TransferFunds no modelo de análise etc. Também é vantajoso saber que, se as exigências associadas ao caso de uso Transferir fundos mudarem, será relativamente simples identificar as partes impactadas do software pelo modelo.

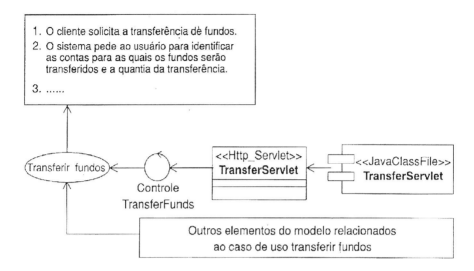

Figura 15-9 O rastreamento no modelo.

Montagem e distribuição das aplicações Java comerciais

A especificação J2EE coloca a responsabilidade da montagem e da distribuição nos papéis de montador da aplicação e do distribuidor, respectivamente. Ao fazer isso, distingue uma pessoa que desenvolve um componente Java comercial como um EJB e as pessoas que montam e distribuem esse EJB. Embora uma pessoa possa assumir todas essas tarefas, é igualmente aceitável que três indivíduos diferentes desempenhem esses papéis.

O papel do montador da aplicação é responsável por localizar e reunir os componentes individuais para formar uma aplicação comercial. Tal montagem geralmente envolve criar ou atualizar um descritor de distribuição da aplicação comercial.

O papel do distribuidor concentra-se em configurar e instalar uma aplicação montada pelo montador em um servidor da aplicação. Isso geralmente envolve resolver as dependências externas, configurar os recursos requeridos pela aplicação como, por exemplo, bancos de dados e serviços de correio, configurar a aplicação para as transações e segurança etc. e distribuir a aplicação para o servidor da aplicação.

A montagem pode ser feita manualmente ou com a ajuda de ferramentas de montagem e distribuição. A distribuição envolve usar uma ferramenta de distribuição que gera classes específicas do contêiner para permitir ao contêiner fornecer os serviços da execução requeridos para a aplicação comercial.

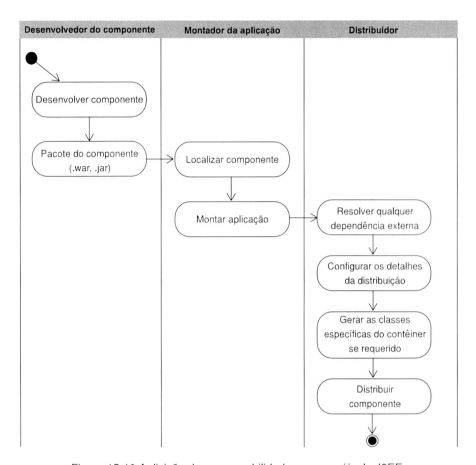

Figura 15-10 A divisão de responsabilidades nos papéis do J2EE.

Descritores da distribuição

Os componentes J2EE utilizam descritores de distribuição baseados na eXtensible Markup Language (XML) para a comunicação entre o desenvolvedor do componente, o montador da aplicação e o distribuidor.

Cada descritor de distribuição é baseado em um XML Document Type Description (DTD), que especifica a gramática para esse tipo de descritor de distribuição.

Uma parte do DTD EJB XML da especificação EJB 2.0 é reproduzida no exemplo seguinte. Nele, a primeira linha destacada indica que um descritor de montagem consiste em zero ou mais papéis de segurança, zero ou mais permissões do método e zero ou mais transações do contêiner. Na segunda linha destacada, você vê que cada transação do contêiner pode conter no máximo uma única descrição, pelo menos um método, um único atributo da transação etc.:

```
<!ELEMENT abstract-schema-name (#PCDATA)>
<!ELEMENT assembly-descriptor (security-role*, method-permission*,
container-transaction*)>
<!ELEMENT cascade-delete EMPTY>
<!ELEMENT cmp-field (description?, field-name)>
<!ELEMENT cmp-version (#PCDATA)>
<!ELEMENT cmr-field (description?, cmr-field-name, cmr-field-
type?)>
<!ELEMENT cmr-field-name (#PCDATA)>
<!ELEMENT cmr-field-type (#PCDATA)>
<!ELEMENT container-transaction (description?, method+,
trans-attribute)>
<!ELEMENT dependent (description?, dependent-class, dependent-name,
cmp-field+, pk-field*)>
<!ELEMENT dependents (description?, dependent+)>
<!ELEMENT dependent-class (#PCDATA)>
<!ELEMENT dependent-name (#PCDATA)>
<!ELEMENT description (#PCDATA)>
<!ELEMENT display-name (#PCDATA)>
<!ELEMENT ejb-class (#PCDATA)>
<!ELEMENT ejb-client-jar (#PCDATA)>
<!ELEMENT ejb-entity-ref (description?, remote-ejb-name,
ejb-ref-name, home, remote, ejb-link?)>
...
```

O J2EE tem vários tipos distintos de descritores de distribuição:

- Descritor de distribuição Web: usado para os servlets e os JSPs. Os arquivos XML do descritor de distribuição Web são nomeados como web.jar. Um descritor de distribuição Web pode conter um ou mais servlets e JSPs.

- Descritor de distribuição EJB: contém detalhes de um ou mais EJBs. Os documentos XML do descritor de distribuição EJB são nomeados como ejb-jar.xml.

- Descritor de distribuição da aplicação: contém detalhes sobre uma aplicação comercial J2EE. Os descritores de distribuição da aplicação são armazenados nos arquivos application.xml.

- Descritor de distribuição específico do revendedor: os revendedores do servidor J2EE geralmente requerem o uso de um ou mais descritores de distribuição específicos do revendedor para comunicar os parâmetros especiais requeridos por seu servidor. São acrescentados aos descritores mencionados anteriormente. Por exemplo, o BEA Weblobic usa um descritor de distribuição weblogic-ejb-jar. xml para permitir que o distribuidor comunique as informações requeridas para o cache, o cluster etc.

  Um documento XML usa um estilo muito parecido com a HTML. Embora a HTML use um conjunto fixo de tags para comunicar os detalhes da formatação, as tags XML associadas indicam os dados. As tags XML podem ser aninhadas para formar estruturas complexas.

Um descritor de distribuição web.xml parcial é mostrado no exemplo a seguir. Neste exemplo, as tags XML são usadas para especificar os detalhes de um servlet e um JSP contido na aplicação Web. Por exemplo, a tag <web-app> especifica que os detalhes restantes são sobre uma aplicação Web que tem um nome de exibição HomeDirect etc.

```
<?xml version=1.0 encoding=Cp1252?>

<!DOCTYPE web-app PUBLIC' -//Sun Microsystems, Inc.//DTD Web Appli-
cation 2.2//EN' 'http://java.sun.com/j2ee/dtds/web-app_2.2.dtd'>

    <web-app>
    <display-name>HomeDirect</display.name>
    <description>HomeDirect web application</description>
    <servlet>
        <servlet-name>ProfileServlet</servlet-name>
        <display-name>ProfileServlet</display-name>
        <description>no description</description>
        <servlet-class>com.homedirect.web.ProfileServlet</
servlet-class>
    </servlet>
    <servlet>
        <servlet-name>TransferJSP</servlet-name>
        <display-name>TransferJSP</display-name>
        <description>no description</description>
        <jsp-file>Transfer.jsp</jsp-file>
    </servlet>
...
```

Resumo

Quando as aplicações sendo desenvolvidas ficam maiores, a modelagem dos componentes e a modelagem da distribuição tornam-se mais importantes. A modelagem dos componentes é útil para modelar como as várias partes são reunidas. A modelagem da distribuição, por outro lado, é útil para modelar os aspectos da distribuição da aplicação e como as instâncias do componente durante a execução que compõem a aplicação comercial são distribuídas no sistema distribuído.

A especificação J2EE decompõe as responsabilidades do desenvolvimento, montagem e distribuição nos papéis do desenvolvedor, montador e distribuidor, respectivamente. Os descritores da distribuição são usados como o principal meio de comunicação entre esses papéis.

Capítulo 16

Estudo do caso

- Base do estudo do caso
- Declaração do problema
- Princípios e suposições
- Exigências HomeDirect
- Fase Inicial
- Fase da elaboração
- Fases restantes
- Resumo

Ler a teoria apenas irá levá-lo até este ponto. Inevitavelmente, você terá de sujar suas mãos para compreender mais.

Este capítulo fornece um exemplo prático para os interessados em explorar a tecnologia J2EE em primeira mão.

Isso é conseguido:

- Fornecendo detalhe suficiente sobre um problema hipotético porém concreto.
- Percorrendo os vários casos de uso desde a análise até a implementação.
- Usando uma interação simulada com os usuários finais e outros para se aproximar de uma situação iterativa mais real.
- Fornecendo uma implementação complementar para continuar o estudo do caso.
- Oferecendo sugestões para as alterações na implementação a fim de melhorar a funcionalidade do estudo do caso.
- Fornecendo regras nos casos de uso adicionais para analisar, construir e implementar em uma iteração guiada pelo leitor.

Tudo isso é feito no contexto de seguir uma versão personalizada do Rational Unified Process (RUP) para reforçar as idéias de desenvolvimento do software neste livro.

Todos os nomes dos negócios, marcas de serviço etc. usados neste exemplo são fictícios. Qualquer semelhança com entidades reais é meramente uma coincidência.

O código-fonte do estudo do caso HomeDirect pode ser obtido em

http://www.awl.com/cseng/titles/0-201-73829-5/

Base do estudo do caso

Apesar a imagem da indústria do banco como um negócio austero e antiquado, ela sempre foi um usuário pesado da tecnologia. Os computadores mainframes ajudaram a satisfazer o processamento de dados pesado e as necessidades de manter registros. Os Automated Banking Tellers (ATMs) agora têm sido usados por décadas. Portanto, não é surpresa alguma que os bancos tenham se apoderado da promessa da Web de fornecer serviços de banco on-line melhores e com um custo eficiente em uma base de 24/7 para seus clientes.

Declaração do problema

Para melhor competir com seus concorrentes muito maiores, o ACMEBank de Sammamish, Washington, decidiu oferecer uma faixa completa de serviços de banco on-line, conhecidos coletivamente como HomeDirect Bank, para seus clientes.

O HomeDirect estará disponível para todos os clientes do banco gratuitamente através da World Wide Web. Três tipos principais de serviços serão oferecidos inicialmente como parte do HomeDirect:

- Serviços de consulta: incluem as atualizações do saldo, a exibição das listas de transações e o carregamento do histórico da conta .

- Serviços de pagamento das contas: os usuários serão capazes de pagas as contas eletronicamente.

- Serviços de transação: eles incluem recursos como a transferência de fundos e, para as contas de investimento, a compra e venda de ações.

Um mecanismo separado será requerido para as funções administrativas relacionadas a HomeDirect. Além de ter um acesso total para as funções de banco on-line descritas anteriormente, as funções administrativas incluem a capacidade de criar novas contas, fechar contas, ativar o banco on-line para um certo cliente, ajustar manualmente um determinado saldo da conta e cancelar futuras transações de pagamento das contas segundo a solicitação do proprietário da conta.

Os serviços de banco on-line HomeDirect têm de utilizar os bancos de dados existentes e outra infra-estrutura de banco todas as vezes. Uma provisão deverá também ser feita na construção para uma eventual integração com um sistema de processamento de empréstimo existente, LoansDirect, para permitir que os clientes façam solicitações de empréstimos on--line. Serviços de pagamento de contas avançados serão oferecidos para os clientes on-line que estão usando o serviço BillsDirect para controlar as contas não pagas.

Princípios e suposições

O exemplo de banco on-line foi usado como o projeto central neste livro. Embora consideremos várias outras possibilidades, sentimos que esse projeto é o mais adequado. Compreender o domínio é meio caminho andado e a predominância do banco on-line torna muito mais provável que os leitores já estejam familiarizados com o assunto do caso de uso.

Obviamente, está além do escopo deste livro implementar um sistema de banco on-line completo. Assim, várias implicações e limites tiveram de ser impostos necessariamente. A intenção básica desse projeto é mostrar os conceitos relacionados ao Java 2 Platform, Enterprise Edition (J2EE) e fornecer um recurso de aprendizagem prático.

Como este livro é sobre aplicar a Unified Modeling Language (UML) e o J2EE, usaremos o J2EE exclusivamente.

A seguinte lista contém algumas suposições e limites associados ao nosso exemplo de banco on-line:

- A escolha da tecnologia é limitada às tecnologias J2EE (por exemplo, nenhum ASP ou script CGI etc., mesmo que eles possam ser opções igualmente válidas em tal situação).

254 | *Desenvolvendo aplicações comerciais em Java com J2EE e UML*

- Um futuro pagamento não poderá ser para mais de um saldo da conta atual (na vida real, você pode ter a permissão de fazer isso devido aos depósitos pendentes ou às configurações de proteção de saques a descoberto).
- Apenas um cliente pode ser associado a uma conta. As contas conjuntas não são permitidas.
- Para ser um cliente, a pessoa tem de ter pelo menos uma conta.

Exigências HomeDirect

O HomeDirect Bank utilizará os bancos de dados existentes e outra infra-estrutura todas as vezes. Será possível migrar facilmente para um revendedor da plataforma diferente caso apareça uma necessidade.

A interface do usuário será desenvolvida de modo que os clientes possam executar facilmente os serviços de consulta e transação com cliques mínimos no mouse. Apenas os serviços válidos do usuário serão permitidos em qualquer momento. Por exemplo, se um usuário não tiver contas a pagar, o serviço indicará isso e não permitirá que a transação de pagamento das contas seja tentada.

Serviços de consulta

Os usuários serão capazes de percorrer as informações relacionadas com a conta pelo serviço HomeDirect.

Os usuários HomeDirect serão solicitados a conectar o sistema antes de usá-lo. Um nome de usuário e senha serão requeridos. Assim que o nome de usuário e senha forem verificados para o cliente, o usuário será capaz de usar a faixa completa de recursos HomeDirect.

Assim que um cliente tiver se conectado com sucesso, será possível que ele altere a senha e escolha uma nova. O usuário será solicitado a fornecer a senha anterior como uma medida de segurança. Assim que a antiga senha for verificada, ela poderá ser atualizada no sistema.

O usuário será capaz de obter o resumo dos saldos atuais no banco de dados. Os saldos atuais serão apresentados para o usuário com os detalhes da conta.

As contas do usuário poderão incluir contas corrente primária e secundária e poupança junto com qualquer número de cartões de crédito enviados pelo banco. Cada conta terá seus próprios limites e taxas associadas.

O usuário será capaz de obter e exibir a lista de transações recentes para todas as contas. Cada transação na lista será exibida com as seguintes informações: número de referência da transação, contas envolvidas ou pagamentos, explicação das taxas se houver e a quantia da transação.

Serviços de pagamento das contas

Um usuário será capaz de usar o serviço ACMEBank HomeDirect para pagar as contas eletronicamente. Uma lista de contas não pagas será fornecida para o usuário obtida pelo serviço ACMEBank BillsDirect.

O usuário será capaz de selecionar qualquer conta não paga na lista para o pagamento eletrônico a partir de qualquer conta registrada ou cartão de crédito contanto que exista saldo suficiente, saque a descoberto ou limite de crédito para cobrir a quantia da conta e qualquer taxa associada.

As contas não pagas para os usuários existentes do serviço BillsDirect estarão disponíveis através do banco de dados de contas. As novas contas seriam adicionadas ao banco de dados de contas pelos processos existentes do banco fora do sistema HomeDirect.

Como alternativa, um usuário será capaz de pagar as contas diretamente para os vendedores registrados. Assim que um vendedor tiver sido adicionado à lista de portadores da conta para um dado usuário, o usuário será capaz de fazer os pagamentos para o vendedor contanto que ele continue a estar registrado no banco e não seja removido pelo usuário da lista de portadores da conta.

Para fazer um pagamento para um vendedor na lista de portadores da conta, o usuário será requerido a selecionar o vendedor na lista de portadores da conta, indicar a quantia exata do pagamento e definir uma data para o pagamento. Quando o usuário enviar a solicitação de pagamento da conta, o sistema verificará o saldo da conta corrente para confirmar se os fundos suficientes estão disponíveis para pagar a conta. Se fundos insuficientes estiverem disponíveis, o usuário receberá uma devida notificação e o pagamento da conta não será registrado.

Se os fundos estiverem disponíveis, o pagamento da conta será colocado na fila para os pagamentos pendentes.

O usuário será capaz de remover um vendedor da lista de portadores da conta selecionando o vendedor na lista e confirmando a ação. Isso resultará no vendedor sendo apagado da lista de portadores da conta associada. Os pagamentos na fila com os pagamentos pendentes não serão afetados por tal remoção.

Serviços da transação

Embora os usuários não sejam capazes de executar transações tradicionais como depósitos e saques através do serviço HomeDirect, eles serão capazes de empreender transferências entre as contas correntes normais e as poupanças, cartões de crédito e contas não pagas, assim como as ações relacionadas com o investimento.

Um usuário será capaz de iniciar transferências de fundos de uma conta para outra, por exemplo, das poupanças para as contas correntes ou das contas correntes para as poupanças. O usuário fornecerá duas contas e solicitará uma transferência de fundos entre as contas. Assim que ele tiver escolhido as contas e indicado a quantia da transferência, o sistema verificará se os fundo suficientes estão disponíveis para executar a transferência. Se tiver sucesso, a quantia da transferência será debitada da conta atual e creditada na conta especificada. Do contrário, nenhuma transferência ocorrerá e o usuário será notificado devidamente.

Se o usuário tiver contas de investimento, será capaz de obter um resumo dos saldos da conta e listar os títulos na conta, assim como executar transações de compra e venda nessa conta.

Para iniciar uma transação de compra, o usuário irá selecionar a conta de investimento e fornecerá um símbolo do título, quantidade e preço limite. O sistema fornecerá os encargos totais aproximados e pedirá ao usuário para selecionar a conta da qual os encargos deverão ser debitados. Então o sistema irá verificar se a quantia do encargo está disponível na conta selecionada. Se os encargos totais excederem o saldo, uma devida mensagem será exibida e nenhuma atividade de compra ocorrerá. Do contrário, as informações serão fornecidas na fila de pedidos pendentes.

Para iniciar uma transação de venda, o usuário selecionará a conta de investimento. Uma lista de títulos na conta será exibida. O usuário selecionará um título para vender. O sistema exibirá o ganho total aproximado menos qualquer encargo requerido e imposto de renda descontado e pedirá ao proprietário da conta a conta na qual os fundos deverão ser depositados. Os fundos então serão creditados na conta escolhida (poupanças ou contas correntes).

Serviços administrativos

Uma aplicação separada será fornecida para a administração do serviço HomeDirect. O administrador terá acesso total a qualquer função disponível para o usuário. E mais, o administrador será capaz de executar a configuração da conta e as tarefas de manutenção.

O funcionário do banco terá que se conectar antes de usar o sistema. A conexão irá requerer um ID do funcionário, uma senha e um código de autorização válido.

O administrador também será capaz de ativar e desativar o acesso on-line dos clientes ACMEBank. Quando o acesso on-line for ativado para um cliente, ele será atribuído a uma senha. A senha pode ser fornecida manualmente ou, se nada for fornecido, poderá ser gerada automaticamente pelo sistema. Um e-mail de confirmação será enviado para o cliente avisando-o sobre o término da configuração do acesso on-line.

O administrador deverá também ser capaz de criar novas contas ou fechar as existentes para um usuário selecionado.

Será possível para o administrador ajustar manualmente um certo saldo da conta. Isso irá requerer que o administrador escolha uma conta, indique se é um ajuste de débito ou de crédito, forneça a quantia do ajuste e uma razão textual para o ajuste.

O administrador também será capaz de cancelar futuras transações de pagamento de contas segundo a solicitação de um cliente. Para tanto, o administrador fornecerá um ID de confirmação da transação (fornecido para o cliente quando a transação foi configurada). Isso será usado pelo sistema para recuperar os detalhes do pagamento pendente. Assim que as informações do pagamento tiverem sido recuperadas, o administrador será capaz de selecionar ou cancelar o pagamento em nome do usuário. Se o pagamento for cancelado com sucesso, a conta associada será creditada com uma quantia igual ao pagamento cancelado.

Fase inicial

Uma única iteração foi empreendida na fase inicial. Os seguintes itens foram desenvolvidos como parte dessa iteração:

- Um documento de visão fornecendo uma visão geral do projeto, principais depositários e suas necessidades, posicionamento do projeto no mercado e as exigências.
- Uma lista priorizada dos fatores de risco associados ao projeto.
- Um plano de projeto identificando as fases e as iterações a serem empreendidas.
- Um modelo de caso de uso inicial consistindo nos casos de usos importantes, atores e os fluxos dos eventos para os casos de uso mais críticos.

E mais, a equipe empreendeu a preparação do ambiente para o projeto. Isso incluiu instalar o software requerido, configurar o gerenciamento da configuração etc.

Os itens de seleção da fase inicial serão apresentados nas seções seguintes.

Iteração inicial

Fatores de risco

A Tabela 16-1 identifica os principais riscos para a iteração inicial. (Note que a lista de riscos do projeto é revisada e atualizada no início de cada iteração e os ajustes feitos no plano quando necessário.)

Plano da iteração

O plano da iteração foi extraído do plano do projeto. Para aceitar os fatores de risco listados na Tabela 16-1, foi decidido empreender três iterações durante a fase de elaboração. A Tabela 16-2 apresenta um resumo do plano da iteração.

258 | *Desenvolvendo aplicações comerciais em Java com J2EE e UML*

Tabela 16-1   Os fatores de risco iniciais

Nível do risco 1-10, 10 = mais alto	Descrição do risco	Estratégia de atenuação
9	Vários novos membros na equipe não tem experiência com o J2EE	Enviar os membros da equipe para os devidos cursos de treinamento assim que possível
7	Calendário de envio de junho apertado demais	Identifique e use oportunidades de automatização, por exemplo, as ferramentas de modelagem UML e de geração de código, ferramentas de teste
5	Futura versão da especificação EJB 2.0	Desenvolva um EJB 1.1 e investigue o EJB 2.0 em paralelo para entender os prós e os contras de 1.1 versus 2.0
7	Exigências relacionadas com a administração não determinadas ainda devido a um debate do cliente interno	Trabalhe com o cliente para estabilizar as exigências para a segunda iteração da elaboração

Tabela 16-2   O plano da interação preliminar

Fase	Iterações	Duração (em semanas)
Inicial	Iteração inicial	3
Elaboração	Iteração da elaboração#1 (casos de uso básicos)	3
	Iteração da elaboração#2 (suporte para os serviços de pagamento das contas + adminstrativo)	3
	Iteração da elaboração#3 (serviços de investimento)	3
Construção	Iteração da construçao#1	3
	Iteração da construçao#2	3
Transição	Iteração da transição	2

Atores HomeDirect

A lista seguinte contém a relação completa dos atores no estudo do caso HomeDirect:

- Cliente: usa HomeDirect para obter informações e executar as transações do banco.
- Administrador: configura os usuários do sistema. Obtém e atualiza as informações.
- Vendedor: recebe os fundos como resultado dos pagamentos de contas.
- Sistema de correio: recebe solicitações de HomeDirect para enviar e-mails de confirmação.
- Sistema LoansDirect: interage com o sistema HomeDirect para fornecer serviços de empréstimo para os clientes.
- Sistema BillsDirect: interage com o sistema HomeDirect para fornecer serviços de controle de contas automatizados para os clientes.

Casos de uso HomeDirect

A lista seguinte contém os casos de uso que foram identificados como importantes para a fase inicial:

- Percorrer saldos da conta
- Listar transações
- Transferir fundos
- Pagar contas
- Conectar
- Desconectar
- Editar perfil

Os outros casos de uso que foram identificados mas marcados para a exploração e fluxos de eventos detalhados que serão capturados em uma futura iteração incluem:

- Pagar contas do vendedor
- Modificar lista de vendedores
- Exibir transações
- Carregar transações
- Comprar título
- Vender título
- Atualização da conta manual
- Cancelar pagamento de contas

Desenvolvendo aplicações comerciais em Java com J2EE e UML

O fluxo de eventos para o conjunto importante de casos de uso é apresentado nas seções a seguir. Veja as iterações subseqüentes para obter detalhes adicionais sobre os outros casos de uso.

Caso de uso: percorrer saldos da conta

Fluxo principal de eventos: o caso de uso começa quando o cliente se conecta com sucesso e solicita a varredura dos saldos de sua conta. O sistema pesquisa as informações para o usuário selecionado e apresenta-as para o cliente na tela em um formato predeterminado. O caso de uso termina quando o cliente se desconecta.

Fluxo alternativo de eventos: o sistema é incapaz de obter as informações para o usuário especificado ou o usuário não tem nenhuma conta registrada. Uma mensagem de erro é exibida para o usuário.

Caso de uso: listar transações

Fluxo principal de eventos: o caso de uso se inicia quando o cliente se conecta com sucesso e solicita a lista das transações. O sistema obtém a lista de transações para o usuário. A lista de transações é exibida para o cliente no formato especificado. O caso de uso termina quando o usuário se desconecta.

Fluxo alternativo de eventos: o sistema é incapaz de obter a lista de transações para o usuário. Uma mensagem de erro é exibida para o cliente.

Fluxo alternativo de eventos: o sistema obtém uma lista das transações contendo zero elemento. Uma lista em branco é exibida junto com a mensagem informando que nenhuma transação foi encontrada na conta.

Caso de uso: transferir fundos

Fluxo principal de eventos: o cliente se conecta e solicita uma transferência de fundos. O sistema fornece uma lista das contas existentes. O cliente seleciona a conta para transferir os fundos e a conta a partir da qual transferir os fundos e então indica a quantia dos fundos a transferir. O sistema verifica a conta a partir da qual os fundos serão transferidos e confirma se os fundos suficientes estão disponíveis. A quantia é debitada da conta a partir da qual os fundos serão transferidos e creditada na conta selecionada anteriormente pelo cliente. A transação é registrada. O caso de uso termina quando o usuário se desconecta.

Fluxo alternativo de eventos: os fundos suficientes não estão disponíveis na conta a partir da qual os fundos serão transferidos. Uma mensagem de erro é exibida para o cliente. O cliente então tem uma oportunidade de ajustar a quantia da transferência ou cancelar a transação da transferência.

Caso de uso: pagar contas

Fluxo principal de eventos: o cliente se conecta com sucesso e escolhe pagar uma das contas não pagas que são identificadas pelo serviço BillsDirect. O cliente seleciona as contas e fornece as informações requeridas. O sistema verifica se a conta do cliente tem fundos suficientes para o pagamento e pede ao cliente para confirmar o pagamento. O sistema debita a quantia na conta do cliente e registra o pagamento da conta. O sistema envia um número de confirmação para o cliente. O caso de uso termina quando o cliente se desconecta.

Fluxo alternativo de eventos: os fundos suficientes estão indisponíveis para a conta do cliente. Uma mensagem de erro é exibida para o cliente e a transação do pagamento da conta é cancelada.

Caso de uso: conectar

Note que este não é um caso de uso independente, mas é desenvolvido nesta seção para separar a funcionalidade comum em um grande número de casos de uso no estudo do caso HomeDirect. Este caso de uso é incluído nos casos de uso anteriores.

Fluxo principal de eventos: o cliente é solicitado a fornecer um nome do cliente e senha. O sistema verifica se o cliente existe e verifica se a senha fornecida para o usuário é válida. O sistema exibe a tela principal do sistema HomeDirect para que o cliente possa executar as atividades de banco on-line.

Fluxo alternativo de eventos: o cliente não é um cliente de HomeDirect ou a senha especificada é inválida. O cliente recebe uma mensagem de erro e tem a oportunidade de se conectar de novo.

Caso de uso: desconectar

Fluxo principal de eventos: o cliente seleciona se desconectar para sair do sistema. O sistema termina a sessão do cliente.

Caso de uso: editar perfil

Fluxo principal de eventos: o cliente escolhe mudar a opção do perfil. O sistema pede ao cliente os detalhes de seu perfil atual e permite que o cliente forneça qualquer alteração desejada. Todas as alterações requerem a entrada da senha atual do cliente. As alterações na senha requerem também a entrada da nova senha duas vezes para a verificação. O sistema verifica as informações alteradas e atualiza o perfil do cliente devidamente. O caso de uso termina.

Fluxo alternativo de eventos: a antiga senha fornecida pelo cliente é inválida. O sistema exibe uma mensagem de erro e pede ao cliente o fornecimento, de novo, da antiga senha.

Fluxo alternativo de eventos: a primeira entrada da nova senha não coincide com a segunda entrada da nova senha. O sistema exibe uma mensagem de erro para o cliente e solicita uma correção do cliente.

Diagramas do caso de uso

As figuras 16-1 e 16-2 detalham os casos de uso iniciais para o estudo do caso.

Diagramas da interação

O fluxo de alto nível dos eventos para os casos de uso importantes é geralmente parecido. Uma amostra representativa é apresentada nas figuras 16-3, 16-4 e 16-5.

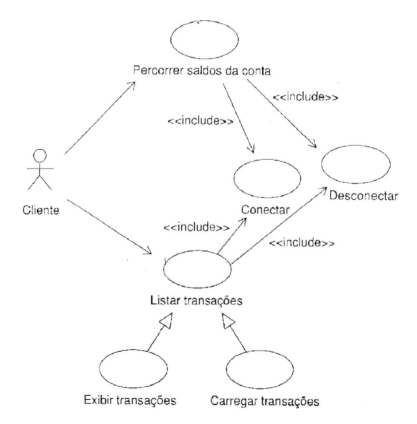

Figura 16-1 Os casos de uso HomeDirect – conjunto inicial.

Capítulo 16 - *Estudo do caso* | 263

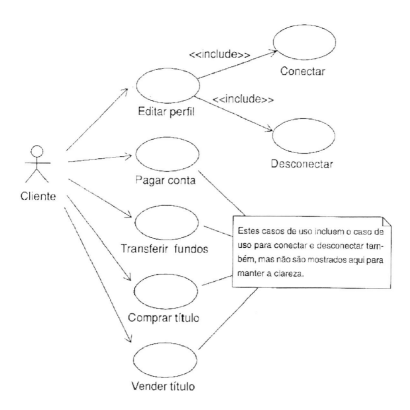

Figura 16-2 Os casos de uso HomeDirect adicionais.

Figura 16-3 Percorrer fluxo principal de eventos para os saldos da conta.

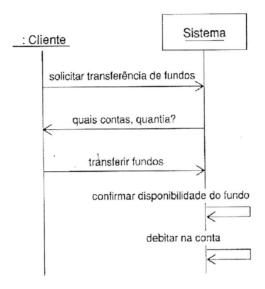

Figura 16-4 O fluxo principal de eventos para transferir fundos.

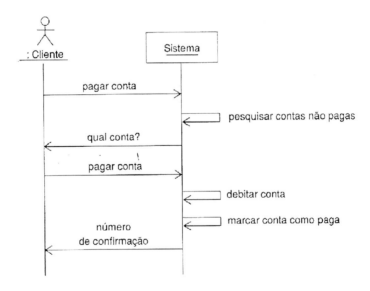

Figura 16-5 O fluxo principal de eventos para pagar contas.

Fase da elaboração

Três iterações foram planejadas para a fase da elaboração. Os itens seguintes foram atualizados ou criados como parte das duas primeiras iterações (a última iteração não foi iniciada):

- Lista de riscos atualizados (iniciados durante a fase inicial)
- Documento da arquitetura inicial
- Modelo de construção
- Um protótipo executável da funcionalidade crítica
- Modelo de implementação inicial
- Um modelo de caso de uso geralmente completo (todos os casos de uso, todos os atores e a maioria do fluxo de eventos completada)

E mais, um modelo de análise foi desenvolvido como parte deste projeto. Foi decidido mantê-lo para uma futura referência e atividades relacionadas com esse projeto.

Iteração da elaboração#1

Fatores de risco atualizados

Uma nova preocupação surgiu com o desempenho dos Enterprise JavaBeans (EJB) não podendo satisfazer as expectativas. Isso é um risco significativo (risco nível 8). Para atenuar esse risco, decidimos ir para a versão EJB 2.0 anterior para aproveitar as melhorias nessa área.

Atualização das exigências

As exigências dos serviços administrativos não foram classificadas ainda devido aos problemas do calendário (falta de disponibilidade) para os tomadores de decisões principais no lado do cliente.

Depois das discussões com os depositários sobre os riscos do calendário, uma decisão foi tomada para adiar os serviços de investimento relacionados com os casos de uso para uma futura versão.

Plano de iteração atualizado (Resumo)

A Tabela 16-3 fornece um plano de iteração atualizado.

Diagramas de seqüência detalhados

Alguns diagramas de seqüência representativos desenvolvidos durante essa iteração são apresentados nas figuras 16-6 a 16-9.

Tabela 16-3 O plano de iteração atualizado

Fase		Duração (em semanas)
Inicial	Iteração inicial	Completo
Elaboração	Iteração da elaboração#1 (casos de uso básicos)	3
	Iteração da elaboração#2 (EJB 2.0)	3
	Iteração da elaboração#3 (suporte para os serviços de pagamentos da conta e serviços adminstrativos)	3
Construção	Iteração da construção	3
Transição	Iteração da transição	2

Diagramas da classe

As figuras 16-10, 16-11 e 16-12 mostram alguns diagramas da classe associados aos casos de uso empreendidos nessa iteração.

Diagrama do pacote

A Figura 16-13 mostra o diagrama do pacote inicial para nosso exemplo.

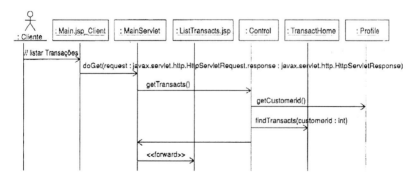

Figura 16-6 O diagrama de seqüência da situação principal para listar transações.

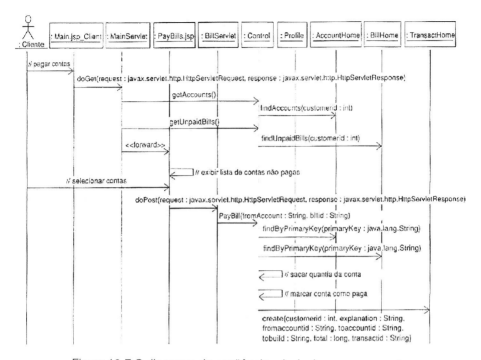

Figura 16-7 O diagrama de seqüência principal para pagar contas.

Diagrama de dependência do componente

A Figura 16-14 mostra o diagrama do componente para o componente da entidade da conta do exemplo HomeDirect.

Iteração da elaboração#2

Esta seção resume os principais pontos da iteração da elaboração#2.

Atualização das exigências

Depois de revisar os protótipos, os clientes identificaram que os procedimentos de confirmação da transação precisavam ser alterados. Em vez de exibir uma página de confirmação, eles gostariam que o usuário fornecesse a confirmação apresentando uma senha junto com outras informações. Essa alteração precisa ser feita.

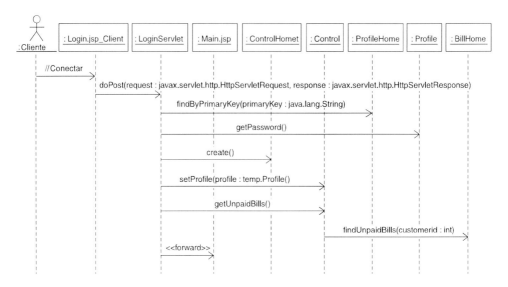

Figura 16-8 O diagrama de seqüência principal para conectar.

As exigências dos serviços administrativos foram classificadas também.

Detalhes da implementação

A atividade primária para esta iteração foi a migração do trabalho para a versão EJB 2.0. Nenhuma nova funcionalidade foi introduzida nessa iteração; porém, algumas alterações foram feitas para a implementação na troca para a versão EJB 2.0.

Um resumo das alterações relacionadas com a implementação requerida para a transição do EJB 1.1 para o EJB 2.0 é como a seguir:

- Todos os campos permanentes gerenciados pelo contêiner (CMP) nos beans da entidade foram alterados para funcionarem com o CMP 2.0. Isso envolveu remover as referências diretas para esses campos a partir do EJB de origem, alterar todos os acessos para serem abstratos e remover seu código.

- Por causa das modificações mencionadas na alteração da implementação anterior, alguns acessos que tinham corpos de código não padrões tiveram de ser modificados para usar esse código em um método comercial. Agora os clientes chamam o método comercial primeiro, que por sua vez chama o acesso quando necessário. (Os acessos AccountType no EJB Account são um exemplo.)

Capítulo 16 - Estudo do caso 269

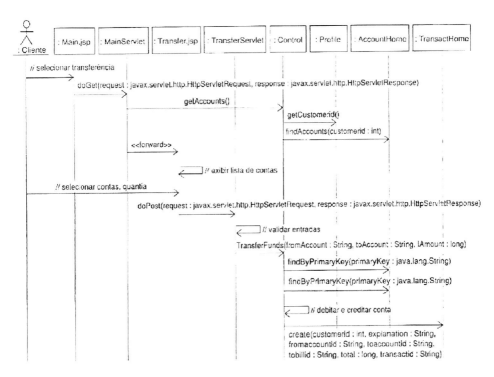

Figura 16-9 O diagrama de seqüência detalhado para transferir fundos.

- Todos os componentes da aplicação precisaram ser remontados a partir do zero porque as ferramentas de distribuição mudaram muito.

  Os métodos finder agora usam a EJB QL para especificar suas consultas em vez da SQL normal.

- Os métodos findByPrimaryKey agora são ocultados do distribuidor e gerados automaticamente pelas ferramentas, usando convenções de nomenclatura específicas. Para serem compatíveis com as ferramentas de distribuição, todos os nomes da tabela e da coluna precisaram ser modificados para coincidirem com essas convenções.

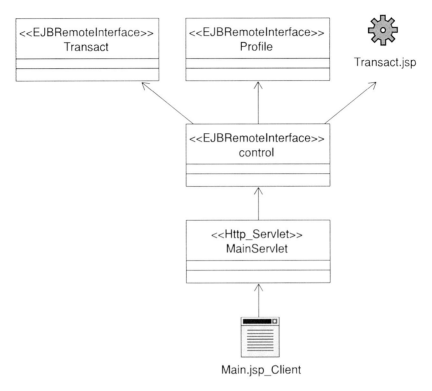

Figura 16-10 O diagrama da classe para listar transações.
Nem todas as classes são mostradas.

Veja o arquivo README.html que vem com o software para obter mais informações sobre as alterações dos nomes da tabela e da coluna que precisam ser feitas.

Iteração da elaboração#3

A iteração da elaboração#3 é uma iteração conduzida pelo leitor. Em vez de fornecer soluções, identificamos os problemas que você poderá tentar resolver por si mesmo. Os problemas baseiam-se no software fornecido, portanto você poderá prosseguir com o projeto descrito neste capítulo.

Três conjuntos de casos de uso foram fornecidos na forma de fluxo de eventos detalhado.

Atualização das exigências

A lista atual de transações lista todas as transações. O cliente gostaria da capacidade de listar apenas as transações que estão associadas a uma conta específica quando selecionada pelo usuário.

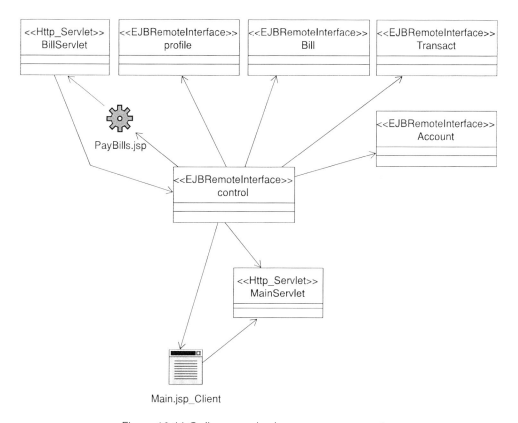

Figura 16-11 O diagrama da classe para pagar conta.
Nem todas as classes são mostradas.

Sugestões para a iteração

As sugestões e as regras relacionadas com as atividades a empreender durante esta iteração incluem:

- Atualizar a lista de riscos e ajustar os planos da iteração quando requerido.

  Incorporar os novos casos de uso no modelo de caso de uso quando apropriado.

- Desenvolver diagramas de seqüência iniciais para cada fluxo principal de eventos para o caso de uso.

- Rever a arquitetura se assegurado para garantir que ela pode aceitar essas exigências.

- Desenvolver diagramas Exibição das Classes Participantes (VOPC) para cada caso de uso.

272 | *Desenvolvendo aplicações comerciais em Java com J2EE e UML*

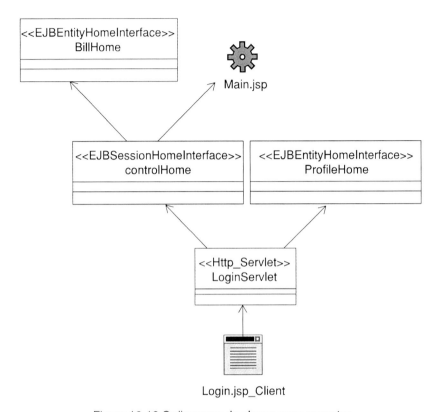

Figura 16-12 O diagrama da classe para conectar.

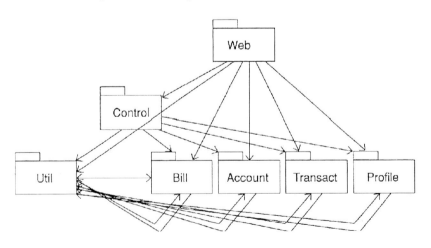

Figura 16-13 O diagrama inicial do pacote.

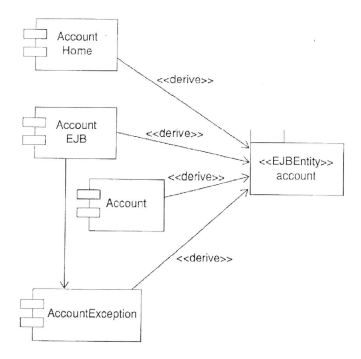

Figura 16-14 O diagrama do componente para o componente da entidade Account.

- Atualizar a implementação
- Atualizar os diagramas do componente e da distribuição para refletir o modelo de implementação atualizado
- Modificar o caso de uso para listar transações de modo a coincidir com as exigências como descrito na seção de atualização das exigências imediatamente anterior a essa iteração
- Aperfeiçoar o EJB do perfil do usuário para conter e dar informações como, por exemplo, e-mail, número de telefone do usuário e endereço
- Configurar a conexão assíncrona de toda transação para um arquivo de backup por meio de um componente baseado em mensagens

Os casos de uso a serem implementados nesta iteração

As seções seguintes fornecem uma visão geral dos casos de uso que serão implementados nesta iteração.

Caso de uso: pagar contas do vendedor

Fluxo principal de eventos: o cliente se conecta com sucesso e escolhe pagar as contas. O sistema apresenta para o cliente uma lista de vendedores configurados previamente pelo cliente e pede que ele escolha um vendedor, forneça uma quantia total do pagamento e uma data do pagamento. O cliente seleciona o vendedor e fornece as informações requeridas. O sistema verifica se a conta corrente do cliente tem fundos suficiente para o pagamento e pede para ele confirmar o pagamento. O sistema debita a quantia da conta corrente do cliente e credita a quantia na conta do vendedor. O sistema envia um número de confirmação para o cliente. O caso de uso termina quando o cliente se desconecta.

Fluxo alternativo de eventos: o cliente não tem uma lista de vendedores configurada. O sistema exibe uma mensagem de erro e direciona o cliente para adicionar primeiro os vendedores desejados à lista de vendedores do cliente.

Fluxo alternativo de eventos: os fundos suficientes estão indisponíveis na conta corrente do cliente. Uma mensagem de erro é exibida para o cliente e a transação de pagamento da conta é cancelada.

Caso de uso: modificar lista de vendedores

Fluxo principal de eventos: o cliente se conecta com sucesso e solicita que uma alteração seja feita na lista de vendedores para os futuros pagamentos da conta. O sistema apresenta a lista atual de vendedores e botões para adicionar ou apagar um vendedor. O cliente escolhe adicionar um vendedor selecionando o botão Add (Adicionar). O sistema pede ao usuário para fornecer um nome do vendedor. O cliente fornece um nome do vendedor. O sistema verifica o nome na lista de vendedores registrados no banco. O sistema apresenta todos os nomes coincidentes para o cliente, pede ao cliente para selecionar um dos vendedores e fornece as informações da conta relacionadas ao vendedor no espaço fornecido. O cliente seleciona o vendedor e fornece o número da conta sendo mantida com o vendedor. O sistema verifica se o número da conta fornecido para o vendedor coincide com o formato do número da conta fornecido pelo vendedor. O sistema exibe uma lista de vendedores atualizada com o nome do vendedor adicionado à lista de vendedores permitidos para o pagamento da conta. O caso de uso termina.

Fluxo alternativo de eventos: o cliente escolhe um vendedor na lista de vendedores já ativados para o pagamento da conta e especifica a operação de eliminação. O sistema remove o nome do vendedor da lista de vendedores permitidos para o pagamento da conta e exibe uma lista atualizada dos vendedores.

Fluxo alternativo de eventos: o número da conta específico do vendedor fornecido pelo cliente como parte da função para adicionar o vendedor é inválido. O sistema exibe uma mensagem de erro e pede ao cliente para fornecer de novo o número correto da conta específica do vendedor.

Casos de uso dos serviços administrativos

Os serviços administrativos são fornecidos por uma aplicação separada. Os casos de uso para a aplicação administrativa são detalhados nas seções a seguir.

Caso de uso: atualização manual da conta

Fluxo principal de eventos: o administrador se conecta e seleciona atualizar uma conta manualmente. O sistema pede do administrador o ID do cliente ou o número da conta. O sistema localiza a conta com base nas informações fornecidas e exibe os tipos de transações disponíveis. Isso inclui as funções de crédito e de débito. O administrador escolhe o tipo da transação, fornece uma quantia e uma razão textual. O sistema executa a transação e debita ou credita a conta como selecionado. O caso de uso termina.

Fluxo alternativo de eventos: o ID do cliente ou o número da conta é inválido. O sistema exibe uma mensagem de erro e pede ao administrador para fornecer de novo as informações.

Fluxo alternativo de eventos: a quantia de débito manual é maior que o saldo atual. O sistema exibe uma caixa de diálogos de reconfirmação e informa ao administrador sobre o saldo negativo iminente. Na confirmação, o sistema executará a transação mesmo que a conta produza um saldo negativo como resultado dessa ação.

Caso de uso: cancelar pagamento da conta

Fluxo principal de eventos: o administrador se conecta e seleciona a opção para cancelar o pagamento da conta. O sistema pede o número de confirmação da transação da conta. O administrador fornece o número. O sistema recupera o pagamento da conta pendente e pede ao administrador para confirmar o cancelamento. Na confirmação do administrador, o sistema apagará o registro da lista de contas pendentes e creditará a conta do cliente com uma quantia igual à da conta. O caso de uso termina.

Fluxo alternativa de eventos: o número de transação da conta fornecido pelo administrador é inválido. O sistema exibe uma mensagem de erro e pede ao administrador para fornecer de novo as informações.

Os casos de uso restantes são opcionais pois o cliente concordou adiá-los para uma futura versão.

Casos de uso dos serviços de investimento

A funcionalidade dos serviços de investimento inicial gira em torno de dois casos de uso principais: comprar título e vender título. Seus fluxos principal e alternativo de eventos são descritos como a seguir.

Caso de uso: comprar título

Fluxo principal de eventos: o cliente se conecta, seleciona a conta de investimento e escolhe comprar um título. O sistema pede ao cliente para fornecer um símbolo do título, a quantidade, um preço de limite e outras informações requeridas para o negócio. O sistema verifica a precisão do símbolo, calcula os encargos totais aproximados para o pedido do título e exibe uma lista de contas do cliente das quais o pagamento será deduzido. O cliente seleciona uma das contas. O sistema verifica se os fundos suficientes estão disponíveis e inicia o pedido de compra do título em nome do cliente. O sistema fornece um número de confirmação do pedido para o cliente. O caso de uso termina.

Fluxo alternativo de eventos: o símbolo do título fornecido pelo cliente é inválido. O sistema exibe uma mensagem de erro e pede ao cliente para fornecer de novo o símbolo.

Fluxo alternativo de eventos: os fundos suficientes não estão disponíveis na conta escolhida. O sistema exibe uma mensagem de erro e pede ao usuário para fornecer de novo as informações ou escolher uma conta alternativa para o pagamento.

Caso de uso: vender título

Fluxo principal de eventos: o cliente se conecta, seleciona a conta de investimento e escolhe vender um título. O sistema exibe a lista de títulos mantida na conta de investimento e pede ao cliente para escolher um título, uma quantidade a ser vendida e um preço para a venda. O sistema verifica se a quantidade requerida de títulos está disponível para o título escolhido, calcula os encargos totais aproximados para o pedido do título e exibe uma lista de contas do cliente nas quais o dinheiro apurado da venda deve ser depositado. O cliente seleciona uma das contas. Então o sistema inicia o pedido de venda do título em nome do cliente. O sistema fornece um número de confirmação do pedido para o cliente. O caso de uso termina.

Fluxo alternativo de eventos: nenhum título está disponível na conta de investimento do cliente. O sistema exibe uma mensagem de erro para o cliente.

Fluxo alternativo de eventos: a quantidade escolhida para a venda é maior que a quantidade disponível na conta de investimento do cliente. Uma mensagem de erro é exibida para o cliente e ele é solicitado a fornecer de novo um número menor para a quantidade de título a ser vendida.

Fases restantes

Devido a limites de tempo e de espaço, não apresentaremos os detalhes das duas fases restantes identificadas pelo RUP, a saber: as fases de construção e de transição.

Alguns os principais itens produzidos durante a fase de construção incluem:

- Um plano de distribuição
- Um modelo de construção atualizado e um modelo de implementação atualizado
- Um modelo de teste
- O sistema do software sendo implementado junto com os documentos do usuário etc.

A fase de transição envolve o esforço nas seguintes tarefas:

Capítulo 16 - *Estudo do caso* | 277

- Envio do produto para o usuário final
- Notas de permissão para o produto
- Qualquer material de treinamento requerido

Você é encorajado a continuar com o estudo do caso desenvolvendo um plano de interação para essas fases e trabalhando na fase da transição.

As atividades adicionais sugeridas incluem portar a implementação para outro servidor da aplicação (por exemplo, o BEA Weblogic).

Resumo

Neste capítulo, empreendemos um estudo do caso prático e seguimos seu progresso nas diferentes fases do RUP. Um documento de exigências de amostra foi usado como um ponto de partida. As alterações simuladas para as exigências e as prioridades no decorrer foram utilizadas para mostrar o impacto nas iterações planejadas. O capítulo concluiu com uma iteração conduzida pelo leitor, que se elaborou na implementação existente adicionando suporte para as novas exigências.

Glossário

A

ACID: Atômico, Consistente, Isolado e Durável. A terminologia usada para identificar os princípios que devem ser seguidos ao designar as transações e os componentes da sessão que envolvem as transações.

agregação: Uma forma mais forte de associação. Usada para mostrar uma relação de inclusão lógica, ou seja, um todo formado por partes.

análise: O processo de compreender as exigências e transformá-las em uma construção do sistema.

arquitetura: A arquitetura de um sistema do software lida com os aspectos estruturais do sistema assim como a utilização, o desempenho, a elasticidade, a reutilização etc. do sistema.

arquivo EAR: Um arquivo de armazenamento que contém uma aplicação comercial.

arquivo JAR: Um arquivo Java Archive. Comumente usado para enviar diversas classes Java em uma única unidade de distribuição.

arquivo WAR: Um arquivo de armazenamento Web. Contém um componente Web J2EE.

associação: Uma associação entre duas classes especifica que algum tipo de relação estrutural existe entre elas.

ativação: O recarregamento de um EJB da sessão com estado limpo que pode ser necessário de novo.

ator: Usado nos diagramas do caso de uso. Um ator representa algo ou alguém fora do sistema, por exemplo, um usuário do sistema.

B

bean: Refere-se genericamente a um dos dois tipos de componentes Java: JavaBeans ou Enterprise JavaBeans.

biblioteca de tags: Uma coleção de tags personalizadas que podem ser chamadas de dentro de um JSP.

C

camada: Um padrão para a decomposição usado para organizar o sistema em camadas para limitar e restringir o uso de subsistemas, módulos etc. no sistema.

caso de uso: Um conceito UML usado na modelagem do caso de uso. Um caso de uso encapsula uma seqüência de etapas executadas pelo sistema em nome de um ator.

classe da entidade: As classes no nível da análise que representam as informações importantes para o sistema.

classe de análise: As classes criadas durante a análise que geralmente não são implementadas no software. Ao contrário, são aprimoradas posteriormente em classes da construção e em subsistemas.

Glossário | 281

classe de limite: As classes no nível da análise que representam a interação com o sistema e entidades externas, por exemplo, outros subsistemas etc.

componente baseado em mensagens: Um tipo de EJB que fornece um paradigma conveniente para criar consumidores assíncronos das mensagens Java Message Service (JMS).

componente comercial: Uma abreviação de Enterprise JavaBean (EJB).

componente da entidade: Um tipo de EJB que encapsula os dados permanentes em um armazenamento de dados.

componente da sessão com estado: Um componente da sessão capaz de manter seu estado de conversação com o cliente.

componente da sessão sem estado: Um componente da sessão que não mantém seu estado de conversação de uma chamada do método para outra.

componente da sessão: Um tipo de EJB melhor usado para as atividades transitórias. Os componentes da sessão geralmente encapsulam a maioria da lógica comercial em uma aplicação Java comercial. Pode ser com ou sem estado.

componente Web: Um componente J2EE que consiste em servlets ou JSPs (junto com qualquer página HTML requerida etc.)

componente: Um componente UML é usado para modelar as entidades do software no mundo físico, por exemplo, arquivos .java, arquivos .class etc

composição: Outra forma de associação. Implica uma relação mais forte do todo com as partes entre os participantes de modo que as partes não possam existir sem o todo.

construção: Uma fase durante o desenvolvimento que se concentra em chegar a uma abordagem da implementação que irá satisfazer as exigências.

contêiner: Uma entidade do software que é executada no servidor e fornece o ambiente de execução para os componentes J2EE.

D

decomposição: A decomposição de um sistema em partes menores lógicas para facilitar a gerência da complexidade.

dependência: Quando uma classe usa outra classe, é dito que tem uma dependência dessa outra classe.

descritor da distribuição: Um documento XML usado para comunicar informações entre o desenvolvedor do componente, o montador da aplicação e o distribuidor.

destino: Refere-se a um local para o qual as mensagens podem ser enviadas. No JMS, um destino refere-se genericamente a um tópico ou a uma fila.

diagrama da atividade: Um diagrama UML que é uma extensão de um diagrama do gráfico do estado. Permite a modelagem do comportamento do sistema em termos de interação ou fluxo de controle.

diagrama da classe: Um diagrama UML que mostra as relações estáticas existentes entre um grupo de classes e interfaces em um sistema.

diagrama da colaboração: Um tipo de diagrama de interação na UML. A troca de mensagens é capturada no contexto das relações estruturais gerais entre os objetos.

diagrama da distribuição: Um diagrama UML que mostra a arquitetura do sistema da perspectiva dos nós e processadores e as relações entre eles.

diagrama da interação: Os diagramas UML que são usados para modelar o comportamento dinâmico de um sistema. Os diagramas de seqüência e os diagramas de colaboração são tipos de diagramas de interação.

diagrama de seqüência: Um tipo de diagrama de interação em que os objetos e a interação entre eles é mostrada junto com as durações do objeto.

diagrama do caso de uso: Parte da UML. Os diagramas do caso de uso capturam as exigências precisas para o sistema da perspectiva do usuário.

diagrama do componente: Um diagrama composto por componentes que mostram uma exibição estática dos componentes e suas relações.

diagrama do gráfico do estado: Um diagrama UML usado para definir as máquinas do estado. Excelente para capturar o comportamento dinâmico de um sistema.

distribuição: O ato de instalar um componente Java comercial em um servidor da aplicação.

Document Type Definition (DTD): Define a gramática do documento XML para uma linguagem específica. No J2EE, os DTDs XML são usados para definir os descritores de distribuição.

E

Enterprise JavaBean (EJB): Uma especificação para um modelo de componentes para construir componentes da aplicação Java comercial, baseados no servidor, dimensionáveis e distribuídos.

estado da conversação: Aplica-se aos componentes da sessão. Definido como os dados que descrevem a conversação representada por um cliente específico que se une a um objeto da sessão. Os componentes da sessão com estado mantêm o estado da conversação.

estereótipo: Um mecanismo na UML que permite criar um novo modelo diferente de aumento mudando a semântica de um elemento do modelo UML existente.

estrutura: Uma estrutura fornece um gabarito de arquitetura generalizado que pode ser usado para construir aplicações em um domínio específico.

Glossário | 283

F

fila: Um tipo de destino usado para o envio de mensagens em um sistema de mensagens.

forward: Uma técnica de programação usada pelos JSPs e servlets para redirecionar as solicitações para outros servlets e JSPs.

H

herança: Uma relação entre duas classes na qual uma "herda" da outra. Também denominada de generalização.

I

include: Uma técnica de programação usada pelos JSPs e servlets para incluir (a saída de) outros JSPs ou servlets.

interface Home: A interface do componente da sessão usada pelo programa do cliente para chamar os métodos básicos do ciclo de vida do componente.

interface Remote: A interface usada por um programa do cliente para chamar os métodos comerciais em um componente da sessão.

J

Java 2 Enterprise Edition (J2EE): Uma plataforma para desenvolver aplicações Java dimensionáveis comerciais, complexas e distribuídas.

Java 2 Micro Edition (J2ME): Uma plataforma para o desenvolvimento do software para dispositivos incorporados como telefones, palm tops etc.

Java 2 Standard Edition (J2SE): Uma plataforma para desenvolver aplicações Java. Também conhecida como JDK. Inclui capacidades como applets, JavaBeans etc.

Java Database Connectivity (JDBC): Uma API genérica que fornece uma interface independente do revendedor para os bancos de dados. Parecido em essência com a API ODBC da Microsoft.

Java Messaging Service (JMS): Fornece uma interface uniforme e genérica para o middleware baseado em mensagens.

Java Naming and Directory Interface (JNDI): Fornece uma maneira uniforme e genérica de acessar os serviços de nomenclatura.

JavaBean: Os componentes do software escritos no Java. Distinguidos dos Enterprise JavaBeans que são componentes Java no lado do servidor distribuídos.

JavaMail: Fornece uma API para facilitar a interação com os sistemas de mensagem de e-mail de uma maneira independente do revendedor.

JavaServer Pages (JSP): Um tipo de componente Web J2EE que combina os elementos do Java com a HTML para fornecer capacidades de criação do conteúdo dinâmico.

JSR-26: A Java Specification Request # 26. Um esforço formalizado conduzido pela indústria sob o Java Community Process (JCP) para desenvolver um perfil UML para a modelagem EJB.

L

limite: Um mecanismo UML para especificar as restrições e as relações que não podem ser expressas de outro modo.

M

mensagem: As unidades de dados usadas nos sistemas baseados em mensagens. As mensagens podem comunicar eventos, solicitações para os dados, respostas para as solicitações etc.

modelagem visual: O ato de modelar o software graficamente. É geralmente feito pelos modelos gráficos construídos na UML.

modelo: Uma abstração de um sistema que comunica o que é o sistema.

Modelo1: Um abordagem da arquitetura centrada na apresentação usada ao desenvolver os sistemas que envolvem JSPs e servlets.

Modelo2: Uma abordagem da arquitetura baseada no MVC para construir sistemas que envolvem JSPs e servlets.

Model-View-Controller (MVC): Um padrão da arquitetura para minimizar o acoplamento entre os objetos em um sistema, alinhando-os com um conjunto específico de responsabilidades na área dos dados permanentes e regras associadas (Model), da apresentação (View) e da lógica da aplicação (Controller).

N

n níveis: Refere-se ao número de níveis nos quais o software é organizado.

nível: Um conceito de arquitetura que está basicamente preocupado com a distribuição do software nos diversos processos.

nó: Representa um processador ou algum dispositivo no diagrama da distribuição.

O

objeto de resposta: Um objeto transmitido para os servlets ou JSPs como um parâmetro. Os servlets e os JSPs usam-no para fornecer uma resposta de volta para a parte que chama.

objeto de solicitação: Um objeto transmitido para os servlets ou JSPs como um parâmetro na hora da chamada. O objeto pode ser usado para obter os detalhes fornecidos pelo usuário, por exemplo, os dados do formulário etc.

Glossário | 285

P

pacote: Um mecanismo de agrupamento no Java assim como na UML.

padrão: Uma construção reutilizável que foi capturada e abstraída através da experiência.

permanência gerenciada pelo componente (BMP): Quando os detalhes do acesso do banco de dados e a manipulação são lidados pelo próprio EJB.

permanência gerenciada pelo contêiner (CMP): Um dos dois mecanismos da permanência suportados pelos componentes da entidade. No CMP, o contêiner gerencia o acesso do banco de dados e os detalhes da sincronização.

R

Rational Unified Process (RUP): Um processo de desenvolvimento de softwares que fornece as melhores práticas e regras detalhadas ao desenvolver o software.

realização do caso de uso: Uma realização do caso de uso captura como um caso de uso específico é implementado no sistema.

relação de extensão nos casos de uso: Uma relação usada para modelar o comportamento opcional para um caso de uso.

relação de inclusão nos casos de uso: Uma relação usada na modelagem do caso de uso em que uma parte comum da funcionalidade é capturada em um caso de uso separado e o caso de uso é então incluído no outro caso de uso.

Remote Method Invocation (RMI): Permite o acesso para os componentes em um ambiente distribuído deixando que os objetos Java chamem métodos nos objetos Java remotos.

S

scriptlet: Os fragmentos de código Java incorporados em um JSP.

servidor Web: Uma aplicação do software que fornece o ambiente de execução para os servlets e os JSPs.

servlet: Um componente no lado do servidor que lida com as solicitações que chegam e gera uma resposta dinamicamente.

software comercial: Refere-se coletivamente a todo software envolvido em suportar os elementos comuns de uma empresa.

SQL: Structured Query Language. Usada para consultar, extrair e escrever os dados nos bancos de dados.

T

tópico: Um dos dois tipos de destinos para o envio de mensagens. Um tópico segue o paradigma do publicador-assinante.

transação: Um grupo de atividades executadas como se fossem uma única unidade de trabalho.

U

Unified Modeling Language (UML): Uma linguagem gráfica para a modelagem e o desenvolvimento de sistemas de software.

V

valor marcado: Um mecanismo de extensão UML que pode ser usado para definir e associar uma nova propriedade para um elemento do modelo.

X

XML: Refere-se à eXtensible Markup Language. Usada nos descritores de distribuição J2EE para a apresentação etc.

Referências

Livros

Arrington, C.T. Enterprise Java with UML. OMG Press, Nova Iorque: John Wiley and Sons, 2001.

Asbury, Stephen e Scott Welner. Developing Java Enterprise Applications. Nova Iorque: John Wiley and Sons, 1999.

Bass, Len, Paul Clements e Rick Kazman. Software Architecture in Practice. Reading, MA: Addison-Wesley, 1997.

Booch, Grady. Object-Oriented Analysis and Design with Applications. Reading, MA: Addison-Wesley, 1994.

Booch, Grady, James Rumbaugh e Ivar Jacobson. The Unified Modeling Language User Guide. Reading, MA: Addison-Wesley, 1999.

Conallen, Jim. Building Web Applications with UML. Reading, MA: Addison--Wesley, 1999.

Hofmeister, Christine, Robert Nord e Dilip Soni. Applied Software Architecture. Boston, MA: Addison-Wesley, 2000.

Jacobson, Ivar, Magnus Christerson, Patrik Jonsson e Gunnar Obergaard. Object-Oriented Software Engineering. Reading, MA: Addison-Wesley, 1992.

Kassem, N. e Enterprise Team. Designing Enterprise Applications with the Java 2 Platform, Enterprise Edition. Boston, MA: Addison-Wesley, 2000.

Kruchten, P. The Rational Unified Process. Reading, MA: Addison-Wesley, 1999.

Monson-Haefel, Richard. Enterprise JavaBeans. Sebastopol, Califórnia: O'Reilly and Associates, 1999.

Perrone, Paul e Venkata Chaganti. Building Java Enterprise Systems with J2EE, Indianápolis, IN: Sams Publishing, 2000.

Rumbaugh, James, Ivar Jacobson e Grady Booch. The Unified Modeling Language Reference Manual. Reading, MA: Addison-Wesley, 1999.

Selic, Bran, Garth Gullekson e Paul Ward. Real-Time Object-Oriented Modeling. Nova Iorque: John Wiley and Sons, 1994.

Artigos e fontes on-line

Ahmed, K. "Building reusable architecture using Rose frameworks", Rational Software Corporation White Paper, 2000.

Ambler, S. "Enhancing the Unified Process, Software Process for Large Scale, Mission-Critical Systems", White Paper, novembro de 2000, www.ronon-intl.com.

Bauer, C. "Components make the banking world go 'round'", IBM DeveloperWorks, outubro de 2000.

Bergin, J. "Building Graphical User Interfaces with the MVC Pattern", www.wol.pace.edu/

~bergin/mvc/mvcgui.html.

Bollinger, G. e B. Natarajan. "Building an E-Commerce Shopping Cart", Java Pro, junho de 2000.

Brown, Kyle. "What's it going to take to get you to go with EJB components?" IBM DeveloperWorks, maio de 2000.

Brubeck, S. "Application Programming in Smalltalk-80: How to use Model-View-Controller (MVC)", www.st-www.cs.uiuc.edu/users/smarch/st-docs/mvc.html.

Carlson, B., S. Gerard e J. Carey. "Constructing Applications from Components: A Tutorial", IBM WebSphere Business Components, apresentado na JavaOne Conference, 2000.

Carnegie Melon Software Engineering Institute. "How do you define software architecture", www.sei.cmu.edu.

"Developing Large-Scale Systems with the Rational Unified Process", Rational Software Corporation White Paper, 1999.

"d-tec Distributed Technologies GmbH. 3- and n-Tier Architecture", www.corba.ch/e/3tier. Html.

Duffey, K. "On Model1, Model1.5 e Model 2", www.brainopolis.com/jsp/mvc/KDuffey_ MVC.html.

Edelstein, Herb. "Multitier Architecture in Data WareHouses", www.powersoft..com/inc/ symbag/quarter4_96/arch/miltitier.folder/multitier.html.

Evans, G. "A Simplified Approach to RUP", janeiro de 2001. www.therationa-ledge.com.

"Finding the Middle Ground", www.networkcomputing.com.

Fisher, P. "Enabling Component model integration", Application Development Trends, novembro de 2000.

"General information about Extreme Programming". www.Xprogramming.com.

Kobak, P. "Servlet Session Display", Java Developer Journal, fevereiro de 2000.

Kruchten, P. "The 4+1 View of Architecture", IEEE Software, 12(6), novembro de 1995.

Lacy, M. "Presentation Logic and EJBs: Using Session Beans to Help Bridge the Java-HTML Gap", Java Developers Journal, maio de 2000.

Lavandowska, L. "JSP Architectures: An explanation and comparison of the methodologies commonly known as 'Model I' e Model II', www.brainopolis.com/jsp/book/jspBook_ Architectures.html.

Lilly, S. "How to Avoid Use-Case Pitfalls", www.sdtimes.com/articles/2000/0001/0001d/ 0001d.htm.

Oberg, R e outros. "Applying Requirements Management With Use Cases", Rational Software White Paper, TP505, 2000.

Petschulat, S. "JSP or Servlets – Which Architecture is Right for You?" Java Report, março de 2001.

Price, R. "The Art and Architecture of Client Server Systems", www.tp.ac.sg/content/irbd/ Journal/tj5/Art.htm.

Rosenberg, D. e Scott, K. "XP: Cutting throught the hype", ObjectView, Issue 3, www.ratio.co.uk.

Sharon, Y. "Extreme Programming: A lightweight OO Development Process", ObjectView, Issue 3, www.ratio.co.uk.

Sheil. H. "Frameworks save the day: Use an extensible, vendor-independent framework to accomplish the top tasks in server-side development", JavaWorld, outubro de 2000.

Sheshadri, G. "Understanding JavaServer Pages Model 2 architecture", www.javaworld. com/javaworld/jw-12-1999.jw-12-ssj-jspmvc.html.

Site Web do processo OPEN, www.open.org.au/.

Spence, I. e Probasco. "Traceability Studies for Managing Requirements with Use Cases", Rational; Software White Paper, 1998.

Stack, C. "Establishing a Strategy for the Reuse of Enterprise JavaBeans Architecture-Based Components", apresentado na JavaOne Conference, 2000.

Tataryn, C. "Introduction to MVC and the Jakarta Struts Framework", www.computer-programmer.org/articles/struts/ppframe.htm (apresentação on-line).

Tost, A. "Using JavaBeans as accessors to Enterprise JavaBeans", IBM DeveloperWorks, outubro de 1999, www.ibm.com.

UML Resources, seção em www.rational.com.

Volter, M. Building component Based Systems", MATHEMA AB, 2000.

Williams, J. "Rasing Components, Application Development Trends", setembro de 2000.

Índice

A

Abstract Persistence Schema, 199-201, 202

abstrata, permanência, 199-201

abstratas, classes, 35

abstratos, método, 36

ação, elementos, 142-143

ACID, princípios, 169-170

ações padrões, 143

ActiveX, 7

afterBegin, método, 171

afterCompletion, método, 171

agregação, 44-46, 48

    vs. composição, 46

alteração, isolar impacto de, 6

análise da necessidade do cliente, 79-91

    análise do problema, 81

    casos de uso, encontrar, 82-85

    diagramas de atividade em, 89-91

    diagramas de seqüência em, 88-89

    diagramas do caso de uso em, 84-85

    identificação do ator em, 82-83

    modelagem do caso de uso e, 82-83

    razões para, 80

    relações do caso de uso em, 85-87

análise e construção, 54

análise robusta, 56

análise, classes, 94

    unir, 106, 107

análise, operações, 103-104

análise, padrões, 68-69

aplicação, camada, 222

aplicação, contêineres, 15

aplicação, descritor da distribuição, 248

aplicação, distribuidor, 247

aplicação, montador, 247

aplicações com um nível, 5

aplicações comerciais

    base de conhecimento requerida para, 12-13

    definição, 2-5

    desafios do desenvolvimento em, 4-5

    estudo do caso, 251-277

    evolução de, 5-6

    identificação do bean baseado em mensagens para, 236-237

    identificação do bean da entidade em, 220-224

    identificação do bean da sessão para, 188-189

    identificação do servlet para, 133-136

    JSP em, 151-154

    maneiras de aproveitar, 3-4

    modelagem da distribuição, 243-246

    modelagem de componentes para, 242-243

    modelo de componentes para, 6-7

    montagem e distribuição, 239-250

applets

    contêineres, 15

    modelar relações no lado do cliente com, 149

Application Programming Interfaces (APIs), 11

    acesso do contêiner para, 15

    gerenciamento da sessão do servlet e, 131

    J2EE, 14

    Java Database Connectivity (JDBC), 19

    Java Message Service (JMS), 20, 226-227

    Java Naming and Directory Interface (JNDI), 19

    Java Transaction, 20

    Remote Method Invocation (RMI), 20

application, objetos, 144

ApplicationServer, estereótipo, 245

armazenamento Files, 241

armazenamentos de dados, 17

arquitetura, 61-77

    4+1 View Model de, 75-76

    abordagens para, 75-77

    camada, 72-73

    componentes, 65-66

    conceitos principais em, 64-75

    decomposição, 64-65

    definição do software, 62-63

    definir, 77

    estruturas, 67-68

    evolução do software comercial, 5-6

    exibição conceitual de, 76-77

    exibição da execução de, 76

    exibição do código

de, 77

exibição do módulo
de, 76

Modelo 1 e Modelo 2,
139-140, 151-154

Model-View-Controller,
17-18

níveis, 74-75

padrões, 64-71

razões para usar, 63-64

arquitetura, padrões de,
68-69

arquivos de armazena- mento
comerciais, 241

arquivos de armazena- mento
comerciais, 240-241

diversos EJBs em,
242-243

Web, 132-133, 240-241

atividade, diagramas, 25, 89-91

gerenciamento da ses-
são do servlet em, 131,
132

servlet forward em, 128-130

atores

e interações do sistema,
88

generalizações e, 86-87

identificar, 82-83, 258,
259

na modelagem do caso
de uso, 82

nos diagramas do caso
de uso, 85-86

atributo, compartimento,
34-35

atributos

bean da entidade, 198

classes e, 36, 111

mapear, 29

tags com, 145-146

transação, 173

B

bancos de dados, 19

Banner.jsp, 152-153

beans baseados em mensa-
gens, 17, 114, 225-238. Veja
também Enterprise JavaBeans
(EJBs)

ciclo de vida de, 233-234

exibição do cliente, 229,
230

exibições e UML, 229-232

identificar nas aplicações
comerciais, 236-237

JMS e, 226-227

modelar destinos em,
230-232

modelar mensagens em,
230

modelar relação em, 236

quando usar, 228

razões para usar, 227-228

respostas em, 237

situações comuns para,
235

tecnologia de 257-258

vantagens de, 226

beans da entidade gerenciados pelo contêiner, 202-203

beans da entidade, 17, 114,
169-170, 191-224. Veja também Enterprise JavaBeans
(EJBs)

beans da sessão e, 218-219

ciclo de vida de, 211-213

em aplicações comerci-
ais, 220-224

exibições e UML, 194-197

mapeamento do atributo,
28-29

modelar relações entre,
214-219

permanência abstrata de,
199-201

permanência de,
197-198

relações gerenciadas

pelo contêiner, 202-203

situações comuns para,
213-214

tecnologia em, 204-211

transações e simultanei-
dade de, 198

transições do estado de,
212

visão geral de, 192-194

beans da sessão com esta- do,
164-165

passividade da instância
e, 167-169

uso típico de, 182

beans da sessão sem esta- do,
164-165

limites para, 172

uso típico de, 181

beans da sessão, 17, 114,
157-190. Veja também Enterprise JavaBeans (EJBs)

beans da entidade e,
218-219

ciclo de vida, 178-179

classe de implemen-
tação, 175-177

cliente local e, 187-189

conceitos principais em,
158

conceitos-chave em, 159

e classes Java comuns,
180-183

e JavaBeans, 183

e JavaServer Pages,
184-185

e servlets, 184

encadear, 186

gerenciamento do de-
sempenho, 186

herança de, 186

Home, interface, 174

identificar nas aplicações
comerciais, 188-189

limpeza e remoção de,
168-169

modelar comportamento
da interface de, 177-178

modelar estado de con-

Índice

versação, 165-166
    modelar relações de, 180-186
    passividade da instância, 167-169
    pool, 168
    razões para usar, 159-160
    relações entre sessões, 185-186
    Remote, interface, 176
    situações comuns para, 180
    tecnologia, 174-177
    tipos de, e estado de conversação, 164-166
    transações, 169-173
    vantagens de, 164
    versões do J2EE e, 164
Beck, Kent, 56
beforeCompletion, método, 171
begin, método, 170, 171
biblioteca, abordagem, 67
bidirecional, associação, 40, 41, 43, 44, 203
Booch, Grady, 53, 81
Business Modeling, perfil, 31
business-to-bussiness (B2B), software, 2
business-to-consumer (B2C), software, 2

C

caixa preta, descrição do caso de uso, 95-96
camada comercial, 222
camada, 72-73
    beans da entidade e, 222-224
campos ocultos, 131
campos permanentes, 210-211
Cápsulas, 76-77
cascata, abordagem, 51, 52
caso de uso comercial, modelo, 54
caso de uso, diagramas, 25, 84-85

transferir fundos, 105
caso de uso, modelar, 81-83
casos de uso
    como porteiros, 152
    descrição refinada de, 94-97
    encontrar, 83-85
    identificação do ator com, 82-83
    na análise da necessidade do cliente, 81
    problemas típicos com, 87
    realização de, 94-95
    relações em, 85-87
chave primária, classe, 159, 207-208
ciclos de vida
    bean baseado em mensagens, 233-234
    bean da entidade, 212-213
    bean da sessão, 174, 178-179
    gerenciamento do contêiner de, 15
    métodos, 121-122
    servlet, 16, 120-122
classe de implementação, 159, 175-176
    bean baseado em mensagens, 233
    bean da entidade, 208-210
    local de, 180
classe do bean, 160
classe, arquivos, 241
classes da entidade, 106
classes de controle, 106
classes
    abstratas, 35
    análise, 94
    atributos de, 104
    beans da entidade e Java, 214
    beans da sessão e Java comum, 180-183

chave primária, 159, 207-208
    com atributos e operações, 36
    com atributos, 36
    estereótipos com, 35
    identificar relações entre, 105
    implementação, 160, 175-176
    modelar relações no lado do servidor e, 150
    pacote, 106-108
    relações de associação, 40-44
    relações de dependência, 40, 41
    relações de realização, 39
    relações reflexivas, 48
    representar, 34-35
    sub-rotina de tags, 145-146
classificadores, 161
cliente, exibição
    bean baseado em mensagens, 229, 230
    bean da entidade, 194-195
    bean da sessão, 161-162
cliente, relações no lado do, 149
clientes locais, 186-187
clientes pequenos, 138
cliente-servidor, abordagem, 5
ClientPage, 148
código-fonte, 62
colaboração com parâmetro, 70
colaboração
    com parâmetro, 70
    representação do padrão como, 70
coleções, 43
commit, método, 170, 171
Common Gateway Interface

(CGI), scripts, 12
Common Object Request Broker Architecture (CORBA), 21
complexidade, 240
componentes da apresentação, 150
componentes de frente, 133
componentes, 65-66
   comuns vs. refinados, 65-66, 83-84
   UML e EJB, 161
comportamento, padrões de, 69
composição, 46
   do software, 62
comunicação, direção de, 105
conectar, caso de uso, 151-154
conectar/desconectar, 83-84
config, objetos, 144
configuração e gerenciamento da alteração, disciplina, 54
conhecimento do produto, 3
consistência, princípio, 169-170
construção, fase, 55
contêineres
   acesso API através de, 15
   aplicação, 15
   applet, 15
   bean da entidade, 202-203, 212
   comerciais, 15
   definição de, 14
   EJB, 158-159
   gerenciamento da transação com, 170-171
   papel de no J2EE, 14-15
   permanência e, 198
   servlet, 16
   Web, 15
contêineres comerciais, 15
Controller, 17-18
cookies, 131

create METHOD, 174
   bean da entidade, 205
criação da construção, 93-109
   análise do caso de uso em, 94
   classes de análise em, 106, 107
   descrição do caso de uso refinado em, 95-97
   diagramas de classe em, 103-105
   diagramas de colaboração em, 102-103
   diagramas de seqüência em, 98-101
   pacote em, 106-108
   realizações do caso de uso em, 94-95

D
Data Modeling, perfil, 31-32
DatabaseServer, estereótipo, 245
DCOM, 7
declarações, 143
decomposição, 63, 64
DELETE, 126
dependência, relações, 40- 41. Veja também relações
   bean baseado em mensagens, 230
   entre pacotes, 108
   modelar relações no lado do servidor e, 150
   relações entre sessões como, 185-186
desacoplar, 227
descritor da distribuição específico do revendedor, 248
descritores da distribuição, 159, 160, 248-250
   beans da entidade e, 194
desempenho, 63
   bean da sessão, 186
   beans da entidade e, 192-193, 194, 214-216

dos beans baseados em mensagens, 228
desenvolvimento visual, paradigma, 28
destroy, método, 121
diagramas da classe, 25, 95, 103-105
   padrão Subject-Observer, 70-71
   servlet forward em, 128-130
diagramas de colaboração, 26, 88, 102-103
   identificar relações da classe com, 105
diagramas de distribuição, 26
diagramas de interação do objeto, 95
diagramas de interação, 25
   diagramas de seqüência como, 88-89
diagramas de objetos, 28
diagramas de seqüência, 25, 88-89
   das transações típicas do bean da sessão, 171- 172
   interações do ator/sistema em, 88
   na criação da construção, 98-102
   nível do detalhe em, 89
   objetos da entidade em, 98-99
   objetos de controle em, 98-102
   objetos de limite em, 98
   situação da conexão, 154
   Subject-Observer, padrão, 71
   uso do bean de sessão, 177
   vs. diagramas de colaboração, 103
diagramas de componente, 26
diagramas de estado, 178- 179
diagramas de gráfico do es-

tado, 25
ShoppingCart, 178
dimensionamento, 4
dos servlets, 119-120
direcionamento, bean da entidade, 204
diretiva, elementos, 142
diretório, serviços, 19
disciplina da distribuição, 54
disciplina do ambiente, 54
distribuição
aplicação Java comercial, 247-250
modelar, 243-246
servlet, 132-133
distribuição, 4, 65
níveis e, 74-75
diversos revendedores, ambientes, 4
DNA, Microsoft, 7
Document Type Description (DTD), 248-249
documentação, 68
doDelete, 125
doEndTag, 146
doGet, 125
doOptions, 125
doPost, 125
doPut, 125
doStartTag,145-146
doTrace, 125

E
EJB ClientJar, estereótipo, 243
EJB Query Language (EJB QL), 201
EJB, descritor da distribuição, 248
ejbCreate, 176, 208, 233
ejbHome, 209
ejbLoad/ejbStore, métodos, 198, 209, 215
ejbPassivate/ejbActivate, 176, 209
ejbPostCreate, 209
ejbRemove, 176, 209, 233
EJBs. Veja Enterprise Java-Beans (EJBs)

e-mail, 21
Enterprise Information Systems (EIS) 22
Enterprise JavaBeans (EJBs), 1, 6-7, 17-19, 113. Veja também componentes da entidade; beans baseados em mensagens; beans da sessão
baseados em mensagens, 17
componentes como subsistemas UML, 66
conceitos-chave em, 159
entidade, 17
exibição do cliente, 161-162
exibição interna, 163
exibições em, 160-163
Home e Remote, interface e, 28-29
implementação do método comercial, 28-29
JMS e beans baseados em mensagens, 227
modelagem do componente para, 242
modelar relações no lado do servidor e, 150
perfil UML para, 31-32
razões para usar, 159
representar na UML, 160-161
sessão, 17
EntityContext, campo, 210-211
equals, método, 207
estado de conversação, 164-166
estereótipos, 29
ApplicationServer, 245
beans da entidade e, 196
camada, 72-73
com classes,35
com pacotes, 38
componentes Java e, 240-243
DataBaseServer, 245
formulário, 149
JSP e, 148

servidor, 245
WebServer 273
estrutura dinâmica, 62
estrutura estática, 62
estruturas, 67-68
como gabaritos, 67
mecanismos de extensão para, 68
estudo do caso, 251-277
exception, objetos, 145
exibição conceitual, 76-77
Exibição da Distribuição, 76
Exibição da Implementação, 76
Exibição das Classes Participantes (VOPC), diagramas, 103
exibição de execução, 76
Exibição do Caso de Uso, 75-76
Exibição do Código, 77
Exibição do Módulo, 77
Exibição do Processo, 75-76
exibição interna
bean da entidade, 196-197
bean da sessão, 163
Exibição Lógica, 75-76
exibições. Veja também exibições específicas
cliente, 161-162, 194, 195, 229, 231
internas, 163, 196-197
na arquitetura Model-View-Controller, 18
exigências funcionais vs. não-funcionais, 82
exigências funcionais, 82
realizações do caso de uso e, 94-95
exigências, disciplina básica, 54
expressões, 143-144
extend, estereótipo, 29
extends, palavra-chave, 39
extensão, relações, 86-87
eXtensible Markup Language (XML), 16, 248-249, 250

Extreme Programming (XP), 56-57

F
fase de elaboração, 55
fase inicial, 55
fatores de risco, 257, 259
Feature-Driven Development (FDD), 57
fila, destinos, 232
findByPrimaryKey, 205, 207-208
finder, métodos, 205
flexibilidade da integração, 227
flushBuffer, 123
formulários, modelar relações no lado do cliente com, 149
forward, método
modelar, 128-129
RequestDispatcher, interface e, 130

G
gabarito, abordagem, 67
gabarito, dados, 141
generalização, ator, 86-87
GenericServlet, 113, 120-121
métodos requeridos em, 121-122
modelar na UML, 127-128
gerenciamento da sessão, servlet, 131-132
gerenciamento das exigências, 53
na análise da necessidade do cliente, 81
gerenciamento das vendas, 3
gerenciamento do estado, 164
gerenciamento do inventário, 3
gerenciamento do projeto,

disciplina, 55
GET, 125-126
get, método, 200, 202, 210
getAttribute, 130
getAttributeNames, 131
getCharacterEncoding, 122
getLastModified, 125
getOutputStream, 123
getParameter, 122
getParameterNames, 123
getParameterValues, 123
getRemoteAddr, 123
getServletContext, método, 130
getServletInfo, 121
getWriter, 123
granularidade, 65-66, 83, 86
bean da entidade, 192-193

H
hardware, independência de, 13
hashCode, 207
HEAD, 126
Home, interface, 28, 159, 174
bean da entidade, 195, 205
home, métodos, 205-206
HomeDirectBack, estudo de caso, 251-277
atores em, 257-259
casos de uso a serem implementados, 273-275
casos de uso, 259-262
conectar, 261
declaração do problema, 252-253
desconectar, 261
detalhes da implementação, 268-270
diagramas da classe, 266, 270-272
diagramas da interação, 262-264
diagramas de depen-

dência, 267, 273
diagramas de seqüência, 266-269
diagramas do caso de uso, 262-263
diagramas do pacote, 266, 272
editar perfil, 261-262
exigências em, 254-256
fase de elaboração, 265-275
fase inicial, 257-264
listar transações, 260
pagar contas, 261
percorrer saldos da conta, 260
princípios e suposições em, 252-253
serviços administrativos em, 256
serviços da transação em, 255-256
serviços de consulta em, 254
serviços de pagamento de contas em, 255
TransferFunds, 260-261
HttpServlet, 113, 120
métodos da sub-rotina, 125-126
modelar na UML, 128
HttpServletRequest, 123
HyperText Markup Language (HTML), 16
geração de respostas em, 124
Hypertext Transfer Protocol (HTTP), 118
sessões, 131
solicitações, 125-126
sub-rotinas de solicitação, 125-126

I
ICONIX, processo, 56
implementação, disciplina, 54

Índice 297

implementação, modelagem, 240-241
implements, palavra-chave, 38
include, estereótipo, 29
include, método, 127
modelar, 130
init, método, 120
interações, explicar, 27-28
interfaces. Veja também Home, interface; Remote, interface
modelar comportamento de, 171-178
representar, 37-38
Internet Inter-Orb Protocol (IIOP), 21
isolado, princípio, 170
isSecure, 123

J
J2EE Connectors, 20
Java 2 Platform, Enterprise Edition (J2EE)
abordagem da modelagem UML para, 31-32
APIs, 18-21
contêineres em, 14-15
criação de componentes em, 13-14
desafios da modelagem UML de, 28-29
descrição de, 10
descritores da distribuição, 248-250
elementos de, 10
exibição da arquitetura em, 75
histórico de, 11-12
modelagem de componentes das tecnologias em, 240-243
modelo de desenvolvimento, 13
níveis em, 73-75
razões para usar com UML, 26-28
servlets, 111-112

tecnologias em, 14-18, 20-21, 111-115
vantagens de, 12-14

J
Java 2 Platform, Micro Edition (J2ME), 12
Java 2 Platform, Standard Edition (J2SE), 12
Java Archive Files, 241
Java Database Connectivity (JDBC), 12, 21
Java Interface Definition Language (IDL), 21
Java Messaging Service (JMS), 20, 226-227. Veja também beans baseados em mensagens
mensagem de ponto-a-ponto, 227
mensagens do tipo publicar-assinar, 227
mensagens, 17
Java naming and Directory Interface (JNDI), 19
Java Remote Method Protocol (JRMP), 21
Java Transaction API (JTA), 20
Java Transaction Service (JTS), 21
Java, 11-12
incorporar código, 16
plataformas, 12, 13
representar estrutura em, 34-38
representar relações em, 38-48
java.util.Collection, 203
java.util.List, 203
java.util.Map, 203
java.util.Set, 203
JavaBeans, 7
beans da entidade e, 214-215
beans da sessão e, 183
geração de respostas e,

124
gerenciamento da transação com, 171
gerenciamento do desempenho com, 187
JSPs e, 16
modelar relações no lado do servidor e, 150
transmitir informações entre servlets e JSP com, 153, 154
JavaMail, 21
JavaServer Pages (JSP), 113, 137-155
anatomia de, 140-145
arquitetura do Modelo 1 e 2 e, 139-140
beans da entidade e, 218
beans da sessão e, 185
bibliotecas de tags e, 145-147
dados do gabarito em, 141
elementos de, 141-143
estereotipar e, 240-241
nas aplicações comerciais, 151-154
objetos implícitos e, 144-145, 150
UML e, 147-151
usos típicos, 139
vs. servlets, 140
javax.jms.message, 230
javax.transaction.UserTransaction, interface, 170-171
Jogo de Planejamento, 56-57
jsp:useBean, tag, 139-140
JSPs, 16
geração de respostas e, 124

L
Language, grupo, 56
latência, 11
ligações cíclicas, agregação e, 45
limites

em aplicações, 62-63, 64
UML, 30-31
lógica comercial, 5-6
lógica da apresentação, 5-6, 16, 138

M
Mandatory, método, 173-174
manutenção, 13
mapeamento da entidade, 99
marketing, 3
melhores práticas, software, 53-54
método de conveniência, 121
métodos comerciais, 176
  bean da entidade, 209
métodos estáticos, 36
métodos, representar, 36
middleware, camada, 222
modelagem comercial, 54
modelagem visual, 53-54
Modelo 1, arquitetura, 139-140
Modelo 2, arquitetura, 139-140, 151-154
modelo de objeto comercial, 54
  objetos comuns e, 192-193
modelos de componente, 6-7, 65, 240
  no J2EE, 13-14
  tecnologias J2EE e, 240-243
Model-View-Controller (MVC), arquitetura, 17-18, 75-88, 139-140
montagem, 247-250
multiplicidade, 43, 45
  bean da entidade, 203

N
n níveis, abordagem, 5-6
  no Java, 12
  vantagens de, 6
não-funcionais, exigências, 82

Never, método, 173
níveis, 74-75. Veja também n níveis, abordagem
  definição de, 5, 72
nome, compartimento, 34-35
nós, 245
NotSupported, 173

O
Object Management Group (OMG), 21, 24
Object Request Broker (ORB), 21
Object-Oriented Analysis and Design with Applications (Booch), 80-81
Objectory, processo, 52
objeto de valor, abordagem, 215-217
objetos da entidade, 98-99
objetos de acesso de dados, 198, 214
objetos de controle
  identificação do servlet e, 133-135
  nos diagramas de seqüência, 99-102
objetos de dados dependentes, 215
objetos de limite, 98
objetos implícitos, 144-145, 150
objetos
  implícitos no JSP, 144-145, 150
  representar, 36-37
onMessage, método, 232, 233
OPEN (Object-oriented Process, Environment and Notation), processo, 56
  Framework, 56
Open Database Connectivity (ODBC), 19
operações, compartimento, 34-35
out, objetos, 144

P
pacotes
  construir e criar, 106-108
  dependências entre, 108
  hierarquia de, 222-224
  representar, 88
padrões com um tipo, 69
padrões da codificação, 68
padrões da construção de criação, 69
padrões da construção estrutural, 69
padrões de construção, 68-70
padrões do objeto de detalhes, 217
padrões, software, 68-71
  representar como colaboração, 70
page, objetos, 145
pageContext, objeto, 144
papéis
  multiplicidade, 42-43, 45
  nas associações, 41-42
passividade da instância, 167-169
permanência gerenciada pelo bean, 198
permanência gerenciada pelo contêiner, 198
permanência, 197-198, 199
  abstrata, 199-201
  gerenciada pelo componente, 198
  gerenciada pelo contêiner, 198
Persistence Manager, 201, 202
planos de iteração, 257, 259
ponto-a-ponto, mensagem, 227
pontos de extensão, 86
portabilidade, 13
POST, 142
princípio atômico, 169
princípio durável, 170
PrintWriter, 123
processo de desenvolvimento iterativo, 52-53

Producers, 56
Produtividade, 13
Proxy, padrão, 69-70, 158
publicar-assinar, paradigma, 227, 228
PUT, 126

Q-R
qualidade, controle, 54
raias da piscina, 90
rastreamento, 246-247
Rational Approach, 52
Rational Unified Process (RUP), 52-55
    abordagens da camada em, 72, 222-224
    disciplinas básicas em, 54-55
        fases em, 55
        melhores práticas em, 53
        rastreamento em, 246-247
Real-Time Software Modeling, perfil, 31
recursos humanos, 4
redundância, modelagem, 246
relação de construção, 148
relações da realização, 39
    caso de uso, 94-95
relações de associação, 40-44. Veja também relações
    bidirecionais, 40, 41, 43, 44
    com tipos primitivos, 41
    reflexivas, 47, 48
    relações entre sessões como, 185-186
    unidirecionais, 40-41, 42
    vs. agregação, 45-46
relações de herança, 38
    bean da sessão, 186
    para atores, 83-85
relações de inclusão, 86, 87
relações entre sessões, 185-186
relações reflexivas, 48
relações

agregação, 44-46, 48
associação, 40-44
bean baseado em mensagens, 236
    caso de uso, 85-87
    composição, 46
    de extensão vs. de inclusão, 86-87
    de extensão, 86-87
    de herança, 28
    de inclusão, 86
    dependência, 40, 41
    dinâmicas, 25
    EJB do cliente, 244
    entre camadas, 72-73
    entre páginas do cliente e do servidor, 145
    entre sessões, 186-187
    estáticas, 24
    gerenciadas pelo contêiner, 202-204
    identificar com diagramas de colaboração, 105
        locais, 204
        modelar do bean da sessão 201-207
        modelar no lado do cliente 168
        modelar no lado do servidor 168-170
        nos diagramas da classe, 103-104
        realização 45-46
        reflexivas, 48
        representar, 39-47
Remote Method Invocation (RMI), 20, 186
Remote Method Invocation-Internet Inter-Orb Protocol (RMI-IIOP), 21
Remote Procedure Call (RPC), 236
Remote, interface, 28, 159, 175
    bean da entidade, 194, 206
        ShoppingCart, 177

remove, método, 175
    bean da entidade, 205
removeAttribute, 131
request, objeto, 122-123, 144
RequestDispatcher, interface, 125-127
Required, método, 173
RequiresNew, método, 173
responsabilidade, camada baseada em, 71, 74-75
response, objeto, 144
resposta, geração, 123-124
reutilização, 7, 63, 240
reutilização, camada baseada em, 72
rollback, método, 170, 171
RUP. Veja Rational Unified Process (RUP)

S
script, elementos, 143-144
scriptlets, 144
segurança, 63
select, métodos, 209
sendRedirect, 127
serialização, método do servlet, 122, 128
Server Side Includes (SSI), 127
ServerPage, 148
service, método, 121
    em GenericServlet, 121-122
    serialização de, 128
serviços de nomenclatura, 19
servidor, abordagem no lado do, 11-12
servidor, objetos da sessão no lado do, 131
servidor, relações no lado do, 149-151
servidor, tipos, 245
ServletContext, 130-131
ServletOutputStream, 123
ServletRequest, objeto, 122-123
ServletResponse, 123-124
servlets, 11-12, 117-136

ambiente de, 130-131
beans da entidade e, 218
beans da sessão e, 184
ciclo de vida de, 16, 120-122
de inclusão, 130
definição de, 15
dimensionamento de, 119-120
distribuição e armazenamento na Web, 132
divisão de responsabilidades em, 133-136
forward, 128-129
Generic, 120
geração de respostas, 123-124
gerenciamento da sessão para, 131-132
HttpServlet, 120
identificar nas aplicações comerciais, 133-136
introdução a, 118-120
J2EE, 15-16, 112-113
JSP vs, 140-141
modelar na UML, 127-128
modelar relações no lado do servidor e, 150
RequestDispatcher, interface, 126-127
serializar, 122, 128
sub-rotinas de solicitação http, 125-126
uso comum de, 119
vantagens de, 118-120
SessionSynchronization, 171-172
session, objetos, 144
no lado do servidor, 131
SessionSynchronization, interface, 171-172
set, método, 200-201, 202-210
setAttribute, 130
setBufferSize, 123
setEntityContext/unsetEn-

tityContext, 208
setMessageDriven Context, 233
setSessionContext, 176
ShoppingCart, bean da sessão, 178
simplesmente desenvolva, abordagem, 50-51
simultaneidade, 198
sincronização, chamadas, 215
SingleThreadModel, 122, 128
SingleThreadServlet, 128
sistema operacional, independência, 13
SML DTD Modeling, perfil, 31
software baseado em componentes, 6-7, 53
software baseado em objetos, abordagem, 7
Software Development Processes, perfil, 31
software, desenvolvimento
abordagens para, 50-57
cascata, abordagem para, 51, 52
Extreme Programming, 56-57
Feature-Driven, 57
ICONIX, processo, 56
OPEN, processo, 56
processo de, 50
processo interativo de, 51-52
Rational Unified Process, 52-55
simplesmente desenvolva, abordagem para, 50-51
SQL, consultas, 201
Stages, 56
Subject-Observer, padrão, 70-71
sub-rotina de solicitação, métodos, 121
subsistemas, 38, 61

beans da entidade e, 196
vantagens de, 161
suporte do cliente, 3
Supported, método, 173

T
tag, bibliotecas, 140, 145-146
arquivos do descritor (.tld), 146-147
modelar relações no lado do servidor e, 150
tag, sub-rotinas, 143, 145-146
teste, disciplina, 54
teste, modelos, 54
tópico, destinos, 232
transação, gerenciamento, 164
transações comerciais, 169-173
transações, 20
aceitas, 169
atributos de, 173
bean baseado em mensagens, 232
bean da entidade, 198
bean da sessão, 169-178
demarcação de, 170
gerenciadas pelo componente, 171
gerenciadas pelo contêiner, 171
modelar, 173-174
retornadas, 169
transferir fundos, caso de uso
beans de sessão em, 188-189
descrição de caso de uso, 95-98
diagrama da atividade, 91-92
diagrama de colaboração, 102
diagrama de seqüência, 88, 97, 100-101
diagramas de classe, 104, 105
objetos de limite em, 100, 102

Índice 301

transição, fase, 55
tratamento da solicitação, 122-123
TravelReservations, bean, 165-166, 167

U
UML EJB Modeling, perfil, 31-32
unidades de trabalho, 169
unidirecional, associação, 40-41, 42, 203
Unified Modeling Language (UML), 23-32
    abordagens da modelagem J2EE em, 31-32
    beans baseados em mensagens, 229-232
    definição de, 24
    desafios no J2EE e, 28-29
    diagramas em, 25-26
    estereótipos em, 29-30
    exibições do bean da entidade e, 194-197
    exibições EJB e, 160-162
    histórico de, 24
    JSP e, 148-151
    limites em, 30-31
    mecanismos de extensão em, 29-31
    modelar servlets em, 127-128
    pacotes em, 108
    perfis, 30-31
    relações em, 24
    representar estrutura em, 34-38
    representar relações em, 39-48
    suporte de, 24
    valores marcados em, 30
    vantagens do J2EE e, 26-28
    visão geral de, 25-26
Use Bean, 150
Use Cases-Requirements in Context (Kulak), 81

V
valores marcados, 30, 121
variáveis
    estáticas, 36
    representar, 35-36
visibilidade, escopo, 36

W
.war, arquivos, 132
Web, arquivos de armazenamento, 132-133, 240-241
Web, componentes, 241
Web, contêineres, 15
Web, descritor da distribuição, 248
Web, perfil da modelagem, 31-32
WebServer, estereótipo, 245
Work Products, 56
Work Units, 56

ANOTAÇÕES

Impressão e acabamento
Gráfica da Editora Ciência Moderna Ltda.
Tel: (21) 2201-6662